숫자를 사용한 조작의 역사

권력의 도구로 전락한 숫자들

앙투안 울루-가르시아, 티에리 모제네 지음
정수민 옮김

북스힐

숫자를 사용한 조작의 역사

권력의 도구로 전락한 숫자들

초판 인쇄 | 2023년 11월 15일
초판 발행 | 2023년 11월 20일

지은이 | 앙투안 울루-가르시아, 티에리 모제네
옮긴이 | 정수민
펴낸이 | 조승식
펴낸곳 | 도서출판 북스힐
등록 | 1998년 7월 28일 제 22-457호
주소 | 01043 서울시 강북구 한천로 153길 17

전화 | 02-994-0071
팩스 | 02-994-0073
블로그 | blog.naver.com/booksgogo
이메일 | bookshill@bookshill.com

값 17,000원
ISBN 979-11-5971-523-5

* 잘못된 책은 구입하신 서점에서 교환해 드립니다.

우리가 숫자를 전혀 이해하지 못했기 때문에
숫자의 힘은 더 존경받고 있습니다.

—볼테르, 『철학 사전』

들어가는 글

이 예산은 정말 균형 잡혀 있습니까? 숫자가 거짓말을 하는 게 아니라 거짓말쟁이가 계산을 하는 것이기 때문에 '예' 또는 '아니오'로 대답할 수 있기를 바랍니다.

—자크 뒤아멜Jacques Duhamel, 「관보」, 1966년 10월 13일 의회 토론 보고서

권력의 어두운 면

가짜 뉴스는 우리 시대만의 전유물이 아니다! 21세기를 특징짓는 탈진실 시대는 언어가 처음 등장한 구석기 시대까지 거슬러 올라간다. 로마 시대의 작가 퀸투스 툴리우스 키케로(유명한 웅변가 키케로의 남동생)가 21세기에 나타난다면 정치적 거짓말에 대해 태양 아래 새로운 것은 아무것도 없다고 말할 것이다. 그는 저서를 통해 권력을 열망하던 자들이 자신의 목적을 달성하기 위해 진실을 은폐하도록 부추겼다.[1] 약 2,000년 후에는 정치와 도덕을 분리하

1 『키케로 노트』, 『Manuel de campagne électorale』(Arléa, 2001)라는 프랑스어 번역본이 있다.

려는 마키아벨리 『군주론』의 뒤를 이어 조너선 스위프트가 썼다고 알려진 짧은 글이 『정치적 거짓말의 기술』[2]이라는 제목으로 등장했다. 그는 이 책에서 중상모략, 약속의 거짓말, 두려움 또는 격려의 거짓말같이 사람들을 속이는 다양한 방법을 나열했다. 그렇지만 스위프트는 통치자가 사용할 수 있는 방법 중에서 가장 교묘하고 해로운 거짓말이자 가장 악의적인 거짓말에 대해서는 언급하지 않았다. 그것은 바로 수학의 거짓말이다!

그 당시 왕위에 오른 사람들은 국민을 속이기 위해 이미 대범하게 숫자를 조작하고 있었다. 이 대범한 사기극을 위해 권력자는 도덕 원칙을 신경 쓰지 않는 위대한 수학자에게 도움을 구했다. 지롤라모 카르다노Girolamo Cardano(1501~1576)도 그중 한 사람이었다. 카드 속임수 기술의 대가라고도 불리던 확률론의 아버지인 카르다노는 정치에서 일어나는 속임수를 찬양했다. 그에 따르면 "몇 가지 몸짓, 몇 가지 행동, 몇 가지 의미가 있는 몇 마디로 진실을 속이는 눈속임은 (…) 필요하다. 우리는 그것을 명예롭게 받아들이며 미덕이라고 부른다."[3] 권력에 붙은 수학자들은 조작이 미덕이라고 생각했기에, 국가의 이익에 봉사하는 유용한 속임수 또는 선량한 사기라는 로마법의 오래된 개념을 계승했다.

2 1733년에 출판된 이 책은 아마도 존 아버스넛John Arbuthnot의 작품일 가능성이 크다.

3 지롤라모 카르다노Girolamo Cardano, 『세계의 과학 또는 시민의 지혜』, Ⅲ권, 8장: 시민의 삶에는 눈속임, 은폐, 설득, 협박이 필요하다.

정치와 수학의 결합에 대한 비판적 의견을 디드로의 글에서 발견하려면 계몽주의가 도래할 때까지 기다려야 한다. 디드로는 성경의 한 구절("그러나 주님은 모든 것을 잘 재고, 헤아리고, 달아서 처리하셨다."[4])을 패러디하면서 백과전서에 "정치계는 (…) 재고, 헤아리고, 달아서 처리될 수 있다."라고 평가했다. 이처럼 디드로는 숫자가 통치자의 역할을 보조하길 원했지만, 볼테르는 달랐다. 볼테르는 조작되거나 잘못 해석되지 않는다는 조건에서만 숫자가 권력 행사에 귀중한 도움을 줄 수 있다고 예측했다. 유감스럽게도 한 세기 반 후, 마크 트웨인의 가혹한 비평은 계몽주의 철학자의 경고를 되풀이하게 된다. '거짓말에는 세 종류가 있다. 거짓말, 지독한 거짓말, 그리고 통계.'[5] 또 20세기 초에는 복잡한 세계를 설명할 수 없는 모델로 축소시키며 숫자를 조작한 잘못을 저질렀다고 의심받은 통계학자가 등장했다.

산술이라는 무기는 양날의 검이다. 거짓된 계산으로 시민을 속이면, 시민은 비인간화되어 일련의 숫자와 그래프의 점으로 전락하게 된다. 호모 하빌리스, 호모 에렉투스, 호모 사피엔스 이후 19세기에는 아돌프 케틀레Adolphe Quetelet(1796~1874)가 기술한 바와

---

4 지혜서, 11장 20절, 『예루살렘 성경』, 예루살렘 성경학교École biblique de Jérusalem 역, Éditions du Cerf, 1998, 1105쪽.

5 마크 트웨인Mark Twain, 「Chapters from my Autobiography: XX」, 『North American Review』, No. DCXVIII, 1907, p. 471. 마크 트웨인은 이 문구를 빅토리아 여왕의 총리인 디즈레일리가 한 말이라고 했다.

같이 평균인이 부상했다. 최초로 국제통계학회 의장을 역임한 케틀레는 평균인에게서 방정식의 순수한 산물을 보았다. 바로 형식화된, 완벽하게 예측 가능한 행동을 가진 존재였다.

이제 표준은 과학적으로 정의되었고, 거기에서 빗나간 사람들을 조심해야 할 때가 되었다! 20세기 초, 저명한 통계학자인 프랜시스 골턴Francis Galton과 칼 피어슨Karl Pearson은 지능이나 정신이 평균에 미치지 못하는 사람들을 청산하자는 우생학을 지지했다. 20세기 말에도 거의 나아진 것이 없었다. 알고리즘은 국민의 습관을 추적하고 분류한 후, 국민의 삶을 지배하고 소득을 규제하며, 때로는 심지어 욕망을 드러내기도 전에 그 욕망을 포착할 준비를 했다. 숙련된 알고리즘은 이름이나 우편 번호를 기준으로 대출을 갚을 수 있는 사람과 갚지 못할 사람, 신뢰할 수 있는 사람과 그렇지 못한 사람을 비밀리에 분류했다. 하지만 정부나 거대 기업이 손에 쥐고 있는 이런 알고리즘은 곧바로 본인이 만든 기준에 따라 불평등을 확대하고 차별을 허용한다는 비난을 받게 되었다. 전 월스트리트 분석가인 캐시 오닐Cathy O'Neil의 말에 따르면, 알고리즘은 대량 살상 무기와 유사했다.

또 전 지구적인 규모의 긴축 정책을 장려하기 위해 IMF가 주도한 연구에 먹칠을 한 조잡한 계산 착오는 어떤가? 이 실수는 의도적이었을까? 어쨌든 한 평범한 경제학과 학생이 연구의 오류를 하나하나 지적했다. 이후 일단 연구는 수정되었고 더는 엄격한 긴축 정책을 뒷받침하는 역할을 할 수 없었다.

통계적 편향과 수치 조작이 우리의 삶에 훨씬 더 밀접하게 연결된 마지막 영역이 있다. 바로 건강의 영역이다. 겉보기에는 전혀 의심할 여지가 없어 보이지만, 실제로 가장 어수룩한 사람들조차 완벽하게 고의적이라고 판단할 수 있는 오류로 인해 오점을 남긴 임상 연구가 얼마나 많이 있는가?

우리는 어떻게 여기까지 올 수 있었을까? 단순한 숫자가 어떻게 사람들에게 위협이 될 수 있었을까? 숫자, 방정식, 정리에 불과한 수학이 어떻게 정치 체제를 지지하고 부당한 세금의 필요성을 정당화했을까? 건강한 사람이 어떻게 자신도 모르게 아픈 사람이 되고, 확률을 사용해서 무고한 사람들에게 어떻게 유죄 판결을 내릴 수 있었을까? 수학의 어두운 면에는 오랜 역사가 있다. 그것은 수학과 정치가 마그나 그라이키아 해안에서 2,000여 년 전 처음으로 고락을 같이하기로 결정할 때 시작되었다.

차 례

01

위험한 관계

계산법이 발명된 그날, 불화는 그치고 화합이 시작되었다.

— 아르키타스, 『수학』

멀리서 온 거짓말쟁이

기원전 6세기 이탈리아 남부 지역

마침내 그가 나왔다는 소식을 듣고 모두 달려나왔다. 몇 주 전 그는 얼마 되지 않는 식량을 가지고 직접 땅을 파서 만든 동굴에 들어갔다. 그리고 만일 자신이 이 시험에서 살아남는다면 사람들 사이로 다시 돌아오는 기적이 일어날 것이라고 예고했다. 그날 아침, 지나가던 사람은 동굴에서 시끄러운 소리가 나는 것을 알아차렸다. 동굴 입구를 막고 있던 무거운 돌이 움직이는 것 같은 소리였다. 사람들은 지칠 대로 지친 남자가 스스로는 나갈 수 없을 것이라 생각하고, 마을에서 지원군을 불러 돌을 치우고 문을 열어 주었다. 그러자 마침내 한 남자가 모습을 드러냈다. 수염이

텁수룩하게 난 기진맥진한 그였다.

나오자마자 말하는 그의 목소리는 의외로 힘이 있었고, 그의 말은 놀라울 정도로 정확했다. 몇 주 동안 세상과 단절되었는데도 그는 자신이 없는 동안 도시에서 일어난 모든 일에 관해 이야기하기 시작했다. 매일 물고기를 몇 마리 잡았는지, 마을의 소문은 무엇인지, 뿐만 아니라 도시에 있어야만 알 수 있었던 시시콜콜한 사실들까지 알고 있었다. 그의 이야기는 그곳에 모인 군중에게 강한 인상을 남겼다. 사람들은 꿈을 꾸고 있는 것 같았다. 어떻게 가능한 걸까? 그가 마법을 부린 걸까? 의심 많은 사람들은 동굴에 비밀 출구가 있는지 샅샅이 조사해 보았다. 하지만 그곳에는 아무것도 없었다. 그 동굴은 한 사람이 서기에도 버거운, 간신히 앉거나 간신히 누워 있을 수밖에 없는 좁은 구멍일 뿐이었다.

"내가 이 모든 것을 여러분에게 말할 수 있는 이유는…" 그 남자는 자신을 에워싸고 있는 군중을 향하여 말을 이어나갔다. "그건 내가 지옥에서 돌아왔기 때문입니다. 그리고 지옥에서부터 나는 모든 것을 보았고 모든 것을 들었습니다!" 누군가는 숨이 멎을 정도로 깜짝 놀랐고, 또 다른 누군가는 오열했다. 그곳에 있는 모든 사람은 그 남자의 얼굴을 뚫어져라 쳐다보았다. 몹시도 수척해 보이는 안색, 지저분한 수염… 하지만 눈빛만은 날카로웠다. 그는 예언자였을까? 아니, 그는 신이었다!

하지만 실제로 그는 예언자도, 신도 아니었다. 그날 크로토네

주민들 앞에서 연설한 그는 현재 터키 해안과 가까운 섬 출신으로, 크로토네로 오기 전 여러 해 동안 이집트와 바빌론을 여행하며 지식을 쌓았다. 당연히 그 여행이 그를 신이나 조물주로 만든 것은 아니었다. 그는 도시에서 일어난 모든 일을 상세하게 기록한 메모를 매일 밤 어머니에게 전달받은 약삭빠른 사람일 뿐이었다. 그 메모를 외운 다음 동굴을 나가기 직전에 메모를 없애 버렸던 것이다.

그러나 아무도 그의 비밀을 알아차리지 못했고 이제 그 남자의 이름은 모든 이의 입에 오르내리게 되었다. 그의 명성은 이 집에서 저 집으로, 이 마을에서 저 마을로 퍼져나갔다. 그가 바로 피타고라스다! 그는 오늘날 피타고라스 정리[1]라고 불리는 정의와 관련 있는 사람이지만, 지금 여기서는 권력을 갈망하는 탐욕스러운 남자일 뿐이다.

숫자와 계산

피타고라스는 왜 이런 연출을 의도했을까? 그리고 왜 자신을 예언자처럼 보이려고 했을까? 인정받은 수학자, 그것으로는 충분하

---

1 이 정리는 이미 바빌로니아에도 알려져 있었다(기원전 1800년경에 만들어진 플림톤 322에서 피타고라스 삼조의 흔적을 찾을 수 있다). 그러나 피타고라스는 한 번도 자신이 만들었다고 주장한 적이 없다.

지 않았던 걸까? 이 질문에 답하기 위해서는 그의 정치적 신념을 살펴볼 필요가 있다. 크로토네에 도착한 피타고라스는 자신이 꿈꾸던 이상 도시를 만들기로 마음먹었다. 이를 위해서는 자신의 사상을 전파하고 국가를 통치하는 엘리트 귀족 계급을 양산할 학교를 설립할 필요가 있었다. 그리고 그는 이 모든 것을 조종하기 위한 자신의 자리를 확보해 두었다.

피타고라스는 철학, 수학, 정치 이 세 가지로 세상이 구성되었다고 생각했다. 그는 숫자에서 세상의 근원을 보았다. 어디서든 숫자의 질서와 숫자 사이의 비례를 발견할 수 있는데, 예를 들면 음악이 그렇다. 전설에 따르면 피타고라스는 대장간 근처를 지나면서 각기 다른 망치가 모루를 때리며 만들어 내는 음의 조화를 듣고 음악의 수학적 이론을 밝혀냈는데, 이 이론은 오늘날에도 여전히 사용되고 있다. 그 길로 집에 돌아온 그는 현의 길이를 다르게 할 수 있는 일현금이라는 악기를 만들었다. 일현금은 길이를 줄이면 가장 높고 긴 소리를 내고, 그 반대로 하면 가장 낮은 소리를 낸다. 우리도 두 손가락에 고무줄을 끼워 당시 피타고라스가 시도한 실험을 똑같이 재현해 볼 수 있다. 또 피타고라스는 현의 길이를 반으로, 3대 2로, 4대 3으로 나누면 음정이 달라진다는 점을 발견했다.[2] 즉 그는 음악의 화음이 숫자의 조화에

2 예를 들어 옥타브는 도에서 바로 다음으로 높은 도의 차이를 말한다. 5도 음정은 도와 솔, 4도 음정은 도와 파이다.

8도 음정	2/1
5도 음정	3/2
4도 음정	4/3

서 유래한다는 사실을 증명한 것이다.

귀족에 봉사하는 숫자

피타고라스에 따르면 완벽하게 진행되는 화음의 모습은 정치와 사회 조직에서도 발견할 수 있다. 숫자를 순서대로 정렬하지 않으면 시작과 끝이 없는 수열을 얻게 되듯이, 리라의 한 줄을 늘이고 다른 줄을 줄이면 부정확한 음이 울린다. 이와 마찬가지로 사회에서 누군가 자기가 올라갈 수 있는 자리보다 더 높이 올라가거나 마땅히 존경받아야 할 누군가가 존경받지 못하는 경우에, 사회의 불협화음, 다르게 말하면 무정부 상태와 같은 결과가 나타난다는 것이다. 따라서 사회는 엄격하게 숫자의 순서를 존중해야 한다. 즉 개개인이 자신이 있어야 하는 위치에 머물러야 한다는 뜻이다.

그러므로 도시를 잘 통치하는 것은 엘리트 귀족의 의무였다. 피타고라스가 말했다고 여겨지는 '모든 것은 숫자다.'라는 이 유명한 문장은 사실 구조화된 숫자가 구조화된 사물에 반영된다는 뜻이다. 이것은 플라톤[3]이 상상한 이데아의 세계가 현실의 모태라는 것과 유사하다. 피타고라스의 아내인 테아노는 바로 이 점에 대해 다음과 같이 밝혔다. "피타고라스는 모든 것이 수로부터 생성되었다고 말한 것이 아니라, 모든 것은 수에 따라 형성되었다고 말했다. 모든 것의 질서는 숫자에 있고, 이 질서에 참여하면서 첫 번째, 두 번째 등 모든 것에 번호를 매길 수 있기 때문이다."[4] 시민은 셀 수 있기 때문에 분류할 수 있다. 즉 숫자의 결과는 다름 아닌 사회적 계층이었다.

이런 정치적 신념을 가진 피타고라스는 어떻게 동굴 안에 숨어 크로토네 주민을 속일 수 있었을까? 답은 아주 간단하다. 피타고라스는 수학과 정치를 연결한 최초의 철학가였을 뿐[5], 시민을 속여 목적을 달성하고자 한 정치가는 아니었기 때문이다! 사실 그는 음악적 은유와 숫자를 반영하는 사회에 대한 자신의 비전이 군중을 유혹하기에 너무 복잡한 개념이라는 것을 알고 있었다.

---

3 플라톤에 끼친 피타고라스 사상의 영향은 엄청나다. 이데아의 세계는 피타고라스가 숫자의 세계라고 부를 수도 있는 것을 더 일반적으로 다시 쓴 것이다.

4 이 구절은 테아노의 저작이라고 여기는 『경건』에서 발췌했다. 원본은 사라졌지만 스토바에우스가 이 구절을 인용하였다(『물리적, 도덕적 목가』, I, 10, 13, 앙투안 울루-가르시아Antoine Houlou-Garcia 역, Les Belles Lettres, 2018, 103쪽.)

5 1876년 수학자 제임스 A. 가필드James Abram Garfield가 피타고라스 정리의 유명한 증명을 제안할 것을 알았다면, 이 연결고리는 끊어지지 않을 것이다… 가필드는 미국의 대통령이 되었다!

그래서 몇 주 동안 동굴에 틀어박혀 있다가 선지자처럼 다시 대중 앞에 나타난 것이다. 이렇게 해서 피타고라스는 시민의 신뢰를 얻기를 원했고, 결국 성공했다! 동굴 밖으로 나오자 도시에서 그의 영향력은 점점 커졌다.

민주주의를 공격하라!

이제 크로토네는 피타고라스학파가 지배하기 시작했다. 과두제의 지배 아래 있는 크로토네는 숫자의 힘 속에서 조화와 정의를 추구했다. 그뿐만이 아니었다. 피타고라스의 제자들은 스승의 가르침을 전파하며 이탈리아 남부의 여러 도시에서 세를 떨쳤다. 하지만 시바리스의 총독 텔리스는 피타고라스의 제자들에 대항했다. 텔리스는 민주주의를 선택한 자신의 도시에서 피타고라스의 제자들이 과두제 사상을 전파하는 것을 좋아하지 않았다. 텔리스는 시민들을 설득했다. 그의 논거는 핵심을 찔렀고, 군중은 그에게 설득당했다. 결국 시바리스에서 쫓겨난 피타고라스 제자들은 며칠 동안 남쪽으로 걸어가다가 다시 스승이 있는 곳으로 피신할 수밖에 없었다.

피타고라스는 곧 크로토네 행정부를 소집하여 제자들의 복수를 하자고 촉구했다. 피타고라스는 '지혜의 친구', 즉 철학자라 자칭한 최초의 사상가이자 성질 있는 사람이었다. 그래서 피타고라스는 주저하지 않고 시바리스를 파괴하도록 명령했다!

왜 그런 결정을 했을까? 한 외교관이 위선을 약간 섞어 말한 것처럼 피타고라스 제자들은 시바리스에서 추방당했지만 박대를 받은 것도 아니었다. 피타고라스가 무기를 들기로 한 이유는 복수심 때문이 아니라 민주주의라는 수학의 적을 없애 버리기 위함이었다. 그는 모든 것이 평등하고 누구에게나 권력이 열려 있는 이 민주주의 체제는 질서정연하게 숫자로 이루어진 구조를 위협한다고 생각했다. 어떤 일관된 체제에도 부합하지 않는 민주주의는 무정부 상태로 이어질 뿐이었다. 그래서 피타고라스는 수학에 의거하여 시민들이 전쟁에 나가도록 명령한 것이다. 그의 주장은 그대로 반영되었고, 크로토네 주민들은 무기를 들었다. 공격을 이끈 사람은 가장 위대한 고대 올림픽 챔피언 중 한 명이자 살아 있는 전설인 밀론이었다. 힘과 전략을 능숙하게 결합한 크로토네 주민들은 수적 열세에도 불구하고 적군의 도시를 점령했다. 그 결과 텔리스는 죽고 시바리스는 파괴되었다. 그러나 피타고라스 학파의 승리는 오래가지 못했다. 10년 후, 킬론이라는 사람이 여전히 민주주의를 지지하는 시바리스 시민들의 우두머리가 되었다. 킬론은 복수에 대한 열망과 피타고라스에 대한 개인적 앙심으로 크로토네와 전쟁을 벌였는데, 사실 그는 어릴 때 피타고라스 학교에 지원해 낙방한 적이 있었다. 기원전 500년 경, 킬론은 부하들을 데리고 크로토네로 가서 피타고라스학파가 모여 있는 집에 불을 질렀다. 그곳은 바로 시바리스를 물리쳤던 밀론의 집이었다. 그 결과 그날 도시에 없었던 학생 두 명과 피타고라스를 제외하고 제자 수십 명이 화염에 휩싸여 사망했다.

피타고라스가 세상을 떠난 후 위대한 수학자가 권력의 주변을 맴도는 풍경은 익숙해졌다. 그들은 스스로 식민지 지도자가 되거나 총독과 전제군주 옆에서 조언을 했다. 정치인은 정치적 신념을 퍼뜨리기 위해 주저하지 않고 수학자에게 산술과 기하학을 요청했다.

플라톤의 계산

시라쿠사, 기원전 360년

도시 권력자들이 플라톤의 목숨을 위협하면서 그는 위험에 빠졌다. 플라톤은 며칠 동안 도시에 숨어 있어야 했으며, 모든 수단을 동원해 독재자가 매수한 용병의 손길을 피하고자 했다. 시라쿠사에 처음 도착했던 플라톤은 더욱 공정한 정치 체제를 구축하기를 희망했다. 그러나 지금은 68세라는 나이에 위험한 적으로 분류된 상태였다. 은신처에서 서성거리며 플라톤은 해결책을 강구했다. '어떻게 도망갈 수 있을까?' 그리고 갑자기 아르키타스가 떠올랐다! 오랜 친구인 아르키타스가 분명 자신을 도와줄 수 있을 것이다! 플라톤은 친구에게 전갈을 보내기로 했다. 그러면 시라쿠사를 출발하는 배가 하루 만에 타란토에 도착하고, 플라톤이 처한 위험을 아르키타스에게 알릴 수 있을 것이다.

왜 플라톤은 아르키타스를 더 일찍 생각하지 않았을까? 피타고라스 신봉자인 아르키타스의 수학 증명을 조작해서 이런 난감한 상황에 처했기 때문일까? 뛰어난 수학자이자 명철한 정치가였던 아르키타스는 공정한 부의 공유를 장려하여 사회적 갈등을 진정시켰다. 아르키타스는 타란토의 수장으로 일곱 번 연속 선출되었으며, 그가 통치했던 기원전 367~361년은 이탈리아 반도 뒤꿈치에 있는 위대한 항구 도시 타란토의 황금기와 일치했다.

아르키타스가 오늘날에도 여전히 정치가의 본보기로 남아 있는 것처럼 수학계에서도 그는 평균 계산이라고 부르는 비율 이론을 확립한 것으로 알려져 있다. 평균 계산이란 말 그대로 모든 성적을 더하고 그 합계를 성적의 개수로 나누는 것을 말한다. 학생은 그동안 자신도 모르게 산술 평균을 했다. 하지만 산술 평균 외에도 아르키타스[6]가 역시 발견했을 것이라고 추측하는 기하 평균을 포함한 여러 유형의 평균이 존재한다. 기하 평균은 n제곱근(n은 성적의 개수를 나타냄)을 구하기 전에 성적을 곱하는 것을 뜻한다. 그렇다면 20점 만점의 시험에서 학생이 다음과 같이 다섯 개의 성적을 받았다고 가정해 보자.

7 8 19 8 9

이 학생은 4개의 시험에서는 10점을 받지 못했지만 적어도

6 그는 조화 평균도 만들었다.

부정행위를 하지 않았다고 가정한다면 세 번째 시험에서 갑자기 19점을 받는 행운을 누렸다. 학생의 산술 평균은 다음과 같다.

$$\frac{7+9+19+8+9}{5} = 10.4$$

그리고 기하 평균은 다음과 같이 계산된다.

$$\sqrt[5]{7\times9\times19\times8\times9} = 9.7$$

기하 평균은 단 한 번을 제외하고 한 번도 받아 본 적이 없는 10점보다 더 낮다. 때문에 10점보다 높은 산술 평균보다 기하 평균이 학생의 점수를 더 잘 반영하는 것 같아 보인다. 이렇듯 기하 평균은 일시적으로 큰 폭으로 변동하는 값에 덜 민감하다. 예를 들어 한 국가의 평균 급여를 계산할 때, 통계를 왜곡할 수 있는 소수의 백만장자를 가지고 결과를 인위적으로 부풀리지 않으려면 산술 평균보다는 기하 평균을 사용하는 것이 더 적절하다. 이 문제에 대해서는 추후 다루도록 하겠다.[7]

산술 평균과 기하 평균은 데이터 집합을 나누는 두 가지 방법을 의미한다. 아르키타스의 동년배이자 친구인 플라톤은 이 점을 잘 이해하고 이 아이디어를 정치에 적용하길 원했지만… 원래 목적과는 다르게 사용하고자 했다. 아르키타스가 이 이론에 관심을

---

7 219쪽 참고

갖고 불평등을 줄이려고 노력한 반면, 플라톤은 그와 반대로 불평등을 증가시키는 것을 정당화하기 위해 비례 이론을 사용했다! 플라톤은 다음 두 가지 방법으로 평등을 거부했다.

- 모든 시민이 평등하다고 규정하고, 그가 단호하게 거부하는 민주주의 체제에 부합하는 산술 방법
- 평등의 미덕으로 모든 시민이 평등하고, 차별의 미덕으로 불평등하며 그가 옹호하는 귀족 체제에 부합하는 기하학적 방법

플라톤은 다음과 같이 '완전한 진짜 평등'을 정의했다.

> 중요한 사람에게는 많은 것을 부여하고, 그렇지 않은 사람에게는 적게 부여하는 것이야. 각자의 본성에 비례해 부여하는 것인데, 예를 들어 중요한 사람들에게 더 큰 공로와 명예를 부여하는 반면, 미덕과 교육의 반대에 있는 사람들에겐 그에 맞는 합당한 대우를 해야 한다는 것이지. 사실 우리는 정치란 언제나 정의 그 자체라고 믿고 있어. 클레이니아스, 우리가 새로운 국가를 건설하는 방법은 바로 이 점을 지향하고 바로 이러한 평등에 우리의 눈을 고정하는 것일세.[8]

---

8 플라톤, 『법률』, Ⅵ, 757b-d, 에두아르 데 플라스Édouard des Places 역, Les Belles Lettres, 1975.

여기서 플라톤은 '새로운 국가'라고 말했다. 실제로 그는 자신의 원칙을 잘 반영한 식민지를 건설하는 꿈을 꾸었고, 그곳에서 자신은 계몽된 독재자의 조언자가 되리라 생각했다. 아, 하지만 안타깝게도 철학자에게도 꿈과 현실의 깊은 심연이 존재했다. 플라톤은 정치에 매력을 느꼈지만, 우리가 알고 있는 것처럼 정치는 그에게 상처를 주었다. 플라톤이 처음 시라쿠사의 디오니시오스 1세의 궁전에 갔을 때 이미 그에게 정치는 치명적이었다. 디오니시오스 1세는 자신의 궁전이 세워진 동굴에 갇힌 죄수들의 비명을 듣는 것을 매우 즐긴다고 알려진 폭군이었다. 디오니시오스 1세에게 자신의 이상에 부합하는 체제를 구축하도록 설득하려는 계획과는 다르게 플라톤은 시칠리아에 도착한 지 몇 달 만에 배에 태워져 노예로 팔려 갔지만, 자유를 되찾아준 친구 덕분에 탈출할 수 있었다. 약 20년 후 시라쿠사에 디오니시오스 1세의 아들인 새로운 폭군이 등장했지만, 이때에도 플라톤은 성공하지 못했다. 아버지와 마찬가지로 디오니시오스 2세는 자신의 주변에 권위 있는 사람을 두고 싶어 했기 때문에 플라톤을 데려왔다. 그러나 디오니시오스 2세는 플라톤이 자신의 안전을 위협하는 음모를 꾸미고 있다고 의심하여 그를 오르티지아 섬에 1년 동안 가두었다. 6년 후, 플라톤은 자신을 불러들인 시라쿠사 폭군의 궁정에 다시 찾아가 마지막 시도를 하였다. 그러나 또다시 실패했고, 플라톤은 궁전에서 쫓겨나게 되었다. 이번에는 타란토의 아르키타스가 급히 파견한 사절단 외에 플라톤을 돕는 손길이 없었다.

귀족제에서 능력주의로

우리는 지금까지 살펴 본 내용이 매우 오래된 역사일 뿐이지 정치를 바라보는 우리의 방식과 관련이 없다고 생각할 수 있다. 하지만 그건 잘못된 생각이다! 플라톤의 실패는 2,000년도 넘는 과거의 일이지만 비율에 대한 플라톤의 사고방식은 여전히 우리에게 유효하기 때문이다. 다음과 같은 상황을 한번 상상해 보자. 여기 시민 A와 B가 있고, A는 B보다 선량한 사람이다. 기하 평균 이론에서 시민 A는 B보다 더 많은 존경을 받을 자격이 있다. 조금 더 명철한 A의 정치 신용도는 2배가 되고, 일을 더 잘하는 A의 봉급은 2배가 될 것이며, 모범적인 행동으로 A는 2배의 예우를 받을 것이다. 반면에 산술 평등 이론에서는 미덕의 차이가 작용하지 않는다. A와 B는 둘 다 시민이므로 모든 점에서 평등하다. 이제 당신이 A와 B에게 가로 2c의 정사각형 케이크를 나눠준다고 상상해 보자. A는 B의 미덕인 b보다 큰 미덕 a를 가지고 있다. (따라서 우리는 $a+b = 2c$라는 결론을 얻는다.) 기하 평등에 따르면 A는 B의 a/b배와 같은 몫을 얻는다.

훗날 분배적 정의라고 불리는 기하 평등은 오늘날 사회 정의 개념의 기초 역할을 한다. 기하 평등은 진정한 능력주의를 확립하기 위한 계획에서 비롯된 것으로, 능력주의는 사회학자 마이클

산술 평등	기하 평등
$A = B$	$\frac{A}{a} = \frac{B}{b}$

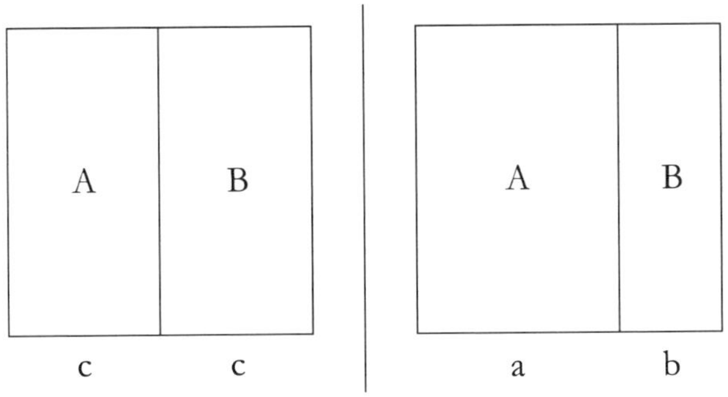

영Michael Young이 『능력주의』라는 책에서 만든 용어이다. 이 책에서 마이클 영은 사회에서 더 가치 있다고 여기는 사람들에게 자격없는 사람들이 점차 낙인찍히고 무시당하는 시스템을 정확하게 비난한다.

언뜻 보기에 기하 평등이 더 공정해 보이지만 명확히 밝혀야 할 것이 있다. 바로 미덕이 무엇인지 확실하게 정의하는 것이다. 굳이 까다로운 철학적 논쟁까지 하지 않더라도, 미덕은 분명히 경우에 따라 귀족의 기품, 사회적 수준, 학업 수준, IQ 및 기타 여러 기준과 동의어가 될 수 있다. 그리고 바로 여기에 조작이 개입하게 된다. 가장 '덕이 있는' 시민은 일반적으로 가장 유복하고 가장 교양 있는 가정에서 태어난 사람들이다. 부르디외가 사회적 재생산 개념으로 강조했듯이, 실업가가 주로 경제력 있는 부르주아 출신인 것처럼 가장 뛰어난 학생들은 대부분 인텔리 부르주아 출신이다. 무에서 시작한 소수의 백만장자가 있긴 하지만 자수성가한 사람의 성공이 신화가 아니라 누구나 본받아 장래를 건설할 수 있는 현실이라는 것을 증명해야 적절한 예시가 될 것이다. 결과적으로 소외 계층은 자신의 일상을 규정하는 사회적, 경제적 어려움이 아닌 자신을 탓할 수밖에 없게 된다.

요컨대 피타고라스와 플라톤이 그토록 소중하게 생각했던 기하 평등은 다름 아닌 현대 능력주의의 과학적인 토대가 되었다! 기하 평등은 수학의 공정함 뒤에 숨어 불평등을 증가시켰다. 반대로 산술 평등은 완전한 평등에 해당한다. 이러한 체제에서는 일의 성격이 아닌 일한 시간에 따라 보수를 받는다. 즉 기업의 대표나 새벽 5시에 교외에서 첫차를 타고 막차를 타고 집에 돌아오는 가사 도우미에게 동일한 임금을 주는 것이다. 대표와 가사 도우미 모두 긴 근무 시간만큼 피곤하다. 그러나 이런 산술적 평등을 고려하지 않고, 둘 다 같은 보수를 주지 않는 이유는 무엇일까? 누군가는 그들이 동일한 부를 창출하지도 않고 국내 총생산에 동등하게 기여하지 않는다고 대답할 것이다. 그러나 진짜 이유는 프랑수아 뒤베François Dubet가 말한 '불평등에 대한 선호'[9]에서 찾아볼 수 있다.

---

9 프랑수아 뒤베, '불평등에 대한 선호, 연대의 위기 이해하기' Seuil, 『사상 공화국』, 2014.

피타고라스나 플라톤이 정치적 신념에 수학을 도입한 이유는 겉보기에 계산이 공정한 것처럼 보이기 때문이었다. 오늘날 토론에서도 종종 언급되는 수치의 공정성은 아르키타스가 떠받들었던 생각이다.

> 계산법이 발명된 그날, 불화는 그치고 화합이 시작되었다. 그 덕분에 과도한 경쟁 대신 평등이 지배하게 되었다. 우리가 처리하는 일과 우리를 화합시키는 건 여전히 이 계산법이다.[10]

타란토의 전략가가 옳았다. 완벽한 객관성 덕분에 수학은 모든 종류의 갈등을 해결할 수 있었다. 그러나 아르키타스는 자신이 정치가로서 맞서 싸운 그 불평등을 정당화하기 위해 계산이 조작될 수 있다는 점을 전혀 예상하지 못했을 것이다. 공정함을 힘입은 수학은 사실상 정당화할 수 없는 것을 정당화하는 완벽한 알리바이가 되었다. 수학의 엄격함, 공정성 덕분에 숫자는 난공불락으로 보였고, 정치인들은 신의 심판을 내리는 것처럼 쉽게 숫자를 소환할 수 있었다. 그리고 고금의 정치가들은 더욱더 깊어지는 불평등에 직면하여 자신의 정책을 변경할 수 없음을 입증하기 위해 수학 뒤에 숨어 버렸다. "내가 하는 말이 아니라 숫자

---

10 아르키타스의 저서 『수학』의 한 부분. 오늘날에는 소실되었지만 스토바에우스가 인용했다. 『선문집』 II, 135, A. Meineke, Teubner, 1885, 140쪽(이 구절은 IV권에서 나왔다고 잘못 인용되기도 한다.)

가 그런 거야.” 요즘도 그들은 이렇게 정직을 입증한다고 주장한다. 그다음 최후의 일격을 가하면서 아마도 이렇게 덧붙일 것이다. “숫자는 거짓말을 하지 않아!”

02

마키아벨리의 계산

이 세상은 점점 마키아벨리의 세상을 닮아가고 있다.

— 버트런드 러셀Bertrand Russell[1]

권력과 우연의 게임

"우리는 본성을 거스를 수 없다."[2] 16세기 초에 이 격언을 쓴 사람의 본성은 그를 권력으로 이끌고 갔다. 비서관으로 임명된 직후 니콜로 마키아벨리Niccolò Machiavelli(1469~1527)는 피렌체 공화국에서 영향력 있는 인물이 되었다. 마키아벨리는 유럽의 강대국이 주변을 둘러싸고 있는 혼란스러운 시기에 훌륭하게 임무를 해냈다. 그러나 태양에 접근한 이카루스가 스스로를 위험에 빠뜨린

---

1 버트런드 러셀, 『서양 철학사』, Les Belles Lettres, 2017, II부, 589쪽 '마키아벨리' 장 마지막 문장의 서두

2 마키아벨리, 『플레이아드 총서: 니콜로 마키아벨리 전집』, 에드몽 바랑콩Edmond Barincon 역, Gallimard, 1952. 마키아벨리 인용문은 이 편에서 발췌했다.

것처럼, 권력을 가까이한 대가를 지불하게 된다. 10년 이상을 외교관으로서 승승장구했지만, 전세가 역전되었다.

1513년 초, 왕자와 교황을 쫓아내려는 위험한 동맹에 휘말린 마키아벨리는 메디치가에 반하는 음모를 꾸민 것으로 의심받는 공모자 목록에 자신의 이름이 올라온 것을 보았다. 그 후 그는 체포되어 감옥에 갇혀 고문을 당했으며, 그의 친구 중 한 명은 처형되었다. 하지만 그의 사상에서 큰 비중을 차지하게 될 운명은 그의 편이었다. 이제 막 교황으로 선출된 조반니 데 메디치가 그를 사면하기로 한 것이다.

일단 자유로워진 마키아벨리는 권력과 거리를 둔 뒤, 정치 개론서를 집필했다. 여전히 신학의 지배를 당하고 있는 철학에서 해방되어 실용주의에 기반을 두고 신과 교회로부터 멀어지자고 주장했다! 누가 마키아벨리와 같은 생각을 알아차릴 수 있었을까? '모든 사람이 당신의 외모를 볼 수 있지만 그중 당신이 누구인지 자각할 수 있는 사람은 거의 없다.'[3] 자신에게 적용된 마키아벨리의 이 격언은 틀림없이 그의 원칙이 과학적 방식만큼 냉소주의를 따른다는 것을 드러낸다. 주의 깊은 독자라면 수세기 전에 이미 발간된 그의 책에서 수학적 게임 이론의 핵심 개념을 발견할 수 있다. 게임 이론은 1944년에 출판된 수학자 존 폰 노이만John Von Neumann과 오스카 모르겐슈테른Oscar Morgenstern이 『게임

---

3 마키아벨리, 『군주론』, chap.XVIII, 앞의 책

이론과 경제 행동』이라는 획기적인 제목의 책에서 언급한 바 있다.

총사령관으로서의 알고리즘

16세기 이탈리아의 강력한 공국의 우두머리에 앉아 있는 군주를 상상해 보자. 노련하고 막강한 군대를 보유하고 있는 군주는 공국에서 멀리 떨어진 곳까지 출전할 수도 있다. 본인의 힘을 자신한 이 남자는 자신의 나라보다 약하다고 알려진 이웃 나라를 정복할 계획을 세우고, 공국의 장군들에게 전쟁 계획을 알려 만일의 사태를 대비하도록 했다. 한편 이웃 나라의 군주는 자신에게 닥칠 위험을 알게 되었다. 위협을 느낀 그는 어떤 결정을 내려야 할까? 뾰족한 방법은 없지만 자진해서 전투를 벌여야 할까, 아니면 언제 공격해 올지 모를 적을 기다려야 할까?

바로 이 시점에 마키아벨리가 개입한다. 정치와 도덕을 분리한 것으로 유명한 마키아벨리는 확률에 기초하여 관리하는 능력을 권력에 부과하기 위해 용기, 심지어 과시라는 개념을 권력에서 분리시켰다. 그가 묘사한 영웅은 위급한 상황을 통제할 수 있는 사람에게 수학적 모델을 따라 결정을 맡기며 자리를 넘겨주고 사라지는 인물이었다. 인간의 삶에서 금전적으로 가장 비용이 적게 드는 해결책을 선택한다고 했을 때, 수세기를 뛰어넘은 현대 국가의 정상이 사용하는 전례 없는 방식이었다.

마키아벨리가 수학적 관점으로 결정 이론을 논의하기 시작한 것은 『로마사 논고』와 『전술론』에서였다. 다양한 역사적 사실을 검토한 그는 적이 자유롭게 움직일 수 있는 범위를 줄이면서 두 진영이 대결하는 힘의 메커니즘을 수치화했다. 구체적으로 말하면, 항상 적보다 한 걸음이라도 더 앞서려고 노력해야 한다는 뜻이었다. 마키아벨리는 다음과 같이 설명했다.

> 전쟁에 익숙해진 국민이 있는 국가의 군주는 적을 만나러 가는 대신 적이 오기를 기다리는 것이 좋다. 그러나 전쟁에 익숙하지 않고 무장도 되지 않은 국민을 다스리는 군주는 가능하면 자신의 영토로부터 멀리 떨어져 적을 물리쳐야 한다. 자신에게 맞는 방법을 따르면 좀 더 효과적으로 방어할 수 있을 것이다.[4]

이러한 방식은 다음과 같이 요약할 수 있다.[5]

	강자	약자
기다린다	십중팔구 승리할 것이다.	확실히 패배한다.
공격한다	아마도 패배할 것이다.	아마도 승리할 것이다.

4 『로마사 논고』, II권, 12장, 앞의 책

5 참고. 마크 바르부트Marc Barbut, 「마키아벨리와 수학적 행동학」, 티에리 마르탱Thierry Martin, 『수학 및 정치 행동. 사회 수학의 역사와 철학 연구』, Ined, 2000.

보니와 클라이드

앞의 표는 게임 이론의 핵심이다. 가장 유명한 예는 분명 죄수의 딜레마일 것이다. 이 실험에는 보니와 클라이드라고 불리는 두 명의 공범이 존재한다. 그들은 경찰에 체포되었고, 각각 다른 감방에 수감되어 서로 의사소통하지 못한다. 증거가 부족한 수사관은 두 용의자가 작전을 짤 수 없다는 사실을 이용해 두 사람에게 각각 다음과 같이 제안했다.

- 동료를 고발하면 그는 10년형을 선고받고 당신은 석방될 것이다.
- 서로 고발하면 둘 다 5년형을 선고받게 된다.
- 둘 다 상대방을 고발하지 않으면 증거가 없기 때문에 당신은 6개월만 복역할 것이다.

	보니는 클라이드를 배신한다	**보니는 클라이드를 배신하지 않는다**
클라이드는 보니를 배신한다	보니: 5년 클라이드: 5년	보니: 10년 클라이드: 석방
클라이드는 보니를 배신하지 않는다	보니: 석방 클라이드: 10년	보니: 6개월 클라이드: 6개월

피고인들이 명예롭게 감옥을 탈출할 수 있도록 한 이 제안은 썩 괜찮아 보인다. 그럼 보니와 클라이드는 각각 어떻게 추론할

수 있는지 좀 더 자세히 살펴보자.

- 공범자가 나를 고발하지 않는 경우
  - 나는 입을 다물고 6개월간 복역한다.
  - 내가 그를 고발하고 나는 석방된다.

- 공범자가 나를 고발하는 경우
  - 나는 입을 다물고 10년 동안 복역한다.
  - 내가 그를 고발하고 나는 5년 동안 복역한다.

동료를 고발하지 않기로 결정하면 기껏해야 6개월, 최악의 경우 10년을 복역하게 된다. 반대로 동료를 고발하기로 결정하면, 바로 석방되거나 5년 동안 복역하게 될 것이다. 어쨌든 동료를 고발하는 것이 이익이다. 두 사람이 서로를 고발한다면 그들을 기다리고 있는 것은 10년의 감옥살이이며, 수사관들의 공격은 결국 성공하게 된다!

이처럼 철저하게 체계화된 추론의 근원이 되는 마키아벨리의 사상은 의심할 여지없이 전 세계의 지도자들에게 큰 영향을 미쳤고, 지금도 여전히 영향을 미치고 있다. 인간성을 배제한 냉정한 그의 수학적 모델은 용기, 공정함, 충성심, 심지어 사랑과 희생이라는 모든 개념을 철저하게 배제시켰다. 보니와 클라이드의 상황에서 예를 들어 보자. 여기서는 그들이 서로를 신뢰할 수 있다는 사실은 배제되었다. 서로 신뢰하고 있다면 배신하지 않고 6개월만 복역하면 된다. 마키아벨리가 보는 유일한 관점에서 보니와 클라이드는 모두 자신의 목숨을 구할 기회를 최대화하는 것이 목표였다. 하지만 마키아벨리가 한 사람의 자유는 다른 한 사람의 자유 없이는 의미가 없다는 이유로 보니와 클라우드를 구해야 한다고 생각한 건 분명 아니었다. 마찬가지로 마키아벨리의 이론은 밀고하기보다는 자살을 선택한 레지스탕스의 결정을 전혀 이해할 수 없다. 목숨을 살려 주겠다는 약속에도 불구하고, 고문을 받는 상황에서 동료를 고발하기를 거부했기 때문이다. 개인적 이익에 사용되도록 프로그래밍된 수학적 모델은 가장 고귀한 인간 성과는 반대가 된다.

분노의 크루아상

자, 이제는 르네상스 시대로 돌아가 두 명의 제빵사를 상상해 볼 시간이다. 둘은 짝수 크루아상, 홀수 크루아상이라는 이름으로 피렌체 거리에서 서로 마주보며 동일한 품질로 경쟁을 한다. 이때 짝수 크루아상은 더 많은 고객을 유치하기 위해 가격을 낮추기로 결정한다. 마키아벨리는 다른 사람들처럼 가격을 낮춘 크루아상을 맛보기 위해 서두른다. 홀수 크루아상 주인은 화덕 앞에 앉아 슬픔에 잠겼다. 경쟁에서 이기려면 그도 빵 가격을 경쟁사보다 낮춰야 했다. 그런데 짝수 크루아상이 계속해서 가격을 낮췄다. 그러다 보면 결국 어느 한쪽이 파산 직전까지 도달해 이

길을 선택할 수 없을 때까지 이 사태는 계속될 것이다. 이 제빵사들의 전쟁은 수익을 떨어뜨렸을 뿐 아니라 그 어느 쪽도 이익을 내지 못한 결과를 얻고 말았다. 반면 마키아벨리와 고객들은 낮아진 크루아상의 가격에 기뻐한다! 우리는 이 제빵사들이 서로 고발해 수사관들에게 큰 기쁨을 가져다준 두 죄수와 같은 상황에 있음을 알 수 있다.

만약 그들이 좀 더 영리했다면 어떻게 했을까? 가격을 낮추는 전쟁에 참여하는 대신 둘 다 가격을 인상했을 것이다! 크루아상 없이 아침을 보낼 수 없는 피렌체 사람들은 비싼 가격에 빵을 사게 되고, 전략을 조정한 두 제빵사는 고객을 희생시키며 자신들의 배를 채울 것이다. 가격 담합이 불법인 이유는 이렇게 소비자에게 피해를 주기 때문이다. 그럼에도 불구하고 통신 분야, 파견 분야, 심지어 금융권까지 이러한 행태가 널리 퍼져 있다. 2005년 오랑주Orange와 SFR, 부이그 텔레콤Bouygues Telecom은 가격 담합으로 총 5억 3,400만 유로의 과징금을 부과 받았고, 2009년 아데코Adecco, 맨파워Manpower 및 베디오르비스VediorBis는 9,400만 유로의 과징금을 부과 받았다. 또한 2010년에는 프랑스 은행, BPCE, 우체국 은행, BNP Paribas, 크레디 뮤튜엘Crédit mutuel, 크레디 아그리콜Crédit agricole, 크레디 뒤 노르Crédit du Nord, CIC, LCL, HSBC 및 소시에테 제네랄Société générale이 3억 8,500만 유로를 벌금으로 내야 했다. 그러나 이 그룹들의 재무 건전성에 비해 매우 미미한 금액인 과징금은 진짜 해결책이 될 수 없다. 마키아벨리라면 아마 이렇게 말했을 것이다. "벌금을 무는 위험이 상대적으로 약하기 때문에 불법을 행하는 게 더 낫다."

협력을 위한 조작

그렇다면 확실하게 적을 내 편으로 만들 방법은 무엇일까? 서로 손을 잡거나 이타심 아니면 동포애에 호소해야 할까? 전부 다 틀렸다. 2007년에서 2009년 사이에 ITV에서 방영된 영국 게임 쇼 〈골든 볼스Golden Balls〉의 사례를 보며 질문의 답을 찾아보자. 이 방송에서 가장 흥미로운 게임은 바로 'Split or Steal', 즉 '나눌 것인가 또는 훔칠 것인가'였다. 게임을 하는 두 명의 참가자는 상금을 나누어야 한다. 각 참가자의 앞에는 Split라고 표시된 공과 Steal이라고 표시된 공이 놓여 있고, 참가자들은 둘 중 하나를 비밀리에 선택한다. 규칙은 다음과 같다.

- 두 명의 참가자가 모두 Split을 선택하면 각각 상금의 절반을 받는다.
- 한 명이 Steal을 선택하고 다른 쪽이 Split를 선택하면 Steal을 선택한 참가자가 상금 전액을 가져가고 나머지는 빈손으로 떠나야 한다.
- 둘 다 Steal을 선택하면 두 명 모두 상금을 받지 못한다.

따라서 상금 절반이라도 얻기 위해서는 자신이 Split를 선택할 것이라고 상대방을 설득하는 것이 관건이다. 실제로는 전액을 차지하기 위해 Steal을 선택할지라도 말이다. 그런데 닉과 이브라힘이라는 이름의 참가자가 출연한 에피소드에서 나온 새로운 전략이 방청객과 사회자를 깜짝 놀라게 했다. 참가자들에게 게임의 방법을 설명하는 그 짧은 순간에 닉은 부드러우면서 매우 단호하게 말했다. "이브라힘, 저를 믿으세요. 저는 무조건 Steal 공을 선택할 것입니다." 이브라힘은 자신의 귀를 의심했고 방청객은 놀라움을 금치 못했다. 닉은 다시 설명했다. 그는 이브라힘에게 Split 공을 선택하도록 부탁했고 자신이 전액을 타면 이브라힘에게 절반을 주겠다고 약속했다.

어찌 됐든 이브라힘에게는 선택의 여지가 없었다. 상금 전액을 가져가겠다고 선언한 상대방 앞에서 만일 Steal을 선택한다면 아무것도 받지 못한다. 하지만 Split을 선택하면 닉이 약속을 지켜주길 기대할 수 있다. 즉 이브라힘에게는 선택할 여지도 자유도 없었다. 이 전략은 적의 행동반경을 줄이면서도, 그렇다고 모든 희망을 빼앗아가지 않는 마키아벨리 이론을 완벽하게 보여 준다. "더 이상 선을 기대하지 않는 사람은 더 이상 악도 두려워하지 않기 때문에 승리에 대한 열망을 극단까지 끌어올리거나 패배나 절망을 줄이는 것은 현명하지 않다."[6] 실제로 이브라힘에게

---

6 마키아벨리, 『피렌체 역사』, Ⅱ권, 14장, 앞의 책

1실링이라도 따낼 기회가 없었다면 그는 통제 불능 상태에 빠져 닉의 패배만을 바랄 것이다. 하지만 아직 성공에 대한 희망의 끈이 있었기 때문에 그는 상대방을 의지할 수밖에 없었다.

조종당하고 있다고 느낀 이브라힘은 불쾌했지만 선택의 여지가 거의 없었다. 몇 분 동안 이야기를 더 주고받은 뒤, 이브라힘은 마침내 닉의 신박한 거래를 수락했다. 이제 카메라에 자신의 선택을 공개할 시간이 되었다. 이브라힘은 체념한 표정으로 Split 공을 보여 주었다. 하지만 닉은 자신이 말한 것과는 달리 Split 공을 들고 있었다! 이브라힘은 13,600파운드의 절반을 손에 넣었지만, 왜 자신을 이런 곤경에 빠뜨렸는지 닉에게 화를 낼 수밖에 없었다. 잠시 후, 두 참가자는 악수를 하고 미소를 지으며 상금 절반을 품에 안고 떠났다.

이브라힘이 모든 것을 잃지 않으려면 분명 다른 선택의 여지가 없음을 확인한 닉은 이브라힘이 돈을 가로채려고 하지 않을 것이라고 확신할 수 있었다. 그렇기 때문에 Split을 선택할 수 있었던 것이다. 즉 닉은 그를 조종함으로써 자신에게 협력하도록 만든 것이다!

1979년 정치학 교수이자 게임 이론 전문가인 로버트 액설로드Robert Axelrod는 토너먼트를 조직해 일대일 대결에서 사용할 수 있는 최상의 전략을 찾아보았다. '골든 볼스', 그리고 비슷한 유형의 실험들과 비교해 약간의 변화를 주었다. 토너먼트에 참가한 것은 인간이 아니라… 소프트웨어였다! 이 컴퓨터 프로그램은 서로 통신이 가능했고 최대한 많은 점수를 얻는 것이 목표였다. 각각의 프로그램은 서로 다른 상대와 200번 대결하여 소프트웨어가 그들의 전략을 개선할 수 있도록 했다.

조직적으로 경쟁자를 이기려는 매우 공격적인 소프트웨어나 예측할 수 없는 행동으로 경쟁자를 놀라게 만드는 소프트웨어와 맞서게 된 컴퓨터 프로그램은 다음과 같은 간단한 원리에 따라 승리할 수 있었다.

- 초반에는 협력한다.
- 경쟁자가 협조적이면 계속 협력하고, 경쟁자가 공격적이면 똑같이 공격적으로 행동한다.
- 공격한 후에는 상대방을 용서하고 다시 협력을 제안한다.

토너먼트를 치르는 동안 많은 프로그램이 서로 협력하는 모습을 보여 주었다. 이 전략은 단연코 가장 성공적인 전략으로 판명되었다. 협력-상호-용서 시스템은 아나톨 라포포트Anatol Rapoport라는 러시아계 미국인 수학자가 발명하였다. 이후 액설로드는 이 경험에서 얻은 교훈을 『협력의 진화』라는 책에 담았다. 이 책은 협력의 결말이 인간애보다는 조작의 영역에 속해 있다는 것을 보여 주었다. 따라서 자신의 결정을 지나치게 합리화하는 사회에서 제안하는 유화 정책은 계산에 따른 결과에 불과한 것이다. "개인적 이익이 가장 중요해지면, 형제애는 이기심의 가장 성공적인 형태가 된다." 결국 마키아벨리가 승리했다.

이상한 나라의 장난

수학화된 투표의 선거 조작이 동화와 어떠한 관계가 있는지, 다시 한번 시간을 거슬러 올라가 보자. 우선 19세기 중반 명문 크라이스트 처치 칼리지의 저명한 수학 교수였던 찰스 도지슨Charles Dodgson(1832~1898)을 살펴보고자 한다. 그는 대수와 논리학에 관한 열두 권의 책을 쓴 저명한 수학자였지만 대중적으로는 잘 알려지지 않았다. 반면 그의 가명은 본명과 다르게 매우 유명한데, 바로 루이스 캐럴이다!

사진에 열광했던 찰스 도지슨은 1856년 봄 크라이스트 처치 칼리지 학장인 헨리 리델Henry Liddell의 정원에서 어린 소녀였던 앨리스를 포함하여 그의 아이들과 사진을 찍었다. 도지슨은 곧 어린 소녀에게 이끌렸고, 리델 가족과 가까워졌다. 그러나 몇 년 후, 전세가 바뀌었다. 1864년 앨리스의 부모는 갑자기 도지슨이 자녀들에게 접근하는 것을 금지했다. 이유가 무엇이었을까? 1863년 6월, 11세였던 앨리스와 함께 뱃놀이를 하던 중 미래의 루이스 캐럴이 되는 도지슨이 앨리스에게 청혼을 했고, 심지어 부적절한 행동까지 한 것으로 보였기 때문이었다.[7] 그러나 아무도 자초지종을 알 수 없다. 그저 도지슨이 평생 찍은 소녀들의 수많은 누드 사진이 그에게 유리하게 작용하지 않았다는 사실을 인정해야 할 뿐….

헨리 리델이 크라이스트 처치 칼리지 재개발 계획 비준 투표를 제안했을 때, 헨리 리델과 도지슨의 불화는 절정에 달했다. 찰스 도지슨은 적의 계획을 좌초시키기 위해 즉시 수학을 사용한 선거에 관심을 보였다. 투표를 위조하는 문제가 아닌, 다양한 투표 이론을 자신에게 유리하게 조작하려는 방책을 연구한 것이었다. 두 사람의 분쟁은 논외로 하고, 도지슨의 작업에 좀 더 집중해 보자. 도지슨은 곧 「선거를 실시하는 다양한 절차와 방법에 대한 논의」를 발표해 '상황에 따라서 여러 유형의 투표가 잘못된 결과가 나올 가능성이 있음'을 입증할 예정이었다.[8] 도지슨은 콩도르세Condorcet가 좀 더 일찍이 알아차리고 케네스 애로Kenneth Arrow[9]가 '불가능성 정리'라는 이름으로 역사가 유지해 온 것이 무엇인지 재발견한 것처럼, 순환성이 존재할 가능성이 있음을 지적했다.[10]

콩도르세는 유권자 60명과 후보자 3명(A, B, C)을 고려해 다음

---

7 참고. 모턴 코헨Morton Cohen, 『루이스 캐럴의 전기』, Vintage Books, 1996, 30–35쪽.

8 위의 책, 214쪽.

9 케네스 애로(1921~2017)는 1972년 알프레드 노벨 기념 스웨덴 중앙은행 경제학상을 수상했다. 책의 뒷부분에서는 적절하지는 않지만 좀 더 가볍게 '노벨 경제학상'이라고 부르겠다.

10 많은 정치 이론가들은 민주주의가 불가능하다는 증거로 바로 이 순환성의 존재를 내세운다.

과 같이 요약할 수 있는 간단한 예시[11]를 제안하며 자신의 이론을 명확히 했다.

- 유권자 23명은 A > B > C 순으로 선호한다.
- 유권자 17명은 B > C > A 순으로 선호한다.
- 유권자 2명은 B > A > C 순으로 선호한다.
- 유권자 10명은 C > A > B 순으로 선호한다.
- 유권자 8명은 C > B > A 순으로 선호한다.

첫 번째 예시는 23명의 유권자가 A를 1순위로, B를 2순위로, C를 3순위로 선호한다는 것을 의미한다. 모든 예를 종합하면 다음과 같은 결론을 내릴 수 있다.

- 유권자 27명이 B > A를 선호할 때, 유권자 33명은 A > B를 선호한다.
- 유권자 18명이 C > B를 선호할 때, 유권자 42명은 B > C를 선호한다.
- 유권자 25명이 A > C를 선호할 때, 유권자 35명은 C > A를 선호한다.

---

11 니콜라 드 콩도르세Nicolas de Condorcet, 『다중 투표가 만든 결정의 확률에 대한 분석 적용에 관한 에세이』, 1785, Ⅰviii쪽.

첫 번째 결론은 대다수의 유권자에게는 A가 B보다 낫다는 것을 의미한다. 그리고 두 번째 결론은 B가 C보다 낫고, 마지막 결론은 C가 A보다 낫다는 것을 의미한다. 그렇게 되면 A > B > C > A와 같은 사이클에 도달한다! 콩도르세는 이것을 모순적 결과라고 불렀고, 도지슨은 순환, 애로는 역설이라고 불렀다. 개별 선택의 합은 실제로는 일관된 집단 선택으로 이어지지 않는 것처럼 보인다.

하지만 콩도르세와 애로가 유권자의 어려움을 지적한 그 지점에서, 도지슨은 단순히 투표 규칙을 변경함으로써 원하는 사람을 이기게 할 수 있다는 아이디어를 내놓았다. 이를 증명하기 위해 유권자 12명이 선호도에 따라 후보 A, B, C, D의 순위를 매기는 선거를 예로 들어 보자. 투표 결과는 다음과 같다.

유권자	1	2	3	4	5	6	7	8	9	10	11	12
1위	D	C	D	C	D	D	C	A	D	D	C	B
2위	A	B	B	B	B	B	B	B	C	C	B	C
3위	B	D	A	A	A	A	A	C	A	A	A	A
4위	C	A	C	D	C	C	D	D	B	B	D	D

투표를 조직한 측에서 D가 승리하길 원하면 1순위, 즉 첫 번째 선호도에서 과반수를 얻은 사람이 승자가 될 것이라고 결정할 것이다. 실제로 D는 6번 1위를 하였고 승리를 확신할 수 있다.

반면 A가 이기길 원한다면 최하위 선택을 가장 적게 받은 후보를 뽑는 것으로 사회 평화를 보장해야 한다고 주장할 것이다. 이런 관점에서는 최하위 표를 한 번만 받은 A가 승리할 수 있다.

B를 선출하려면, 투표 주최자는 좋은 성적을 골고루 받은 후보를 뽑자고 결정할 것이다. 따라서 승자는 가장 높은 평균을 획득한 사람이 된다. 1위를 한 후보자에게는 4점, 2위에게는 3점, 3위에게는 2점, 최하위 후보자에게는 1점을 부여한다고 했을 때, C와 D는 31점, A는 26점으로, 총 32점을 받은 B가 선출되는 방식이다.

마지막으로 C가 이기려면 선거구를 분할해야 한다. 12명의 유권자를 3그룹으로 분류하는 것으로 충분하다. 유권자 1, 3, 5, 6은 첫 번째 선거구, 유권자 2, 4, 8, 9는 두 번째 선거구, 나머지는 세 번째 선거구로 묶는다. 유권자의 1순위 선택만 고려하여 첫 번째 그룹은 D에 투표하고 나머지 두 그룹은 C를 선택하게 된다. 따라서 C 후보자는 두 곳이 자신에게 유리하게 투표를 했기 때문에 승리할 수 있다.

위험한 조작인가, 정치적 선택인가?

그동안 지도자들은 다양한 투표 방식을 악의적으로 사용함으로써 자신이 계속 집권하거나 자신에게 유리한 주지사를 선출할 수 있었다. 가장 널리 퍼져 있는 조작은 의심할 여지없이 게리맨더

링이다. 이는 전 세계적으로 정부가 승리를 보장하기 위해 실시하는 '선거구 획정'을 말한다.

이제 선거 조작은 잠시 잊고 앞서 살펴본 예시에서 A, B, C, D 중 누가 선출되어야 하는지 생각해 보자. 가장 높은 선호도를 가진 사람, 가장 낮은 선호도를 가진 사람, 산술 평균을 사용하는 규칙, 간접 투표, 그중 어떤 것이 가장 공정하다고 말할 수 있을까? 그러나 이 질문은 사실상 잘못 제기되었다. 통계와 투표 규칙이라는 관점에서 볼 때 이렇게 다양한 투표 방법은 모두 정당하기 때문이다. 투표 방법은 모두 절대적으로 공정하다거나 불공정하지 않다. 여기에서 제시한 정당성의 문제는 사회가 스스로 설정한 목표와의 일관성으로 대체되어야 한다.

1순위에서 과반수 득표를 한 후 D가 승리하는 경우를 생각해 보자. 이는 정기적으로 정권 교체가 되어야 한다고 확신하며 분열된 결과를 선호하는 경향이 있는 유권자에게 완벽하게 들어맞는다. 반면에 사회에 더 합의된 후보자가 필요하다고 믿는다면, 산술 평균을 기반으로 한 투표를 선택할 것이다. 그렇게 되면 B가 선출되어 여론이 두 진영으로 나뉘는 일이 줄어들 것이다. 사회의 평화가 더 중요하다고 하면 4순위에 가장 적게 링크된 후보, 즉 가장 미움을 덜 받는 후보자를 선출하는 시스템을 선택할 수 있다. 마지막이 이상하게 보일 수도 있다. 이는 A가 3순위에 뽑힌 경우가 가장 많기 때문에 전반적으로 순위가 낮은 후보자를 선출하게 되는 방법이다. 그러나 이 방법은 2순위에 가장 덜 랭크되었다는 사실은 고려하지 않은 채 1순위에서 과반수로 선택된 후보를 선출하는 방법보다 놀라운 건 아니다.

마지막으로 유권자를 여러 그룹으로 나누는 규칙도 본질적으로는 불공정하지 않다. 분명히 이 시스템은 선거를 조작하는 데 종종 사용되었다. 그러나 선의를 가지고 선거구에 지리적, 사회학적, 역사적, 종파적 또는 기타 의미를 부여하면 완전히 합법화된다. 예를 들어 중앙집권제 대신 연방제를 선택한 국가에서 다수결 원칙을 사용하는 것은 일관적이지 않다.[12] 따라서 미국을 회원의 연합국으로 간주한다면, 유권자는 동일한 주의 기치 아래 모여 시민이 아닌 주에 다수결의 원칙을 적용하는 것이 맞다. 이것이 도널드 트럼프Donald Trump가 2016년 힐러리 클린턴Hillary Clinton에게 더 낮은 총 득표수를 얻었음에도 불구하고 승리한 이유이다. 이러한 경우는 미국 대선 역사상 세 번이나 일어났던 일이다.[13] 우리가 이 상황을 역설적으로 느낀다면, 그것은 우리가 단순한 다수결 규칙에 너무 익숙하기 때문이다. 그러나 미국에서 정한 규칙은 상대방보다 더 많은 표를 얻는 것이 아니라, 더 많은 주를 얻는 것이다. 이는 결코 속임수가 아니라 미국 연방주의 정치 성격과의 일관성 문제이다.

그렇기 때문에 각 규칙은 정치적 개념과 공명해야 한다. 결과

---

12 미국 독립 이후 처음 수십 년 동안 그랬던 것처럼

13 1876년, 1888년, 2000년

적으로 콩도르세, 도지슨, 애로가 한 것처럼 투표의 분포를 가장 잘 나타내는 시스템을 찾는 일은 의미가 없다. 절대적인 측면에서 보면 다른 투표법보다 더 나은 투표 방법은 존재하지 않는다. 규칙이 정치적 목적과 일치하는가, 일치하지 않는가? 바로 이것이 우리가 제기해야 할 유일한 질문이다. 그러고 나면 투표에 대한 기준을 측정하고 조작 대상인지 여부를 면밀히 모니터링해야 할 때가 온다.

03

국가가 요구하는 숫자

계량할 수 없거나 셀 수 없거나 측량할 수 없는 것은 거의 없다.

— 빈센초 갈릴레이Vincenzo Galilei (갈릴레이의 아버지),
「소리굽쇠 모양의 다양성에 관한 특수 논문」

숫자와 사람

만약 왕의 백성이 인간의 지위를 포기한다면? 그리고 그 백성이 법제화할 수 있는 숫자로 전락한다면? 이런 가설을 공식화한 사람이 있다. 바로 장 보댕Jean Bodin(1530~1596)이다. 적어도 우리가 말할 수 있는 건, 그의 생각이 지속되었다는 것이다. 오늘날 개개인은 고용, 건강, 재산, 여가, 결혼 생활과 관련된 서로 다른 상대적인 통계 요소가 되기 때문이다. 또한 우리가 가진 수천 가지 정체성이 경제활동 인구, 비경제활동 인구, 비장애인, 장애인, 납세자, 퇴직자와 같은 단어로 단순화되는 건 부분적으로 장 보댕 덕분-또는 장 보댕 때문-이다!

16세기 중반 샤를 9세, 앙리 3세를 위해 일했던 장 보댕은 인생의 황혼기가 될 때쯤에는 앙리 4세와 가깝게 지냈다. 이보다 더한 책략가는 상상할 수 없었다. 장 보댕이 왕에게 그토록 사랑받았던 이유는 그의 참신함 때문이었다. 장 보댕은 오늘날 마키아벨리와 함께 현대 정치학의 창시자로 간주되고 있을 뿐만 아니라 화폐 수량설의 선구자이자 주권론이라는 개념의 창시자로 여겨질 정도로 당시 새로운 사상을 가지고 있었다. 주권론으로 국가는 중세시대를 벗어나 근대시대에 들어섰다.

종교 전쟁으로 인해 혼란스러운 시기에 마키아벨리의 『군주론』에 영향을 받은 보댕은 신의 관념에서 해방된 이상적인 정치체제를 주장했다. 왕이 국가 질서에 위험하다고 판단되는 견제 세력으로부터 해방된 최고 중재자가 되려면, 더 이상 왕이 종교 지도자가 되어서는 안 됐다. 심지어 장 보댕은 주권자가 '법의 지배로부터 사면되었다'[1]고 주장하며 훗날 리슐리외 추기경이 완벽하게 이용하게 될 절대 군주제의 기반을 만들었다.

그렇다면 여기서 숫자의 역할은 무엇이었을까? 숫자가 합리성에 대한 문제에 부응하든 그렇지 않든, 숫자는 장 보댕의 사상에서 중요한 위치를 차지했다. 동시대의 노스트라다무스는 고대로부터 물려받은 유사 과학이자 16세기에도 여전히 유효했던 수비학(또는 조금 덜 경멸적인 뜻을 담고 있는 용어인 계수학)의 매력에 관심이 있었기 때문이다.

---

1 장 보댕, 『국가에 관한 6권의 책』(1576), I권, 8장

피타고라스의 영향을 받고, 숫자의 조화로운 균형에 기초한 이상적인 사회를 꿈꿨던 플라톤에 이어 보댕은 그 가치에 따라 어떤 특정 연도들이 정치적 격변을 일으키는 데 도움이 되는 것으로 판명된다고 주장했다.

> 나는 국가에서 가장 자주 변화가 일어나는 10,000 사이에 6개 또는 7개의 숫자만 넣을 것이다. 즉 7과 9의 제곱수, 입방수[2] 그리고 이 두 수의 곱에서 생성된 숫자, 또 496의 완전수를 말한다.[3]

그러면 잠시 7과 9의 배수가 되는 연도를 확인해 보자. 보댕의 생애 동안 찾을 수 있는 7과 9의 배수가 되는 연도는 1575년으로 다름 아닌 앙리 3세의 대관식이었다. 보댕은 앙리 3세와 가까운 고문이었다! 우연일 수도 있지만 충분히 의심이 가는 대목이다.[4]

보댕은 단순 계산뿐만 아니라 훨씬 더 합리적인 계산을 하기도 했다. 로마의 역사에 근거하여 언론과 시민들에게 재갈을 물

---

2 보댕은 고대에서 행한 것처럼 숫자의 2승 또는 3승를 '제곱수'와 '입방수'라고 말했다.

3 장 보댕, 『국가에 관한 6권의 책』(1576), Ⅳ권, 2장, 앞의 책

4 혹시라도 이 추론이 음모론과 연관될 수 있다면, 7과 9의 배수가 되는 연도는 2079년도이다.

리는 것이 아닌, 인구조사에 활용하기 위한 검열 제도를 확립하자고 주장했다. 인구 조사는 왕의 백성이 누구인지, 그들이 무엇을 소유했는지, 그리고 무엇을 생산했는지 정확히 알게 해 주며 이 결과는 수많은 인과관계를 단순한 수치로 대체함으로써 이루어진다. 언뜻 보기에 보댕의 주장은 매우 좋아 보인다. 특히 가난한 사람을 향한 특권층의 수탈을 끝내는 것처럼 보인 이유는 보댕이 "검열이 없기 때문에 가난한 사람은 빼앗기고 부자는 항상 빠져나간다."라고 말했기 때문이다.[5] 가장 부유한 사람에 대항해 가장 가난한 사람을 보호하자는 보댕식 검열은 이론상으로는 훌륭한 아이디어일지 모른다.

그런데 여기서 착각하지 말아야 할 것이 있다. 보댕의 주장은 역사적 순간이었다. Insee(국립 통계 경제 연구소)에서 실시하는 인구조사와 같이 보댕의 아이디어는 국가가 조사한 최초의 통계 중 하나였다.[6] 토마 베른Thomas Berns의 최신 연구[7]가 강조하는 것처럼 보댕의 제안은 '현실을 통치한다'라는 개념에서 '현실로부터 통치한다'라는 개념으로 서서히 변화하는 매우 특별한 순간을 설명한다.

---

5 장 보댕, 『국가에 관한 6권의 책』(1576), VI권, 1장, 앞의 책

6 1066년 영국을 정복한 후 몇 년 동안 정복자 윌리엄이 둠즈데이 북에 기록된 국가 재산 조사를 명령했다는 사실을 잊지 말아야 한다.

7 『통치하지 않고 통치하라. 통계학의 정치 고고학』, PUF, 2009, 69-80쪽.

이제 권력은 더 이상 사람이 아닌 숫자를 고려하게 되었다. 여기서 국가가 누릴 수 있는 이점은 매우 다양했다. 통치자와 백성을 멀리 떨어뜨린 통계는 충격적인 상황을 약화시키는 데 사용되었다. 예를 들어, 전장에서 사망한 사람들의 수는 그들의 마지막 순간과 흩어진 살점에 대해서는 아무 말도 하지 않는다. 마찬가지로 전염병과 기근에 대한 이야기는 백성들의 고통을 자세히 설명하기보다 사망률 증가를 가리키는 인구 통계학적 그래프와 급상승한 밀 가격을 나타내는 그래프로 대체된다.

현대 모든 정치는 이 아이디어로부터 출발한다. 이제 정부의 목표는 더 이상 가진 것이 없는 사람들에게 일자리를 제공하는 것이 아니라 실업 상태에 있는 사람들의 실업률을 낮추는 것이 되었다. 즉 목표는 인간이 아니라 인간을 수학적 모델로 제시하는 숫자이다. 물론 숫자는 인간과 상관관계가 있지만, 때로는 둘 사이에 깊은 간극이 있다. 실업률에 초점을 맞추면 시간제 노동자의 열악한 조건이나 시간당 1유로라는 매우 열악한 계약을 수락해야 했던 독일 실업자가 겪은 상황을 모른 척하기 쉬워진다. 실업률이 낮아지는 순간, 다른 것은 중요하지 않아 보이기 때문이다.

그러나 보댕이 주장한 검열의 부수적인 피해는 여기서 그치지 않는다. 사람들을 비인간화한 인구 조사는 정부의 무기가 되었다.

> 인구 조사와 검열에서 얻을 수 있는 가장 중요한 열매 중 하나는 꿀벌의 꿀을 먹는 말벌과 마치 양들 가운데 있는 늑대처럼 국가에서 선량한 자들 가운데 있는 부랑자, 게으름뱅이, 도둑, 사기꾼을 추방하기 위해 그들이 각각 어떤 상태인지, 어떤 직업에 종사하고 생계를 유지하는지 알 수 있다는 것이다. 우리는 그들에게 낙인을 찍고 어디서나 그들을 알아볼 수 있다.[8]

바로 이것이 보댕의 검열의 어두운 면이다. 이 검열 덕분에 정부는 순위 밖에 밀려난 사람들을 낙인찍을 수 있게 된 것이다. 우리는 가장 부유한 사람들로부터 '피해를 입은' 극빈자를 구하기 위해 검열을 옹호했던 보댕의 사탕발림을 기억한다. 그는 정말로 부자로부터 가난한 사람을 변호하기를 원했을까, 아니면 귀족의 멍에 아래 있던 본인의 상인 유산 계급을 보호하기를 원했을까? 답이 무엇이든 한 가지는 확실하다. 보댕은 헛된 것에 기생하는 하층 계급에게 공짜 선물을 줄 생각이 전혀 없었다는 것이다!

왕의 딸들

세 척의 범선이 닻을 내리려고 한다. 이미 다리는 내려갔고 밧줄

---

8 장 보댕, 『국가에 관한 6권의 책』(1576), VI권, 1장, 앞의 책

에 올라간 선원이 돛을 펼치기 시작한다. 선장은 지도를 확인하며 북대서양의 얼음 바다를 가로질러 경로를 따라 오늘날의 캐나다인 누벨프랑스 지역에 막 도달했다. 그리고 선창에 새로운 프랑스 식민지를 향한 새로운 제품이 실려 있는 조금 특별한 화물이 도착했다. 이들은 '왕의 딸들'이라고 불린 15~30세의 젊은 독신 여성들이었다. 그들 대부분은 고아였으며, 당시 배에는 100여 명의 여성이 타고 있었다. 선원들은 배에 이렇게 아름다운 짐이 실리는 일을 본 적이 거의 없었다. 그러나 명령은 명확했다. 여성들에게 접근 금지! 그들은 미래의 남편과 만나기 위해 이곳에 도착했기 때문이다. 물이 부족해 아무도 씻지 못했던 비위생적인 상황에서 몇 주를 보낸 그들은 배우자를 만나 프랑스의 위대한 이름으로 출산을 해야 하는 의무가 있었다.

이 이야기가 숫자와 무슨 상관이 있을까? 정부가 숫자에 몰두하기 시작한 때는 북아메리카에서 처음으로 발생한 인구 조사로 알려진 사건과 관련이 있기 때문이다. 이는 1660년대 초 누벨프랑스가 식민 제국의 선봉장이 되기를 원했던 콜베르에 의해 계획되었다. 바로 이것이 1665년부터 태양왕의 대신 콜베르가 새로운 영토의 장관에게 인구를 계산하는 임무를 위임한 방법이었다. 인구를 조사한 식민지 장관은 여성이 너무 적은 것이 문제라고 파악했다. 식민지에는 16~40세의 미혼 남성이 719명이 있는 데 반해 같은 연령대의 미혼 여성은 45명에 불과했다. 따라서 콜베르는 1673년까지 거의 1,000명에 가까운 왕의 딸들을 보내 출산

정책을 강화하고자 했다.

데이트 앱의 조상격이라고 할 수 있는 국가 통계는 이보다 10년 정도가 지난 후 더욱 효율적으로 국가를 관리할 수 있도록 해 주었다. 왕의 백성이 체스판을 이동할 수 있는 체스말이 된다 할지라도 상관없었다. 국익이라는 이름으로, 젊은 여성들의 감정과 동의는 출산율에 자리를 내주어야 했다.

페티 경의 놀라운 계산

타산적 사고[9]의 문을 열었던 마키아벨리와 보댕의 저서에 이어, 국가 정상이 반드시 읽어야 할 또 다른 책이 있다. 저자가 사망한 지 3년 후인 1690년에 출판되었지만 그보다 약 15년 전에 쓰였던 이 책은 『정치 산술』이다.

『정치 산술』은 윌리엄 페티William Petty(1623~1687)의 책이다. 옥스퍼드 대학의 해부학 교수이자 런던에서 음악을 가르친 페티는 크롬웰 군대의 군의관, 아일랜드 토지 대장 책임자, 왕립 학회 회원이자 분업, 국가 계정 및 인구 통계 분야의 선구자였다. 그의 저서는 변화무쌍하기 때문에 분류하기가 쉽지 않다. 뉴햄프셔의 가난한 가정에서 태어난 페티는 수상한 방법으로 막대한 재산과

9 하이데거의 표현을 사용하였다.

지식을 얻었고 그에게 작위를 준 찰스 2세로부터 칭송을 받았다. 정치의 실패는 페티에게 쓴맛을 남기기는 했지만 그건 아무래도 상관없었다. 마키아벨리처럼 페티 역시 정치 활동 대신 이론과 분석을 통해 후세에 길이 남을 것이기 때문이다.

실험 과학의 발전에 영향을 받은 페티는 '정치 산술'이라고 이름 붙인 새로운 학문을 창시했다.[10] 또한 통계가 국가 전략 발전에 필수적이라고 주장했는데, 정치적 행동을 위한 견고한 기반을 구축하는 데 필요했기 때문이다. 디드로가 요약한 것처럼 페티는 다음과 같은 것을 조사했다.

> 토지 넓이와 가격, 백성, 주택, 산업, 경제, 수공업 공장, 상업, 어업, 장인, 선원이나 뱃사람, 육군, 공공 수익, 이자, 공공요금, 금전욕, 은행, 회사, 사람의 가치, 해군의 증가, 주거, 장소, 조선, 바다의 힘 등[11]

영국이라는 나라를 개관하기 위해 윌리엄 페티는 존재하는 모든 것을 셈에 넣었다. 같은 방법으로 『지혜의 말』(1665)이라는

---

10 인구 통계학에 대한 관심은 페티가 실제로 그 학문을 만들기 이전부터 존재했으며, 특히 1662년에 『사망률 표에 대한 자연 및 정치적 관찰』을 출판한 그랜트의 작업이 그 관심을 보여 준다.

11 드니 디드로Denis Diderot, 「정치 산술」, 『백과전서 혹은 과학, 예술, 기술에 관한 체계적인 사전』

저서에서는 잉글랜드와 웨일스 국민 소득을 추정하는 데 성공했다. 우리가 알고 있는 국내 총생산(GDP)의 조상이 탄생한 것이다! 페티는 아마도 이 개념이 모든 정책의 처음과 끝이 될 정도로 성공할 것이라는 사실을 알지 못했을 것이다. 정부가 집착하는 이 성장은 사실 동일한 GDP가 1년마다 변동하는 것일 뿐이다. 페티 경은 여기서 멈추지 않았다. 그는 존재할 수 있거나 존재해야 하는 모든 것을 셌다. "(…) 그들이(남성들이) 먹어야 하는 음식의 양, 그들이 할 수 있는 일, 그들이 살아야 할 시간 (…) [12]." 더 이상 국가를 개관하는 데 만족할 수 없었던 이 정치 산술의 창시자는 그때부터 영국의 경제 및 인구 통계학적 미래를 예측할 수 있다고 주장했다.

> 런던의 인구가 67만 명일 때 40년 동안 2배로 늘어나고, 또 국가 전체 인구가 740만 명일 때 360년 동안 2배로 늘어난다고 했을 때, 1840년에 런던의 인구는 1,071만 8,880명이 될 것이며 국가 전체 인구는 1,091만 7,389명이 될 것으로 보인다. 따라서 인구가 8배인 535만 9,000명이 되는 1800년에 최대치에 도달하기 전 도시의 성장을 멈출 필요가 있다.[13]

---

12 위의 책

13 윌리엄 페티Willial Petty, 「런던 시의 성장에 관한 정치 산술의 또 다른 에세이」, 『윌리엄 페티 경의 경제 저술』, vol. 2, Charles Henry Hull, 1899, 464쪽.

물론 페티는 1800년의 실제 런던 시민의 수가 그가 예측한 535만 9,000명이 아닌 90만 명에 불과하다는 사실은 알지 못했을 것이다. 기술적인 관점에서 봤을 때는 타당할 수도 있는 페티의 계산이 이성에는 벗어나는 점을 인정할 필요가 있다. 이보다 훨씬 신중했던 볼테르는 샤를마뉴 이후 인구가 단 3배만 증가했다고 추정하기도 했다.

> 나는 3배라고 말했지만 사실 이것도 너무 많다. 왜냐하면 사람은 기하급수적으로 번식하지 않기 때문이다. 증가된 숫자를 얻기 위해 한 모든 계산은 터무니없는 망상이다.[14]

페티가 얻은 근삿값은 현실을 무시하고 오직 숫자만 고려한 최초의 사람(분명 마지막은 아니다)이라는 사실에서 비롯된다. 그는 자신의 방정식과 현실을 대조할 필요를 전혀 느끼지 않았다. 그럼에도 불구하고 페티는 국가 정상들이 인간을 고려하는 정책이 아닌 숫자를 받아들이게 하는 데 성공했다. 오늘날 우리의 일상생활을 나타내는 이 숫자에 의한 독점적 장치를 향한 변화를 방해하는 것은 아무것도 없다.

숫자에 집착한 페티는 머지않아 망상에 빠져들기 시작했다. 예기치 못한 정보인 종말론을 그의 방정식에 통합하여 인구 통계

---

14 볼테르, 「인구」, 『철학 사전』

학적 계산을 지구 전체로 확장한 것이다.

> 360년 안에 인구가 2배로 늘어난다면 현재 3억 2,000만(인구) 명은 다가올 2,000년 동안 매우 많이 증가하여 지구에서 거주 가능한 지역의 땅은 인구 1명당 2에이커가 필요하다는 결과를 산출하게 될 것이다. 그러면 성경의 예언대로 반드시 전쟁과 큰 학살이 일어날 것이다.[15]

사랑할 때, 우리는 계산하지 않는다

순수한 노력의 결과가 아닌 경우, 수치화된 근삿값은 수학의 조작에 참여하게 된다. 왕에게 아첨할 목적으로 말이다. 군주를 사랑한 대가로 군주의 사랑을 받기 원할 때, 제대로 된 계산은 불필요해 보인다. 다양한 통계 데이터를 수립하고 분석한 페티는 "프랑스가 영국보다 해상에서 더 강해진 이유는 자연적이고 지속적인 장애물 때문이다."[16]라고 말했다. 반면 숫자에 마법을 부린 이후에는 "영국의 위대함을 막는 장애물은 사소하고 제거할 수 있는 것일 뿐이다."[17]라고 주장했다.

---

15 「런던 시의 성장에 관한 정치 산술의 또 다른 에세이」, 앞의 책

16 「정치 산술」, 3장, 『윌리엄 페티 경의 경제 저술』, vol. 1, 앞의 책, 278쪽.

17 위의 책, 5장, 298쪽.

디드로는 이러한 페티의 주장에 속지 않았다. 페티가 「정치 산술」을 헌정한 본질이 과학의 중요성에 대한 권위를 떨어뜨린다고 경고했다. "이 에세이는 왕에게 보내는 것이다. 그리고 그 결과가 영국 국민에게 호의적이었다고 말해도 과언이 아니다." 또한 디드로는 국가의 회계와 모든 것을 숫자화하려는 광기 사이에 있는 강제 결혼제도를 비난하고, 저서에서는 미래 예측의 한계를 경고했다. 그가 생각했을 때 숫자는 모든 것을 할 수 있는 것이 아니었다. 특히 역사의 우연과 맞닥뜨린 숫자는 아무것도 할 수 없었다.

> (…) 그것이 좋든 나쁘든, 한 순간에 국가의 얼굴을 바꾸고 국가의 기대를 수정할 뿐만 아니라 심지어 전멸시키는 혁명이 일어난다는 사실을 잊어서는 안 된다. 사건은 계산과 그 결과보다 훨씬 변화무쌍하다.[18]

디드로는 여기서 중요한 점을 지적했다. 수량화된 예측에 체계적으로 의지하게 되는 것처럼, 정치적 모델링에 대한 무제한적인 신뢰가 증가할 것이라는 그의 말이 이해되지 않을 수도 있다. 그러나 마키아벨리조차도 숫자의 횡포에 굴복하고 싶지 않았다. 일찍부터 그 힘을 간파했던 마키아벨리는 그 한계도 파악했다.

---

18 드디 디드로, 「정치 산술」, 『백과전서』

이러한 이유로 마키아벨리는 『군주론』의 독자들에게 사람이 세상을 지배하기 위해 온갖 노력을 기울이더라도 그들의 계산이 모든 것을 통제할 수는 없을 것이라고 지혜롭게 경고했다.

"나는 행운이 우리 일의 절반을 지배한다는 것이 사실일 수도 있다고 생각한다."[19]

케네의 지그재그

윌리엄 페티가 종말론을 언급한 복잡한 계산을 설계한 반면, 한 프랑스인의 마음에는 신에 대한 생각 외에는 아무것도 나타내지 않은 것처럼 보이는 도형과 화살표의 집합체를 만드는 아이디어가 싹트기 시작했다. 프랑수아 케네François Quesnay(1694~1774)는 '지그재그'라고 부른 직선을 통해 한 국가의 부의 생산과 유통을 나타내는 최초의 거시경제 모델인 경제표를 개발했다.

경제표의 발명은 정치 경제학의 역사에서 중요한 전환점이었다. '한 국가의 부의 질량', 즉 페티가 윤곽을 잡은 일종의 단순화된 국민 계정으로 케네가 체계화한 GDP를 측정하는 일을 가능하게 해 주었기 때문이다.

오랫동안 프랑수아 케네는 자신이 발명한 경제표를 수정했

19 마키아벨리, 『군주론』, 앞의 책, 25장

다. 그가 봤을 때 경제표의 범위에는 제한이 없었다. 케네와 함께 경제표가 포함된 책을 작업한 미라보Mirabeau는 그것을 기적의 발명으로 보았다.

> 세상이 시작된 이후로 정치 집단을 견고하게 만들어 준 세 가지 발명품이 있었다. 첫 번째는 문자의 발명으로 인류에게 법률, 관습, 연대기 및 발명을 왜곡 없이 전달할 수 있는 능력을 단독으로 부여했다. 두 번째는 화폐의 발명으로 모든 문명 국가를 하나로 묶는 공동의 유대관계이다. 세 번째는 경제표이다. 이것은 다른 두 발명품의 결과이지만 그들의 목적을 완벽하게 만들었다. 이 세 번째 발명품은 우리 세기의 영광이자 후손이 열매를 거두게 될 위대한 발견이다.[20]

페티의 계산이 실제로는 영국을 예찬하는 데 사용된 것처럼, 케네 역시 또 다른 속셈이 있었던 건 아니었을까? 실제로 그의 목표는 철학적 교리에 있었다. 계몽주의 사상가가 인간을 세상의 중심에 두는 반면, 케네는 행복을 얻기 위해 따라야 할 신이 창조한 자연의 질서를 설명하였다. 따라서 케네는 자연의 통치가 이루어지기를 원했고 이를 중농주의라고 불렀다.[21] 전기 낭만주의

---

20 레옹스 드 라베르뉴Léonce de Lavergne가 인용함. 「정치경제학의 기원-케네와 그의 격언」, 「두 세계 학술지」, 2기, 68부, 1867, 969쪽.

21 니콜라 보도Nicolas Baudeau 신부가 1767년 4월 「시민의 행사력」에서 처음으로 언급한 신조어이다.

시대의 개념과는 거리가 멀지만 현대의 감각에 부합했던 케네는 이러한 자연의 질서 안에서, 특히 토지를 포함한 사유 재산[22]과 무역 및 산업의 자유뿐만 아니라 특정 형태의 불평등도 정당화한다고 보았다.

> 신체적, 지적 능력, 그 밖의 여러 능력을 고려함으로써, 우리는 여전히 인간의 자연적 권리의 향유와 관련된 중대한 불평등을 발견할 것이다. 이 불평등은 원칙적으로는 공정하지도, 불공정하지도 않다. 불평등은 자연법칙의 결합에서 비롯되며, 세계를 건설하는 신의 계획을 꿰뚫어볼 수 없기 때문에 인간은 신이 자신의 작품을 형성하고 보존하기 위해 설립한, 변하지 않는 규칙의 목적지에 도달할 수 없다.[23]

그렇기에 불평등은 공정하지도, 불공정하지도 않다. 어깨를 으쓱하면서 포기할 수 있을 그 정도의 것이다. 사회적, 신체적, 지적 조건에 따라 사람들은 각기 다른 재산권을 갖게 된다. 그리고 무엇보다 이 점은 변하지 않아야 한다. 다시 한번 말하지만, 이 내용을 말한 건 케네가 아니라 그의 경제표에 담긴 숫자와 화살표이다!

---

22 반대로 루소에게 재산은 불평등의 근원이었다.

23 프랑수아 케네, 『자연법』, III

루이 15세 일병 구하기

케네의 복잡한 계산은 신의 질서를 해석하는 것뿐만 아니라 강력한 왕이 통치하는 국가를 변론하도록 이끌었다. 그는 이렇게 말했다. “정부의 반대 세력은 강자와 약자의 갈등만 드러낼 뿐인 해로운 의견이다.” 반대 세력의 무익한 무력시위 대신 백성을 올바른 방향으로 이끄는 확고부동한 지도자가 있는 편이 나았다. 여기에서 케네가 보여 준 입장은 쇠퇴하고 있는 루이 15세의 통치가 내부로부터 비판받던 시기에 충분히 놀라운 일이었다. 그러나 케네가 왕과 그의 애첩인 마담 드 퐁파두르의 주치의라는 것을 알게 되면 이 모든 것이 설명된다! 그리고 케네를 먹여 살리며 케네가 이상적 이미지를 제시하고자 했던 권력을 정당화하는 데 계산과 수식이 사용되었다고 가정할 수 있다. 당시 아카데미 프랑세즈를 풍미했던 회원인 마르몽텔Marmontel은 『경제표』의 저자인 케네에 대해 다음과 같은[24] 의견을 제시했다.

> 마담 드 퐁파두르의 메자닌에 있는 매우 비좁은 공간에 갇혀 있는 케네는 아침부터 저녁까지 오로지 정치와 농촌 경제에 몰두했다. 그는 시스템을 불가항력적 명증의 계산과 공리로 단순화했다고 믿었다. 또한 그는 학교를 설립하면서 나를 개

---

24 그가 케네에게 동경을 느낀다고 인정했음에도 불구하고

종자로 만들기 위해 나에게 새로운 교리를 설명하는 수고를 아끼지 않았다. 그가 나에게 설명하고자 한 이 진리를 이해하기 위해 나의 모든 능력을 적용했지만, 나는 불확실과 모호함을 보았을 뿐이다. 실제로 내가 듣지 못한 것을 내가 들었다고 그를 믿게 하는 건 나의 힘을 넘어서는 일이었다. 그러나 나는 꾹 참고 그의 말에 귀를 기울였고, 결국 그에게 나를 계몽시키고 끝내 그의 교리를 나에게 주입시켰다는 희망을 남겼다. 나는 내 능력보다 더 많은 일을 했다. 그리고 나는 그에게 박수를 보냈다. (…)[25]

메자닌과 자아 사이에 갇혀 있던 케네는 궁정 밖에서 펼쳐지는 역사의 의미를 알지 못했거나 알고 싶지 않았을지도 모른다. 그러나 그의 사상이 진실했든, 개인적인 이익으로 결정된 것이든, 케네의 정치적 사상은 다가올 시대에 깊이 기록되었다. 혼잡한 자유주의, 경제에 대한 국가의 최소한의 개입, 권위적인 정치인… 오늘날까지 살아남은 이 개념이 구체화된 것은 왕의 거처 아래 있는 작은 숙소에서 끄적인 그의 계산 중 하나였다.

---

25 장 프랑수아 마르몽텔Jean-François Marmontel, 『자식 교육에 사용되는 아버지의 회고록』, 레옹스 드 라베르뉴가 인용함. 「정치경제학의 기원-케네와 그의 격언」, 앞의 책, 989쪽.

웃음거리가 된 계산

어떤 계산은 순수하고 단순하게 조작되기도 하지만, 어떤 계산은 웃음거리가 될 위험을 전혀 개의치 않고 부조리의 경계를 가볍게 넘나들기도 한다. 몽테스키외Montesquieu는 의학 분야에서 유대인의 우월성을 입증하는 수학적 증명을 다음과 같이 조롱하였다.

> 한 스페인 작가는 (…) 위험한 병에 걸려 기독교인 의사도 포기하고 치료도 소용없는 상태에 빠진 프랑수아 1세에 대한 이야기를 들려주었다. 프랑수아 1세는 카를 5세에게 유대인 의사를 요청하였다. 유대인이 기독교인보다 더 의학적으로 능력이 있는 이유는 이스라엘 사람들이 광야에서 먹었던 엄청난 양의 만나에서 비롯된 것이라고 굳게 믿었다. (…) 그는 만나가 40년 동안 이스라엘 사람들의 몸에 남긴 특성을 파괴하는 데 4,000년 이상이 걸렸다고 계산했다. 그래서 이스라엘 사람들은 의학에 대한 특별한 대책을 가지고 있었던 것이다.[26]

너무도 이상한 이야기에 즐거움을 느꼈을 몽테스키외는 거기에서 멈추지 않았다. 몽테스키외는 여전히 빈정거리며 다른 스페인 작가의 글을 다시 인용했다.

---

26 샤를 드 몽테스키외, 「생각 no.1191」, 『몽테스키외의 생각에 대한 비평판』, Presses universitaire de Caen, 2013.

> 살라망카 대학의 한 의사는 정확한 계산법으로 모든 프랑스인이 앙리 4세의 죽음부터 피레네 조약, 동맹, 귀족 연합, 의회 심의, 원정, 평화 및 전쟁 조약까지 생각하는 데 118분밖에 걸리지 않았다는 사실을 찾아냈다.[27]

몽테스키외는 이 문단에서 조롱의 극치를 보여 준다. 그런데 몽테스키외는 왜 이런 터무니없는 말들을 지적했을까? 틀림없이 사람들이 인간적 방식, 심지어 인본주의적 방식으로 생각하는 대신 점점 더 계산에 몰두하는 상황을 유감스럽게 여겼기 때문일 것이다. 그렇다고 그가 상업에 대해 반대한 것은 아니다. 다만 '인간의 모든 행동과 도덕적 미덕이 부당하게 거래되고, 사소한 것까지도 거래되며 돈에 항복하게 되는'[28] 그런 나약한 정신으로 전락할 것을 두려워했던 것이다.

몽테스키외는 세상을 수량화한 화폐는 과도한 청구서를 통해 모든 생각을 없애 버릴 위험이 있다는 끔찍한 예측을 했다. 그러나 이 경고는 아무 소용이 없었다. 우리는 곧 정치가 이러한 방향으로 향한 것을 보았기 때문이다. 시민이 곧 피해자이자 사형 집행인이 되지 않았는가? 페티와 케네의 이름은 대중의 기억에서 사라졌지만 그들의 사상은 지금까지 계속되고 있다.

---

27 샤를 드 몽테스키외, 「생각 no.1642」, 앞의 책

28 샤를 드 몽테스키외, 『법의 정신』, XX권, 2장

18세기 말까지 숫자는 이미 확립된 질서를 정당화하는 데 만족해야 했다. 보댕은 인구 조사로 게으름뱅이를 찾아냈고, 페티의 계산은 영국을 세계에서 가장 위대한 국가로 묘사한 반면 케네는 숫자로 가득 찬 경제표로 신의 질서를 축소시켰다. 이들은 사람들을 설득하기 위해 각자의 방식대로 숫자의 힘을 사용했다. 하지만 그때까지는 그들의 주장을 이상화하기 위해 수학의 권위 아래 있었을 뿐이다. 반면 19세기에는 훨씬 타락하게 된다. 권력을 잡은 숫자는 지금까지 알려지지 않은 진실을 밝혀내어 국가 이념의 원동력의 자리를 차지했다. 정치는 사상을 설명하기 위해서 뿐만 아니라 궁극적으로 법률을 제정하는 데 수학을 이용했다. 특히 가장 비인간적인 방법으로 시민을 규격화할 때 더욱 그랬다.

04
평균인에서 제거 대상으로

여러분, 오늘은 바로 콤플렉스의 시대가 끝나는 날입니다! 더 이상 우월함이라는 어리석음은 없습니다! 모든 사람은 평균이 될 것입니다! 따라서 동일한 이상, 동일한 정책이 동일한 방법으로 실행될 것입니다. (…) 이 혁명은 자녀의 요람에 기대어 있는 부모의 불안감에 종지부를 찍을 것입니다 …. 이 아이는 똑똑한 사람이 될까, 아니면 멍청이가 될까? 이 아이는 잘생기고 예쁜 아이가 될까? 착한 아이가 될까, 아니면 그 반대가 될까… 아니오! 그 아이는 평균인이 될 것입니다![1]

— 세르주 제노Serge Gennaux, 루이 살베리우스Louis Salvérius, 밥 드 그루트 Bob De Groot, 『평균인』, 「스피루」 1315호, 1963년 6월, 12-13쪽

우주의 위대한 산술가

1730년대 중반, 독일의 한 젊은 목사가 고민에 빠져 있다. 솔직히 말하면 그는 출생, 결혼 및 사망이 기록된 자신의 교구 명단에 마음을 쓰기 시작한 이후로 벌써 몇 달 동안 고민에 빠져있었다.

---

1 이 만화의 발췌문을 보면 이번 장에서 논의될 수학자 아돌프 케틀레의 저서를 패러디한 것으로 추측할 수 있다.

호적부가 아직 존재하지 않았던 시기에 지역 인구를 자세히 파악하는 일은 삶의 여러 단계를 기념하면서 행정부 역할까지 겸하고 있던 종교 당국의 책임이었다. 요한 페터 쥐스밀히Johann Peter Süssmilch(1707~1767) 목사는 교인 한 사람 한 사람의 이름을 외우려고 애를 쓰고 있던 것이 아니다. 다만 신의 존재에 대한 증거는 아닐지라도 신의 표적을 알아낼 수 있다고 믿었기 때문에 교구 명단에 몰두한 것이었다. 자, 누가 인명사전에서 신을 찾으러 갈 수 있단 말인가?[2]

쥐스밀히가 교구 명단에 끌린 이유는 분산된 개인사에 있지 않았다(오늘도 아기는 태어났고 결혼식이 진행되었기 때문에). 그는 순간적인 총체성에 관심이 있었다. 쥐스밀히는 매년 출생 건수와 사망 건수 또는 결혼 건수가 비교적 일정하다는 사실을 알아차렸다. 인간이 아무리 달라도 결국 해마다 거의 동일한 행동을 반복한다는 것이다. 그렇다고 이 점이 독일의 그 유명한 정확성 때문이라고 믿어서는 안 된다. 프랑스에서도 1982년과 2018년 사이에 출생 건수가 연간 약 79만 4,000명씩 오르내렸으며 최대 편차는 7% 미만이었다! 사망과 결혼의 경우도 그 수는 장기간에 걸쳐 비교적 안정적이었고 해마다 매우 작은 편차가 있을 뿐이었다.

---

2 이와 관련하여, 젊었을 때 성직자였고 그 후 공공 행정 분야에서 경력을 쌓기 시작한 세바스티앙 보탱Sébastien Bottin(1764~1853)이 『인명록』의 조상인 『파리와 세계 주요 도시의 상업 연감』의 저자였다는 점에 주의해야 한다.

쥐스밀히는 통계의 규칙성에 매료되었다. 통계의 기반이 된 수천 명은 서로 알지 못하고 같은 삶의 계획을 갖고 있지도 않았다. 만약 같은 교구의 사람들이 아이를 갖는 순서를 정하는 데 동의했다면 통계가 이해될 수도 있었다. 하지만 그렇지 않았다. 그들은 다른 이들의 삶과는 독립적으로 자신의 삶을 영위했다. 더 신기한 점은 사람들이 결정할 수 없는 한 가지 문제, 바로 아이의 성별이었다. 쥐스밀히는 놀라운 일관성에 주목했다. 105명의 남자 아기가 태어났을 때 100명의 여자 아기가 태어났으며, 모든 분석 대상에서 유사하게 나타났다. 이는 오늘날에도 여전히 인구 통계학이 가르치는 내용이다.

그렇다면 출생 수가 절반 아래로 내려간 해가 없다는 것은 어떻게 설명할 수 있을까? 여자아이가 남자아이보다 2배 이상 태어났던 해는 한 번도 없었다는 건 또 어떻게 설명할 수 있을까? 또 시간이 지나면서 일정하지만 독립적으로 이루어지는 이 현상을 어떻게 설명할 수 있을까? 쥐스밀히의 대답은 간단했다. 있을 법하지 않은 규칙성은 신의 섬세한 현현과 관련 있다. 우주의 위대한 산술가인 그분만이 개별적인 무질서를 일관되게 만들 수 있다. 곧 쥐스밀히는 자신의 발견을 책으로 저술하였고, 그가 쓴 『신의 질서[3]』는 역사상 최초의 인구 통계학 개론이 되었다.

---

3 『Die göttliche Ordnung』(1741)

신법에서 정치법으로

신은 계산에 밝은 훌륭한 예언가로 스스로 모습을 드러냈고, 쥐스밀히는 인간 사회를 향한 그분의 권능을 보여 주는 훌륭한 증거를 가지고 있었다. 책을 출판한 쥐스밀히는 신의 능력 앞에서 자신이 느낀 경이로움을 사람들과 나누는 것 외에는 다른 소망이 없었다. 그러나 신의 충실한 종이었던 쥐스밀히 목사는 매우 빠른 속도로 출세했다. 프로이센의 왕 프리드리히 2세[4]는 1742년에 그를 베를린의 장엄한 성 페터 교회의 목사로, 3년 후에는 프로이센 왕립 아카데미의 회원으로 임명했다. 자신의 연구가 정치적 관심을 끌 수도 있다고 생각한 쥐스밀히는 출세에 힘입어 인구 문제에 대한 고문으로 자신의 도움을 제안하는 편지를 왕에게 보냈다. 쥐스밀히의 제안에 놀란 왕은 정중하게 그 제의를 거절하였고 대신 국정에서 멀리 떨어진 목사의 임무에 충실할 것을 권했다. 쥐스밀히의 정치 경력은 시작하기도 전에 이렇게 끝나 버렸다.

그러나 쥐스밀히는 이에 굴하지 않고 20년 동안 열심히 일했다. 그리고 1761년에 『신의 질서』 두 번째 판을 출판했다. 446쪽에서 무려 1,415쪽으로 늘어난 두 번째 판은 인구 통계 뒤에 있는 신의 손길을 드러내는 대신 선한 군주가 적용해야 하는 정치

4 특히 그는 포츠담의 상수시 성에서 친구 볼테르를 맞이한 것으로 알려져 있다.

적 규칙을 과학적으로 확립하고자 했다. 쥐스밀히는 다음과 같은 4가지 핵심 사항을 『신의 질서』 두 번째 판에 담았다.

- 결혼을 막거나 늦출 수 있는 모든 요소를 없애 결혼을 촉진한다.
- 신혼 부부에게 다산에 도움이 되는 생활 조건을 보장한다.
- 인구 수명을 연장하기 위한 보건 정책을 실시한다.
- 주민들이 국가에 머물 수 있도록 하고 이민을 장려한다.

처음 두 가지 명제는 창세기의 '생육하고 번성하라'는 말씀을 실천하는 것일 수 있지만(목사에게는 뜻밖의 일이 아니다), 마지막 두 가지는 좀 더 특이하다. 현대 독자라면 이 두 문장에서 극빈층을 위한 사회 정책과 오늘날 특히 민감한 문제인 이민에 의존하여 인구를 증가시키는 정책을 모두 발견하게 될 것이다.

18세기 경제학자들도 그와 비슷한 입장을 공유했지만, 쥐스밀히는 과감한 과학적 접근 방식으로 동료들과 차별화되었다. 수학적 모험을 시작하는 첫 번째 이정표가 막 놓여졌다. 이것은 역사에 엄청난 충격을 주게 될 『신의 질서』의 신학적 영향이 아닌 통계적 영향을 말한다. 그러나 쥐스밀히는 그의 책으로 인해 사람들이 신과 멀어지고 거기서 인간성을 부정하게 될 것이라고는 전혀 상상하지 못했다.

뛰어난 직관에도 불구하고 쥐스밀히는 수학이 매우 불편했다. 전문 지식이 부족했기 때문에 그가 발견한 통계학 규칙은 더욱 인상적이었다. 쥐스밀히가 인구 통계학적 현상의 엄청난 규칙성을 신에게 돌린 것은 18세기 초 자크 베르누이Jacques Bernoulli와 아브라함 드 무아브르Abraham de Moivre가 밝힌 확률 이론의 기초적 결과를 이해하려고 고군분투했음을 보여 준다. 세속적 대화에서 종종 '대수의 법칙'이라고 불리는 이 결과는 독립적인 현상의 합이 전체의 평균을 향하고 있는 경향이 있음을 말한다. 이는 특히 출생, 결혼 및 사망이 해를 거듭할수록 엄청난 규칙성을 나타낸다는 것을 설명한다.

이 결과로부터 독일의 수학자 칼 프리드리히 가우스Carl Friedrich Gauss(1777~1855)의 이름을 딴 그 유명한 가우스 곡선이 탄생했다. 가우스 곡선은 그 모양 때문에 '종' 곡선이라고도 불린다. 가우스가 처음으로 이 곡선을 기술한 것은 천문학에 관한 책[5]에서였다. 그는 측정 오차로 인해 여러 측정값을 얻게 되는 관측으로부터 천체의 궤적을 연구했다. 그리고 측정 오차가 정확하게 가우스 곡선이라고 부를 수 있는 것에 해당하는 확률의 법칙에

---

5 칼 프리드리히 가우스Carl Friedrich Gauss, 『천체 운동론』, Ⅱ, Ⅲ섹션, 1809, 특히 문단 175-179쪽.

따라 분포한다는 것을 알아차렸다.

더 간단하게 말하면 곡선은 다음과 같이 읽을 수 있다. 가장 중요한 오차는 곡선의 여백(맨 왼쪽 및 맨 오른쪽)에 표시된다. 그래프의 중심, 즉 곡선의 정점에 해당하는 오차의 평균은 구하고자 하는 궤적의 실제 값에 해당한다. 따라서 천문 관측을 할 때마다 약간의 오류가 있기 때문에 그럭저럭 정확하다고 할 수 있지만, 마치 평균이 균등하게 분포된 오류를 삭제하여 가장 큰 오류가 가장 작은 오류를 보완하는 것처럼 관측 값의 평균은 실제 값과 일치한다.

구체적인 실험을 통해 프랜시스 골턴(1822~1911) 경의 이름을 따서 명명된 골턴 보드로 이러한 이론적 결과를 쉽게 시각화할 수 있다. 깔대기를 통과한 구슬이 떨어지도록 못이 박힌 비스듬한 보드가 있다. 구슬은 떨어지는 동안 못에 부딪히면서 못의 오른쪽이나 왼쪽으로 떨어지고, 보드의 측면이나 중앙으로 경로를 이탈할 수 있다. 바닥에 있는 막대기는 도착 지점에 따라 구슬을 나누는 데 사용된다. 실험에 따르면 구슬은 주로 중앙으로 향하고 측면으로 가는 양은 점점 줄어드는 것을 볼 수 있다. 따라서 보드 바닥에 배열된 구슬의 일반적인 모양은 가우스 곡선을 나타낸다.

인구 통계학적 현상은 보드에 있는 구슬의 동작을 재현할 뿐이었다. 구슬이 떨어지면서 못을 만나 왼쪽 혹은 오른쪽으로 갈 수 있는 것처럼 누구든지 결혼하거나 결혼하지 않을 수 있고, 아이를 낳거나 갖지 않을 수 있으며, 죽거나 죽지 않을 수 있다. 개개인은 자신의 열망과 삶을 꾸려나갈 계획을 가지고 있으며 깔때기에서 보드 바닥까지 길을 따라가는 구슬처럼 자유롭게 삶을 선택한다. (물론 구슬에는 자유의지가 없지만 인간에게 적용되는 확률을 이해하기 위해서는 비유를 받아들이는 것이 중요하다.)

따라서 어떤 구슬이 어디에 떨어질지 아는 것은 불가능하다. 왼쪽으로? 중앙으로? 오른쪽으로? 아무것도 예측할 수 없다. 반면에 확률은 대부분의 구슬이 중앙으로 향할 것이라고 확인해 준다. 각 구슬의 운명을 알지 못한다고 해서 전체적인 결과를 말할 수 없는 것은 아니다. 마찬가지로 어떤 한 사람이 결혼해서 아이를 낳을지는 알 수 없지만, 그 대신 한 해 동안 거의 일정한 수의 사람들이 결혼하고 일정한 수의 아이가 태어난다는 것은 알 수 있다.

쥐스밀히와 가우스는 이 단계에서 각자 자신의 역할을 했다. 누락된 것은 이 두 수학자가 스스로 설계한 함정에 걸리도록 만든 한 사람뿐이다.

그는 매우 다른 목적을 위해 가우스 곡선을 사용한 젊은 벨기에의 지식인 아돌프 케틀레Adolphe Quetelet(1769~1874)이다. 그가 쥐스밀히의 사상을 공감하기에는 상당한 견해 차이가 있다. 젊었을 때 연극을 저술한 케틀레는 천문대를 브뤼셀에 건설하기 위해 당시 미래의 벨기에(1830년에 설립)를 포함하고 있었던 네덜란드 정부를 설득했다. 이 프로젝트를 준비하기 위해 그는 1823년 파리

천문대를 방문하기로 했다. 그곳에서 케틀레는 당시 가장 위대한 프랑스 과학자인 아라고Arago, 라플라스La Place, 푸리에Fourier, 푸아송Poisson 등을 만난 덕분에 가우스의 유명한 곡선을 천체 현상에 적용할 수 있었다.

그런 다음 케틀레는 천체 관찰을 인간 현상으로 전환할 수 있을지 생각했다. 이를 위해 그는 100만 명의 프랑스 징집병의 신체 사이즈를 연구한 후 아래의 표에서 볼 수 있듯이 체중, 키, 가슴둘레가 정확히 가우스 곡선을 따른다는 것을 알아차렸다! 예를 들어, 징집병의 키의 경우 평균 162센티미터를 기준으로 대칭으로 분포되어 있는 것을 발견했다.

가우스 곡선과 마찬가지로 대부분의 남성은 평균(이 경우 162

키	인원수[6]
102 cm ~ 112 cm	1
112 cm ~ 122 cm	25
122 cm ~ 132 cm	1,160
132 cm ~ 142 cm	20,228
142 cm ~ 152 cm	134,251
152 cm ~ 162 cm	344,335
162 cm ~ 172 cm	344,335
172 cm ~ 182 cm	134,251
182 cm ~ 192 cm	20,228
192 cm ~ 202 cm	1,160
202 cm ~ 212 cm	25
212 cm ~ 222 cm	1

센티미터)을 중심으로 응집되었다. 평균에서 멀어질수록 셀 수 있는 인원이 적어지고 말단에는 한 사람만 남게 되어(112센티미터 이하 및 212센티미터 이상) 그래프는 종 곡선 모양의 형태를 완벽하게 보여 준다.

쥐스밀히가 현상의 규칙성에만 주목했다면, 케틀레는 현상의 분포에 관심을 갖고 인간을 설명하는 기본 개념이 평균이라는 점을 빠르게 이해했다. 케틀레는 인체 치수의 규칙성 외에도 출생, 결혼 및 사망 건수의 불변성에 주목하고, 더 나아가 처음으로 자살 및 범죄 수의 규칙성을 언급함으로써 뒤르켐Durkheim과 사회학을 위한 길을 닦았다. 그러나 케틀레의 비전은 쥐스밀히와는 매우 달랐다. 독일의 목사였던 쥐스밀히가 신의 완벽함에 공로를 돌린 것은 벨기에의 수학자인 케틀레에게 그가 발견한 인간의 완벽성에 대한 통계적 지수가 되었다. 로베르트 무질Robert Musil(1880~1942)은 자신의 미완성 소설인 『특성 없는 남자』에서 이 비전에 대한 탁월한 해석을 내놓았다. 그는 교육을 받은 엔지니어로 때로는 유머러스하게 수학에 관한 여담을 하는 것을 좋아했다.[7]

---

6 케틀레는 이 데이터를 1846년에 저술한 『도덕 및 정치 과학에 적용된 확률 이론에 대해 작센코부르크고타 공국 대공에게 보낸 편지』 21번째 장, 148쪽에서 제시했다. 케틀레는 162센티미터 이상인 남성에 대한 구간을 계산하고 평균보다 작은 남성에 대한 구간을 대칭으로 추론했다. (아마도 그는 하위 구간에 대한 정확한 숫자를 제시하고 약간 변경된 대칭을 갖는 것보다 완벽한 대칭을 유지함으로써 시각적 효과가 더 인상적이기를 원했을 것이다.)

7 예를 들어, 『생도 퇴를레스의 혼란』에서 무질은 허수의 존재를 인정하는 어

"때때로 통계 계열의 규칙성은 통계 법칙의 규칙성과 비슷해. 너도 분명 사회학 수업에서 미국의 이혼이나 남아와 여아의 출생 비율과 같은 예시를 들어 본 적이 있을 거야. 그리고 매년 거의 동일한 수의 징집병이 고의로 부상을 입으면서 병역을 기피하기 위해 노력한다는 사실을 확실히 알게 되겠지. 또 매년 유럽인이 자살하는 비율도 비슷해. 절도, 강간, 그리고 내가 알기로는 파산도 거의 같은 빈도로 발생해."

게르다는 반발심이 들었다. "혹시 제게 진보를 설명하고 싶은 건가요?" 그녀는 조롱하듯 소리쳤다.

"물론이지!" 울리히는 멈추지 않고 말을 이어갔다.

"이것은 모호하지만 대수의 법칙이라고 부를 수 있어. 사람은 저마다 다른 이유로 자살하지만 많은 경우를 고려하면 우연적이고 개인적인 이유는 사라진다는 뜻이지. 그럼 무엇이 남지? 내가 묻고 싶었던 게 바로 이거야. 너도 보다시피 남는 건 우리 같은 문외한들이 단순히 평균이라고 부르는 거지. 그것이 무엇을 의미하는지 알지도 못하면서."[8]

이 순간부터 우리는 역설의 시대에 진입했다. 은연중에 수학 법칙을 발견한 쥐스밀히 목사는 신의 축출과 숫자의 승리를 위한 길을 닦은 것이다. 사람에 의해, 사람을 위해 만들어진 숫자였지

려움에 대해 대화하는 것을 즐겼다.

8 로베르트 무질Robert Musil, 『특성 없는 남자』, Rowohlt Taschenbuch Verlag, 2009, 488쪽. 소설은 1930년에서 1933년에 출판되었다.

만 곧 사람에게 대항하기 시작했다. 그리고 여기에 바로 두 번째 역설이 있다. 선량한 쥐스밀히처럼 아돌프 케틀레도 사람들의 행복을 바랐지만, 프랑켄슈타인 박사의 피조물처럼 케틀레의 작품도 곧 그의 손을 떠나고 만다. 이제 숫자가 인류에게 등을 돌릴 때가 다가오고 있는 것이다.

평균인을 찾아서

다시 프랑스 징집병 신체 사이즈의 평균이 적힌 표로 돌아가 보자. 68만 8,670명의 사람의 키가 152센티미터에서 172센티미터 사이인 것으로 나타난다. 이것은 연구 대상자의 69%가 10센티미터 이내로 평균과 같은 키라는 결론을 내리게 해 준다. 또한 96%의 사람이 20센티미터 이내로 평균 키와 같다고 말할 수도 있을 것이다. 따라서 142센티미터 미만 및 182센티미터 이상인 사람은 전체 인구의 단 4%에 불과한 매우 적은 비율로 존재한다. 케틀레는 이로부터 평균이 전체 인구를 대표할 수 있다고 추론했다. 케틀레는 표면적인 특성 없이 일반적으로 많은 사람을 완벽하게 대표한다고 가정하는 '평균인'이라고 부르는 사람을 기술할 계획을 세웠다.

> 무엇보다도 우리는 개별적 인간이 아닌 종의 일부인 인간으로 바라봐야 한다. 인간의 개성을 없앰으로써 우리는 우연에

불과한 모든 것을 제거할 것이다. 그렇게 되면 대중에 거의 또는 전혀 영향을 미치지 않는 개인적 특성은 저절로 지워지고 일반적인 결과를 파악하도록 가능하게 할 것이다.[9] (…) 우리는 일련의 연구에서 취해야 할 첫 번째 단계가 육체적으로나 도덕적으로나 여러 나라에서 평균인을 결정하는 것이라고 말했다.[10]

그러므로 특수성에서 일반성을 보아야 하고, 이를 위해서는 평균이 되는 통계적 도구를 사용해야 했다. 케틀레는 여기에서 다음과 같은 환영을 보았다. '평균은 오늘날 언론인과 정치인이 국가, 지역, 지방 자치 단체를 특징짓는 데 가장 많이 사용하는 도구가 된다.' 유권자를 설득하거나 소비자를 사로잡기 위해, 또는 단순히 인간을 정의하기 위해 '평균적인 프랑스인'이라는 단어를 종종 사용한다. 그러나 이제 이 말은 경멸적인 뜻을 포함하게 되었다. 평균적인 프랑스인은 교육을 많이 받지도 않았고, 부자도 아니며 매우 호감이 있지도 않다. 그들은 너무나도 평균이다. 즉 시시하고 보잘것없다는 뜻이다. 그는 눈에 띄지 않으며 나라의 취약한 부분을 상징한다. 반면 케틀레의 평균인은 이상적인 인간(낭만적인 뜻이 아닌 플라톤적인 의미에서), 즉 현실에는 존재하지

9 아돌프 케틀레Adolphe Quetelet, 『인간과 그의 능력의 발달에 대하여, 또는 사회물리학 에세이』, 1853년, I부, 들어가는 말, 4-5쪽.

10 위의 책, I부, 1장, 29쪽.

않지만 거기로부터 인류가 생겨날 완전한 규격을 대표하는 인간에 해당한다.

> 평균인이 완벽하게 결정되어 있다면, 내가 이미 관찰한 것처럼 그를 미의 유형으로 간주할 수 있을 것이다. 그리고 그의 균형이나 존재 방식과 가장 거리가 먼 것은 비정상과 장애이다. 균형과 형태 면에서 유사하지 않을 뿐만 아니라 경계를 넘어선 것은 끔찍할 것이다.[11]

자신이 그리는 평균인의 전형을 대략 설명한 케틀레는 몸무게와 키 사이의 이상적인 비율을 계산했고, 성인의 '몸무게는 대략 키의 제곱으로 나눈 값이다[12]'라는 결론을 내렸다. 오늘날 체질량 지수라고 부르는 이 지수는 저체중과 과체중 사이에서 이상적인 체중을 결정하게 해 주는 그 유명한 BMI를 말한다.[13] 케틀레는 허약하거나 비만인 사람에게 관심이 없었지만 그의 추론과 어휘는 과체중인 사람을 평균에서 벗어난 사람으로 간주했고, 그들을 예외적인 비정상, 심지어 괴물로 규정했다.

평균인을 결정한다는 것은 암묵적으로 소외된 사람들(통계적인

---

11 위의 책, Ⅱ부, Ⅳ권, 2장, 266-267쪽.

12 아돌프 케틀레, 『다양한 연령대별 체중에 대한 연구』, 브뤼셀 왕립 과학, 문학 아카데미의 회고록, 7권, 브뤼셀, M. Hayez, 1832, 37쪽.

13 $BMI = \frac{체중}{키^2}$

의미에서 가우스 곡선의 가장자리를 차지하는 사람들)을 가리키는 것과 같았다. 좋은 의도라도 반드시 좋은 결과를 가져오지는 않는다. 모든 사람이 따라야 할 이상적인 길을 모두에게 보여 주고자 했던 케틀레의 의도는 매우 칭찬할 만했다. 게다가 그는 물리적인 측면만 고려한 것이 아니라 범죄를 줄이기 위해 법을 위반할 위험이 있는 사람들을 식별하고자 했다.[14] 그는 자신의 연구가 실제로 정치적인 영향을 미치기를 원했다. 그에게 평균인을 이해한다는 것은 그들의 필요를 충족시키고 더 효율적인 사회를 건설할 수 있다는 것을 의미했다. 그의 말을 들어 보자.

> 내가 여기서 고려하는 사람은 사회에서 신체의 무게 중심 역할을 하는 사람이다. 그 사람은 사회 구성원이 그의 주위에서 요동치는 평균을 의미한다. 우리가 원한다면 모든 일은 그 가상의 존재가 사회에서 달성한 평균 결과에 따라 일어날 것이다. 특정한 경우나 모순에 그치지 않고 또 개개인의 능력을 얼마나 발전시킬 수 있는지 묻지 않는 것을 전제로 사회 물리학의 기초를 확립하고자 한다면, 우리가 고려해야 할 것은 바로 그 평균인이다.[15]

---

14 아돌프 케틀레, 『다양한 연령대별 범죄 성향 연구』, 1833.

15 위의 책, 21쪽.

추방

평균이 대부분의 인구를 대표한다 하더라도 평균은 소외되는 사람들을 만들어 낸다. 평균을 위한 공공 정책은 통계적 소수자를 먹여 살리는 자들을 무시함으로써 최대 다수에 관심을 갖는다. 언뜻 보기에 소수를 외면한다고 해서 사회에 큰 영향을 미칠 것 같지는 않다(결국 통치자들은 그 사람이 표준에 편입하기만 하면 된다고 말하기 때문이다). 그러나 소외된 사람들의 수가 증가하면 소외된 인구의 문제는 곧 모든 사람의 문제가 된다. 이것이 바로 교외의 경우라 할 수 있다. 교외의 어원은 추방된 사람들, 즉 주변부에 있는 사람을 정확하게 지칭한다. 이 소수를 못 본 척하는 것은 소외된 사람이 늘어나는 현실을 모르는 척한다는 의미이다. 그렇게 되면 문제는 해결되지 않은 채 폭력, 절망, 극단주의를 낳는 결과를 가져오게 된다. 모든 것의 기준을 평균으로 삼는 일은 불공정할 뿐만 아니라 자기 자신과 싸우는 것이다. 아리스토텔레스가 이미 언급한 바와 같이, "많은 사람들이 가난하고 공적으로 차별을 당하는 국가에는 필연적으로 많은 적들이 생길 수밖에 없다."[16]

평균의 문제는 격차를 설명하지 못한다는 것이다. 물론 평균을 비난해서는 안 되지만(이 점을 위해 만들어진 것이 아니기 때문에) 때때

16 아리스토텔레스, 『정치학』, III, 11, 1281b, 장 오보네 역, Les Belles Lettres, 1971.

로 평균이 현실과 관련이 없다는 점을 이해하기 위해 이 단점을 고려해야 할 필요가 있다. 필명 트릴루사로 더 잘 알려진 이탈리아 작가 카를로 알베르토 살루스트리Carlo Alberto Salustri(1871~1950)는 로마 방언으로 쓴 시에서 이 문제를 지적했다.

통계가 무엇인지 알고 있니?
그것은 태어나고, 아프고,
죽고, 감옥에 가고, 결혼하는 사람들을
총괄적으로 계산하는 데 도움이 되는 것을 말하지.

하지만 백분율을 보자.
나는 통계가 궁금해지기 시작했어.
왜냐하면 우리가 돈이 있든 없든
평균은 항상 같기 때문이야.

내 생각은 이래.
오늘날의 통계에 따라 계산한 결과,
너는 매년 닭고기를 먹을 거야.

그리고 실제로 네 장바구니에 닭고기가 없어도
통계는 어쨌든 널 계산할 거야.
다른 사람이 두 개를 먹을 것이기 때문이지![17]

---

17 트릴루사, 『시 전집』, 피에르토 판크라치Pietro Pancrazi 편, Mondadori, 1965, 125쪽.

통계를 설명하는 트릴루사의 어조에는 빈정거림이 묻어났지만, 이제 우리는 이 단순한 수학 법칙이 최악의 과잉을 정당화하는 역사의 전환점에 도달하게 된다. '통계적 변칙' 또는 '우연한 제거'와 같이 케틀레가 사용한 용어는 처음에 과학적 영역으로 한정되었지만, 곧 예상하지 못한 변화로 이어졌다. 즉 검열을 도입하여 게으른 사람을 몰아내고자 했던 보댕처럼 케틀레의 연구로 평균에서 많이 벗어난 사람들을 손가락질하게 된 것이다. 한 번 낙인찍힌 그들은 곧 제거되었다.

(정규) 분포라는 이름으로

1900년대 초, 프랜시스 골턴의 명성은 절정에 달했다. 왕립학회 회원이자 수많은 메달을 받은 찰스 다윈Charles Darwin의 사촌인 골턴은 대단한 천재였다. 고기압의 발견, 최초로 일기도를 고안한 발명가, 지문 감식법의 선구자, 상관관계와 회귀 분석이라는 통계 개념의 아버지, 초음파 장비의 개척자… 이런 타이틀뿐만 아니라 우리가 보았듯이 작은 구슬로 가우스 곡선을 실현하여 과학의 대중화에 기여한 사람이다. 인생의 황혼기에 골턴은 놀라운 아이디어를 떠올렸다. Nerverwas 씨와 Allfancy 양을 주인공으로 하는 『캔세이웨어』라는 제목의 판타지 소설을 쓰기 시작한 것이다. 시적 은유에 빠진 골턴이 갑자기 엄격함을 포기한 것일까? 더 놀라운 사실은 골턴 스스로 이 소설을 대부분 없애 버렸는데 그의 제자인 수학자 칼 피어슨[18](1857~1936)이 골턴의 사후에 발견하여 이 작품의 단편을 재구성해 출판했다는 것이다.[19]

세계적으로 유명한 두 통계학자는 왜 그렇게 많은 시간을 유토피아 소설에 할애했을까? 소설을 없애려 했던 스승의 수고에도 불구하고 제자가 소설을 재구성하면서까지 말이다. 사실을 말하자면, 소설의 문학적 장점 때문이 아니라 골턴이 창시한 단어와 사상을 소설에서 설명하고 있기 때문이다. 바로 우생학이다. 사촌 다윈의 『종의 기원』에 영향을 받은 골턴은 자연 선택을 도와 종을 개선하거나 적어도 훼손하지 않도록 해야 한다고 믿었다. 동물의 경우에는 이 이론을 잘 적용할 수 있는데 인간이라고 안 될 이유는 무엇일까? 우생학은 특히 플라톤이 『국가』에서 옹호한 오래된 생각이며 다윈주의는 사회 전 영역에 걸쳐 아주 자연스럽게 적용될 수 있는 것처럼 보였다. 인류가 퇴화하지 않도록(퇴화는 우생학의 가장 큰 두려움이다) 종을 최적화하는 전략을 갖는 것이 중요했다. 플라톤의 순진했던 우생학은 이제 과학적이고 이성적이며 수학적으로 적용된 우생학에 자리를 내줄 때가 되었다.

18 카이제곱 검정을 처음으로 고안한 피어슨은 통계학자라면 누구나 잘 알고 있다.

19 칼 피어슨Karl Pearson, 『프랜시스 골턴의 삶, 편지 그리고 연구』, 1930, 3a권, 411-424쪽.

누구를 위하여 종은 울리나?

골턴과 그의 제자 피어슨은 어떤 특정 사람들의 출산을 막자고 주장하는 여러 저서(『캔세이웨어』와는 다르게 이 책들은 완벽하게 책임졌다)를 남겼다. 골턴은 『인간 능력과 그 계발에 관한 탐구』를 출간하고 'The Eugenics Review'의 명예 회장이 되었다. 그리고 피어슨은 'The Annals of Eugenics'을 만들어 『국가 우생학의 현황에 대한 범위와 중요성』과 같은 저서를 출간하고 런던 대학에서 우생학 초대 회장을 역임했다. 두 통계학자의 연구의 독창성은 불임 환자, 즉 평균에서 많이 벗어난 사람들을 식별하는 데 있었다. 이것이 과연 우연이었을까? 골턴의 명성과 비슷한, 아니 그 이상을 넘어선 피어슨이… 가우스 곡선을 지칭하는 '정규 분포'라는 표현을 만들어 낸 사람이라는 것을 안다면 의심할 여지가 없을 것이다! 실제로 가우스 곡선은 표준을 평균으로 정의할 수 있는 도표이다. 거기서부터 평균에서 벗어나는 것은 모두 비정상으로 간주된다. 이제 표준 통계 법칙은 규범적인 법이 될 수 있었다. 가우스의 종은 곡선의 가장자리를 차지하는 사람들에게 종말을 고했다. 그들은 문자 그대로 비정상으로 지칭되었다. 바로 표준에 속하지 않는 사람들이다.

평균과의 격차는 범죄자뿐만 아니라 알코올 중독자, 우울증 환자와 같은 여러 사람에게 영향을 주었고, 이는 더 이상 정치적 선택의 문제가 아니었다. 영국에서 시작된 우생학은 영국에서 합법화되지 못한 대신 미국으로 건너가 법을 장악하였다. 미국에서 우생학을 옹호한 사람은 다름 아닌 전화를 발명한 알렉산더 그레이엄 벨Alexander Graham Bell(1847~1922)이었다. 그는 청각 장애가 종종 유전된다는 것을 알아차리고 청각 장애인 간의 결혼 금지를 제안했다.[20]

이러한 맥락에서 1907년 인디애나는 '범죄자, 얼간이, 저능아 및 강간범을 단종시키는[21]' 우생학 법을 제정한 미국 최초의 주가 되었다. 이 법의 전문은 다음과 같다. "유전은 범죄, 정신박약, 어리석음을 상속하는 데 가장 중요한 역할을 한다."[22] 과학이라는 아우라로 치장된 판결은 돌이킬 수 없었다. 범죄자와 지능이 낮은 사람을 싸잡아 퇴보를 두려워하는 국가의 적으로 만들었다. '얼간이'와 '저능아'는 정신지체와 정신 장애를 앓고 있는 사람들, 즉 간단히 말해 평균 이하로 간주되는 개인을 의미했다.

인디애나주를 집어삼킨 우생학은 미국 전역으로 빠르게 번져나가 1950년에는 미국의 33개 주에서 우생학을 법으로 승격하였다. 당시 미국에서 강제로 불임 수술을 받은 사람은 6만 명으로 추산되며, 그와 동시에 우생학자 매디슨 그랜트Madison Grant(1865~

---

20 알렉산더 그레이엄 벨Alexander Graham Bell, 『인류의 청각 장애 다양성 형성에 관한 회고록』, 1883.

21 'To prevent procreation of confirmed criminals, idiots, imbeciles and rapists' (1907, 인디애나주 우생학 법률, 챕터 215).

22 'Heredity plays a most important part in the transmission of crime, idiocy and imbecility.'

1937)와 그의 베스트셀러 『위대한 인종의 소멸』의 영향을 받은 외국인 혐오법인, 1924년 이민법에 기반한 매우 제한적인 반이민법이 시행되고 있었다. 관점은 항상 동일했다. 이민자들이 미국인과 결혼해 출산하면 그 사이에서 나온 잡종으로 인해 국가가 쇠퇴할 것이다.[23]

이러한 틀에서 이민자나 유대인을 상대로 확장된 우생학은 악명 높은 인종차별주의자이자 반유대주의자였던 골턴과 피어슨의 초기 이론에서 결코 벗어난 적이 없었다. 피어슨은 1925년 「영국으로 이주하는 외국인 이민 문제, 러시아와 폴란드 유대인 어린이를 대상으로 한 조사」를 발표했는데, 여기서 그는 영국으로 이주한 유대인으로 인해 국가에 기생하는 집단이 만들어진다는 위험성을 이야기했다. 골턴은 사회적 인종주의에 대한 그의 사상을 발전시켰다. 그가 속해 있던 귀족 계급은 바람직한 것으로, 부르주아 계급은 용인되는 수준으로, 그리고 일반 대중 계급은 바람직하지 않은 것으로 여겼다. 영국에서 우생학이 탄생했음에도 절대 합법화되지 않았던 이유는 분명 노동조합 덕분이다.

정치 분야에서 성공한 우생학은 학문적으로도 영역을 넓혀 나갔다. 우생학을 옹호한 노벨 의학상 수상자 목록을 참고하면 쉽게 이해할 수 있다. 1912년 노벨상을 받은 프랑스 출신의 알렉시 카렐Alexis Carrel(1873~1944)부터 시작해 보자. 그는 '자연 선택은

23 이 법은 정부의 우생학 정책이 종료되는 1965년에 폐지된다.

오랫동안 제 역할을 하지 못했고 위생과 의학의 노력으로 열등한 사람이 많이 유지되었다'고 생각했기 때문에 민주주의보다는 다윈주의와 우생학을 권장했다.[24] 1913년 노벨상 수상자이자 프랑스 우생학 협회장이었던 샤를 리셰Charles Richet(1850~1953)는 폭력적인 인종차별적 논제를 발전시킨 『멍청한 사람』과 『인간의 선택』을 출간했다. 『인간의 선택』에서 그는 "열등한 인종을 제거한 후, 선택할 길의 첫 번째 단계는 비정상을 제거하는 것이다."라고 설명했다.[25] 그보다 좀 더 최근인 1956년에 노벨 물리학상을 수상한 윌리엄 쇼클리William Shockley(1910~1989) 역시 "미국 흑인의 지적 및 사회적 결핍의 주요 원인은 유전적 기원 및 인종적 유전이므로 환경을 실질적으로 개선하더라도 크게 교정될 수 없을 것이다."[26]라고 말했다.

1930년대에 스웨덴, 스위스, 덴마크, 노르웨이, 핀란드, 에스토니아, 아이슬란드와 같은 많은 나라들이 우생학을 법률로 채택했다. 이후 우생학은 일본과 중국, 싱가포르에도 퍼졌다. 한편 프랑스에서는 비시 정권만이 알렉시 카렐의 추진하에 혼전 증명서를 제정하는 우생학 법률을 공포했다. 국가에 따라 법률은 다른 '인종' 출신의 이민자, 정신 질환자, 범죄자, 알코올 중독자, 난쟁

---

24 알렉시 카렐Alexis Carrel, 『인간 이 미지의 존재』, Plon, 1941, 359쪽.

25 샤를 리셰Charles Richet, 『인간의 선택』, Alcan, 1919, 163쪽.

26 〈윌리엄 F. 버클리 주니어의 사선〉 에피소드 S0145, 1974년 6월 10일 녹화

이, 빈곤층을 직접적인 대상으로 삼았다. 그러나 대규모의 우생학 정책을 펼치는 국가는 분명하게도 나치 독일이었다. 우생학뿐만 아니라 여러 가지 이유로 강제 수용소로 이송된 400만에서 600만 명을 제외하면, 45만 명 이상이 그곳에서 불임 수술을 받았다. 주 대상은 유대인, 집시, 동성애자였다. 뉘른베르크 재판이 진행되는 동안 나치는 그들의 이론적 모델이 다름 아닌 미국에서 가장 선구적인 역할을 했던 찰스 대븐포트Charles Davenport(1866~1944)였음을 밝혔다!

통계적 규칙성과 가우스 곡선에 대한 이 이야기는 역사의 일부분일 뿐이다. 이 이야기는 쥐스밀히 목사의 발견부터 괴물이 되지 않으려면 평균인과 닮아야 한다고 주장한 아돌프 케틀러의 사상, 고등 계급과 하등 계급을 구분한 골턴과 피어슨에 이르기까지 우리를 인도하였다. 이론적 데이터, 숫자, 곡선 등은 여러 국가에서 국민을 단종시키거나 순수한 인류라는 이름으로 제거하도록 부추겼다. 인류를 말살하여 인류를 구원했다고 주장하는 것은 인간의 개념을 잘못 이해했기 때문이다. 또한 여전히 가우스 곡선을 사용해 시민을 차별하는 일부 국가의 지도자들에게 아이러니와 지혜로 가득 찬 몽테뉴의 격언을 묵상하길 권한다.

> (…) 사람들은 자신의 관습에 없는 것을 야만이라고 부른다. 실제로 사람들은 자신들의 나라에서 접한 사례, 사상, 의견, 관습을 제외한 다른 진리나 이성의 척도를 갖고 있지 않아 보

인다. 하지만 다른 곳에도 그들만의 완벽한 종교, 완벽한 치안, 그리고 완벽하게 완성된 관습이 존재한다.[27]

---

27 미셸 드 몽테뉴Michel de Montaigne, 『수상록 선집- 식인종에 대하여』, I권, 31장

05

(숫자가 되어) 사느냐 죽느냐

마지스 - 부인, 통계는 긍정적인 현대 과학입니다. 통계는 가장 모호한 사실을 밝혀 주죠. 그 덕분에 얼마 전 1860년 퐁뇌프 위를 지나간 정확한 미망인 수를 알게 되었습니다. (…)

데장부아 - 놀랍네요! 그래서 몇 명이던가요?

마지스 - 13,498명… 그리고 아마도 신원을 알 수 없는 한 명이 더 있을 수도 있습니다.

— 외젠 라비슈Eugène Labiche, 틱 선장의 활력(1861)[1]

거울아, 나의 아름다운 거울아

『파리 경찰 기록 보관소의 회고록』에는 「다이아몬드와 복수」[2]라는 제목의 에피소드가 있다. 이 책은 무명의 통계학자 자크 프셰Jacques Peuchet(1758~1830)의 저서이다. 알렉상드르 뒤마가 프셰의 책에서 『몽테크리스토 백작』[3]의 음모에 대한 아이디어를 얻지

1 『외젠 라비슈 전집』 2권, Calmann-Lévy, 1898, 431-432쪽.

2 자크 프셰Jacques Peuchet, 『루이 14세부터 현재까지 도덕과 경찰 역사에 사용된 파리 경찰 기록 보관소의 회고록』, A. Levavasseur, 1838, 197쪽 및 이하

못했다면 프셰에 관해 이야기할 일은 없었을 것이다! 소설가가 통계학자에게서 영감을 받는 일은 흔치 않다. 하지만 프셰는 평범한 통계학자가 아니었다. 아니, 오히려 평범과는 거리가 멀었다. 그의 연구에는 변화가 가득했다. 국가 통계는 수세기 동안 자신의 고유한 방식을 추구하게 된다. 통계는 시민의 감정, 기쁨, 고통에 초점을 맞춰 시민 행동의 동기를 더 잘 이해하는 사회로 접근할 것인지, 아니면 시민의 영혼에 대해서는 아무 관심 없이 원시적 수치, 표, 그래프로 구성된 사회로 나아갈 것인지, 그 기로에서 여전히 망설이고 있었다. 두 번째 관점이 승리하면, 정치학은 앞으로 수세기 동안 최악의 과잉 상태가 될 것이었다. 우생학 이외에도 부, 인종, 문화, 종교에 따라 시민의 가치를 수량화하거나 심지어 이 값을 1에서 0으로 낮추어 시민의 존재를 완전히 부정하는 것이 가능하다는 생각이 떠오르게 된다.

국가 통계에 대한 이 두 가지 관점의 변화를 알아내기 전에 1776년의 미국 독립 혁명과 1789년이 프랑스 혁명으로 인해 숫자의 역할이 완전히 바뀌었을 때 막 성인이 된 자크 프셰의 이야기로 돌아가 보자. 그때까지 숫자는 왕을 위한 거울에 불과하여 왕의 권력과 그가 부릴 수 있는 군사력을 측정하는 데 사용되었다. 하지만 혁명 이후 막 태어난 공화국은 이 숫자를 통해 자기

---

3 뒤마는 쥘 에첼과의 『한담』(1857년 출간, IV장 몽테크리스토 백작의 신분, 119–135쪽)에서 프셰에 어떻게 영감을 받았는지 설명했다.

자신을 알 수 있었다. 국가를 반영하게 된 통계는 투표할 수 있는 시민을 집계하기 위해 주민의 수를 계산하기 시작했다. 예를 들어 프랑스가 영국보다 양배추를 더 많이 생산하는가에 대해 아는 것은 농촌 경제를 개선하는 일보다 중요한 문제는 아니었다. 그것은 더 이상 근거 없이 인구 증가를 계산하는 일에 덤벼들 것이 아니라 사회를 대표하고 이해하는 도구를 갖게 된 것이었다.

혁명 이후의 혼란 속에서 당시 1차 집정권이었던 나폴레옹 보나파르트는 국가를 수량화하는 문제에 대해 인식하고 있었다. 그래서 1800년과 1801년에 대규모 국가 인구 조사 프로젝트를 시작했다. 1800년에 창설되고 1812년에 폐지된 통계국을 통해 이루어진 인구 조사는 전례 없는 방식으로 진행됐다. 통계국은 짧은 존속 기간에도 불구하고 프랑스 행정사에 전환점을 마련했다. 그것을 주도한 인물 중 한 명이 바로 자크 프셰이다. 인본주의적 통계의 등장을 위해 일하기도 전에, 다양한 불의와 싸워야 했던 프셰가 부당하게 잊혀졌음을 역사의 한 페이지에 명시해야 한다.

감옥에 갇힌 뒤 단두대를 가까스로 모면할 수 있었던 재판에 연루되기 전까지 프셰는 혁명의 열혈 지지자였다. 그런 프셰의 다양한 출판물을 그 증거로 제시해 보겠다. 『1789년판 백과사전』에서 그는 '불행한 소녀들을 희생시키면서' 삶을 영위하는 포주 군인들을 비난했으며, 1814년에 출판된 『경찰청으로부터』에서는 간첩 행위, 임의 체포, 고문을 포기하지 않는 조제프 푸셰

제국의 폭정을 공격했다. 프셰는 이미 1790년에 걸인을 체포하는 경찰에 항의하는 편지를 출간했다.

> 구걸 행위에 대한 임시 규정에 따라 아무나 체포하지 않고 아무나 보호소에 보내지 않을 뿐만 아니라, 시민을 방해한다고 충분하게, 그리고 명확하게 판단되는 무례함과 위협에 대해서만 구걸하는 사람들을 감옥에 보내는 것이 국회의 의도라고 항상 믿어왔다. (…) 개인의 자유에 대한 존중은 공권력의 첫 번째 의무이며, 법을 위반하는 행동을 후회하는 것보다 걸인의 불편을 감수하는 것이 훨씬 낫다.[4]

마지막으로 『루이 14세부터 현재까지 도덕과 경찰 역사에 사용된 파리 경찰 기록 보관소의 회고록』에서 프셰는 뒤르켐보다 먼저 자살을 사회학적으로 분석해 보았다. 후에 뒤르켐은 케틀레의 뒤를 좇아 자신의 대표작[5]에서 자살 현상을 전체적으로 연구하기 위해 통계를 사용하게 된다. 프셰의 글은 매우 통찰력이 있어 카를 마르크스Karl Marx는 프셰의 글을 번역해 논평을 달기도 했다.[6] 마르크스가 프셰의 글에 관심을 가졌던 이유는 프셰가 4

---

4 자크 프셰, 『구걸 대책 위원회장인 리앙쿠르 공작에게 보낸 편지 사본』, 1790년 6월 11일 Gazette Nationale 또는 Le Moniteur universel에 게재됨

5 에밀 뒤르켐Émile Durkheim, 『자살론』, 1897.

6 카를 마르크스Karl Marx, 「프셰: 자살로부터」, Gesellschaftsspiegel 정기 간행물, vol. 2, Ⅶ, 1846년 1월.

명의 삶을 묘사하며 그들의 행동, 곧 자살을 설명했기 때문이었다. 4명 중 3명은 혁명이 청산하지 못한, 일종의 전제 권력인 가정 폭력의 희생자인 여성이었다. 2명은 부르주아지, 나머지 1명은 노동계급 출신이었다. 프셰와 마르크스는 그들의 자살을 경제적 이유가 아닌 성별에 기반한 계급투쟁의 결과로 보았다. 프셰와 마르크스에게 이 여성들이 겪은 가정 폭력은 부르주아 사회가 앓고 있는 병폐 중 하나였다. 독자들에게 여성의 지위에 대해 경고하는 프셰의 글과 마르크스의 논평은 통계 분석 대상이 되기도 했다.

문학적 통계

실제로 마르크스는 특히 발자크의 소설[7]과 같이 문학에서 비롯된 사례를 포함해 특정 사례들이 전통적인 통계학자의 연구보다 더 많은 것을 보여 준다고 생각했다. 이에 관해 그의 친구인 프리드리히 엥겔스Friedrich Angels가 공유한 의견은 다음과 같다.

> 나는 발자크의 책에서 그 당시 역사가, 경제학자, 통계학자, 전문가들의 책을 모두 합친 것보다 더 많이 배웠다. 심지어

7 『자본론』(제Ⅲ권, 1장)에서 마르크스는 고리대금업자에게 착취당하는 농민들과 고리대금업 메커니즘에 대한 발자크의 묘사를 칭찬했다.

세부적인 경제(예를 들어 혁명 이후의 부동산 및 개인 재산의 재분배)에 대해서도 말이다.[8]

그리고 바로 이 점에서 프셰는 마르크스를 매료시켰다. 『프랑스의 기초 통계』에서 프셰는 비록 문학에는 숫자가 적게 등장하지만 문학이 이끄는 분석 방식을 지지한다고 선언했는데, 이는 오늘날에는 이상하게 보일 수도 있는 의견이다.

사람들이 통계 작업에 불필요하게 사용하는 이 표를 독자들에게 사용하지 않도록 주의할 것이다. 사람들은 표를 읽지 않으며, 표로부터 아무것도 이해하지 못할 때도 있다. 표는 생각의 정리와 계승을 차단하고 교육을 방해한다. 또 실제로 표에서 보여 주는 수치는 정확성이 부족하다. 우리는 책을 쓰고, 다른 이들이 표로 만든 것을 이야기에 녹였으며, 또 표가 구성하는 요소에 대한 결과와 분석만 제시하는 것을 선호했다.

통계를 다루는 이런 방식은 그 목적을 잘 파악하고 유용성을 더 잘 느끼며 연구와 적용을 용이하게 할 수 있는 결과를 낳는다. 즉 부적절하게 지나친 부담을 지운, 불필요한 부속품에서 해방된 교리집을 갖게 될 것이다.[9]

---

8 카를 마르크스, 프리드리히 엥겔스Friedrich Angels 『문학과 예술에 대해: 선별된 텍스트』 내 엥겔스가 마가렛 하크니스에게 보낸 1888년 4월의 편지, Éditions sociales, 1954.

9 자크 프셰, 『프랑스의 기초 통계』, 1805, 서문, 13-14쪽.

경찰의 폭정과 자유의 박탈에 맞서 싸운 것처럼, 프셰는 대중을 하나로 뭉뚱그리는 통계의 절대 권력과 통계가 내포하는 사회적 결정론에 대항했다. 그는 현실에서 숫자를 모아 역사를 설명하기보다는 숫자로 설명할 수 있는 개인의 여정을 그려내는 것을 선호했다. 그에게 있어 개인을 숫자로 정의하는 건 그 인생을 너무 축소하는 것이었다. 수량화되기 전 인간은 각자 고유한 역사를 가지고 있기 때문이다.

이것은 고귀한 의도였다. 하지만 자크 프셰의 문제(곧 우리의 문제가 될)는 통계국에서 에마뉘엘 에티엔 뒤빌라르Emmanuel-Étienne Duvillard(1755~1832)와 같은 사람과 마주친다는 것이었다. 그는 숫자로만 구성된 훨씬 엄격한 통계의 지지자로, 의도적으로 개인의 역사에는 등을 돌렸다.

말을 좋아하는 프셰와 통계국에서 마주한 뒤빌라르는 미사여구를 경계하는 경제학자였다. 둘 사이에는 전쟁이 선포되었다.[10] 프셰의 『기초 통계』가 출판된 지 겨우 1년 후에 뒤빌라르가 『통계국의 업무에 대한 회고록』을 내무부 장관에게 보내면서 전쟁이 시작되었으며, 그는 정반대의 입장을 취했다.

독립된 사실은 대략적으로만 알 수 있는 것, 발전이 필요한

---

10 프셰와 뒤빌라르 사이의 대립에 대한 자세한 내용은 알랭 데로지에르의 『대수 정책』(1993년작, 2010년 재출간, 48쪽 및 이하)을 참고하라.

> 것, 기억으로만 제시할 수 있는 것이다. 그러나 전체적으로 자세히 제시할 수 있고 정확성을 신뢰할 수 있는 사실은 표로 제시해야 한다.[11]

여기서 우리는 역사의 전환점에 서 있다. 이 대결이 뒤빌라르의 최종 승리로 끝났음을 말할 필요가 있을까? 프셰가 원했던 것과는 반대로, 통계는 인간과 사회 구성원의 관계를 놓칠 위험을 감수해서라도 사회를 더 잘 수량화하기 위해 사회를 미립자화한 통계를 결합한 수치표를 기반으로 발전하였다.

이전에도 비슷한 싸움이 일어난 적 있을까? 1841년 발자크는 『마을의 사제』에서 이런 관점을 비판한 적 있다.[12] 프셰, 마르크스, 엥겔스가 서로 다른 정치적 노선을 따르기는 했지만, 세 사람 모두 『인간 희극』 저자의 문장에 박수를 보냈을 것이다.

> 가족 간의 결속을 잃은 사회는 몽테스키외가 발견해 명예라고 부르던 근본적인 힘을 잃었다. 사회는 더 잘 지배하기 위해

---

11 뒤빌라르의 회고록 본문은 파트리스 부들레가 『역사적 인구 통계지』(1977) 439쪽에서 443쪽에 나오는 「통계국 업무에 관한 회고록」에 재수록했다.

12 프셰의 해석이 『마을의 사제』를 쓴 발자크에 영향을 미쳤을 가능성이 매우 높다(하지만 우리가 아는 한 아직 이루어지지 않은 이 가설은 앞으로 증명되어야 한다). 사실 발자크는 1838년 말에 사법 문제에 열광하기 시작했는데, 바로 그해 프셰의 회고록이 등장했고 자신의 친구인 페이텔 사건 덕분에 이 책에 관심을 가질 수 있게 되었다. 호기심 많은 독자와 열렬한 발자크 지지자에게 생각할 거리를 제안해 본다.

> 모든 것을 고립시켰고 약화시키기 위해 모든 것을 공유했다. 사회는 한 무더기의 밀알처럼 응집된 단위와 숫자를 지배한다. (…) 오늘날 모든 것은 수치로 요약된다.[13]

자유인과 동등한 노예는 몇 명인가?

이제 숫자가 지배자로 군림하게 되었다. '1인 1표'라는 공식에서 볼 수 있듯 민주주의와 통계는 서둘러 시민을 비교하고 수량화했다. 그러나 이 생각을 항상 당연하게 받아들인 것은 아니었다. 많은 사회에서는 노예와 자유인, 평민과 귀족, 흑인과 백인, 남성과 여성을 비교하는 일은 상상도 할 수 없는 일이었다. 반면에 민주주의는 모든 사람을 측정 가능하게 만들었다. 개개인의 물질적 존재는 1표에 해당하는 존재를 반영하는 것이었다. 그럼에도 불구하고 측정 가능한 개개인이 반드시 평등한 건 아니었다. 이 문제는 일반적으로 평등에 대한 민주주의와 관련해 사람들이 종종 오해하는 점이다. 정확하게 말하자면 민주주의가 사람들을 수치로 비교할 수 있게 만든다고 할 수 있다. 그러나 이것은 단순히 변증법적 문제가 아니다. 초기에 나타난 국가 통계가 어떻게 용서받을 수 없는 방식으로 사회를 장악하였는지(어원 그대로 조작되었는지) 보여 주는 몇 가지 예를 살펴보자.

---

13 『오노레 발자크 전집』, vol. 13, A. Houssiaux, 1855, 587, 678쪽.

1787년, 독립한 지 갓 13년이 된 젊은 미국은 필라델피아에서 열린 제헌회의에서 미국 헌법을 탄생시켰다. 논의된 주제 중에는 인구 조사에 대한 문제가 있었다. 주마다 국세에 기여하는 정도를 평가하기 전, 실제로 각 주에 얼마나 많은 의석이 할당되는지 알 필요가 있었다. 이 모든 일은 인구와 직접 관련되어 있었다. 인구가 많은 주는 더 많은 의원 수를 갖게 되고 더 많은 세금을 내야 했다. 이보다 더 평범한 예시는 없었다.

인구에 노예를 어떻게 포함시켜야 하는지에 대한 문제를 제외하고 말이다. 분명히 그들은 인간이지만 시민권과 법인격을 박탈당했다. 수많은 노예를 소유했던 미국 남부 지역은 곧 불안해지기 시작했다. 노예를 인구에 포함시킨다는 건 세금이 폭증한다는 뜻이었기 때문이다! 저명한 법학자이자 미국의 건국 아버지 중 한 명인 제임스 윌슨James Wilson이 해결책을 제시했다. 노예를 세지 않는 건 사리에 어긋나지만, 그렇다고 그들을 자유 시민으로 간주하는 것 역시 마찬가지라는 점을 고려하여 모든 노예를 자유인의 5분의 3으로 간주하는 '5분의 3 타협'을 제시한 것이다!

통계상의 신분을 얻은 노예는 통계적으로 5분의 2가 줄어들었다. 민주주의의 동의어가 평등이 아닌 통약 가능성이라는 것을 완벽하게 보여 주는 무서운 계산이다. 즉 개인을 같은 등급에 두지만 그들이 반드시 동등한 위치에 있는 것은 아니라는 뜻이다. 처음에 노예 조사를 반대하던 남부의 주들은 결국 강화된 정치적 영향력을 얻을 수 있는(남북 전쟁까지) 이 타협안에 만족하게 되었다. 예를 들어 1833년의 남부 주 의원 수를 보자. 노예가 숫자에 포함되지 않으면, 의원의 수는 240명 중 73명인 반면, 노예를 포함하면 98명이었다. 세금을 몇 달러 더 낼 가치가 분명 있었을 것이다.

호주에서도 이와 유사한 문제가 발생했다. 원주민을 인구수에 포함해야 할까? 1900년에 공포된 호주 헌법 127항은 냉소주의에 가까운 솔직함으로 이 문제에 대한 답을 내렸다.

> 연방, 주 또는 연방의 기타 지역 인구수를 계산할 때, 원주민은 계산하지 않는다.

원주민은 헌법의 계산 속에 존재하지 않았다! 이 경우 민주주의적 통약 가능성은 시민을 1로, 원주민을 0에 배치한다. 남북전쟁이 끝나고 노예 제도가 폐지된 후 미국에서는 1865년에 5분의 3 타협이 사라졌고, 호주에서는 1967년이 되어서야 국민투표를 통해 헌법 127항이 삭제되었다.

'사느냐 죽느냐.' 햄릿은 궁금했다. 숫자로 계산된 국가 통계의 도입으로 잠시 동안 이 질문에 답을 할 수 있게 되었다. 미국 노예는 5분의 3만큼 살았고, 호주 원주민은 죽었다.

한 사람당 한 표(또는 거의 한 표)

일단 숫자로 규정되기 시작하면, 값에 따라 사람을 조작하고 정리하는 일은 점점 더 쉬워진다. 납세자에게만 투표권을 주는 이 새로운 전략은 시민 간의 불평등을 확대하였다. 1791년에 프랑스 헌법으로 제정되고 1815년과 1848년 사이에 적용된 이 투표 방식은 벨기에에서는 1894년, 이탈리아에서는 1912년까지 실행되었다. 이 제도는 시민을 '능력'에 따라 구별하기 위해 납입금(세금 액수)에 따라 시민을 분류한 방법이었다. 따라서 세금을 많이 내는 사람은 돈을 많이 버는 사람이고 다른 사람보다 더 유능한 사람으로 간주되었다. 사실상 부유하지 않은 사람은 투표에서 제외된다는 뜻이었다.

그러나 이 선거권은 곧 논란이 되었고, 일부 국민은 보통 선거를 요구하였다. 공화국은 모든 사람을 위한 나라였으므로, 모든 사람이 투표에 참여할 수 있는 건 합법적인 일이었다. 1848년에서 1852년까지, 프랑스 공화국의 초대 대통령이었던 루이 나폴레옹 보나파르트Louis-Napoléon Bonaparte는 목소리를 낼 수 없는 자들의 대변인이 되어 보통 선거의 이름으로 이를 반대하는 국회에 대항해 쿠데타를 일으켰다. 그리고 국민의 주권에 기초하여 1852년 1월 14일 새로운 헌법을 공포하였다. 그 이후로 사회의 방정식은 다음과 같이 정의되었다. 한 명의 시민 = 한 표. 그러나 이론과 실행 사이에는 균열이 존재했다. 스스로 자신을 폐하라고 칭하며 공화국 대통령의 지위를 서서히 군주로 변화시킨 사람, 자신의 초상을 동전에 새겨 넣은 이 사람이 곧 투표를 조작한 몹쓸 인간으로 밝혀진 것이다. 보통 선거의 선구자라고 불린 이 사람은 여러 가지 국민 투표를 조작한 다음 입법부 구성원을 선출하고 계속해서 그들의 임기를 연장했다. 모든 투표가 그에게 유리했다. 도지사, 치안 판사, 농촌 경비대원들이 공천 후보를 지지하고 그들의 선거 운동에 보조금을 지급할 뿐만 아니라 필요하다면 투표함을 채우거나 마법처럼 야당 투표용지를 사라지게 했다는 사실은 그리 놀라운 일이 아니었다. 예를 들어, 니스와 사보이 합병에 대한 국민 투표에서 등록된 유권자가 163명뿐인 보제브 마을에서 찬성이 171표로 집계되었다! 이러한 상황에서 정부가 99.8%의 득표율로 국민 투표에서 승리한 일은 놀라운 일이 아니었다.

같은 시기에 프로이센에서는 숫자 조작으로 선거권 취득세 제도를 조작했기 때문에 선거를 속일 필요가 없을 정도였다. 선거 확립에 관한 논쟁이 일어난 1848년 혁명에 이어 프리드리히 빌헬름 4세는 교활한 제도를 도입하였다. 유권자는 가장 부유한 계층, 중산층, 가장 가난한 계층, 이렇게 세 계층으로 나뉘며, 각 계층이 세금의 3분의 1씩 부담하는 제도였다. 이 제도는 숫자 조작의 최고라 할 수 있었다. 세 계급이 세금에 동등하게 참여하여 마치 평등한 것처럼 보이지만, 각 계급의 인원수는 전혀 동일하지 않았기 때문이다. 실제로 가난한 사람들이 세금의 3분의 1을 모으는 것보다 훨씬 적은 수의 부자가 같은 금액을 모으는 것이 더 쉬운 일이었기에 1849년에는[14] 인구의 4.7%에 불과한 부유한 계층이 인구의 82.7%를 차지하는 극빈자 계층과 동일한 수의 선거인단을 향유하였다! 이 비율은 19세기 동안 비교적 일정하게 유지되었고 이로써 부에 가중치를 둔 보통 선거를 확립하게 되었다. 다수의 시민이 투표에서 제외되는 납세자 선거권 제도보다 더 고약한 방식이었다. 전과는 반대로 이 제도에는 가장 가난한 계층도 포함되었기 때문에 보통 선거를 주장할 필요가 없었던 것이다! 그들의 투표권은 덜 중요해졌다.[15]

이러한 여러 제도가 '보편적'으로 분류되었을지 몰라도, 여기에 여성은 포함되지 않았기 때문에 사실상 인구의 절반에 불과했다. 여성 참정권의 선구자였던 뉴질랜드도 1893년이 되어서야 마오리족 여성을 포함한 여성에게 선거권을 허용하였다. 호주에서는 1901년에, 핀란드에서는 1906년에 여성의 선거권이 허용되었고, 핀란드는 1907년에 세계 최초로 여성의 피선거권을 도입하였다. 영국에서는 1918년에 부분적인 승리를 거뒀고(30세 이상에게 투표권 도입), 10년이 지나서야 모든 여성에게 선거권을 허용하였다. 독일은 1918년, 백인 미국인은 1920년에 수정 헌법 제

---

14 참고. 토마스 퀴네Thomas Kühne, 『프로이센의 3번째 계층의 선거권과 선거 문화, 1867–1914. 기업 전통과 대중의 정치 시장 간의 국가 선거』, Düsseldorf, Droste, 1994, 423쪽.

15 심지어 프로이센의 제도는 로마 공화국의 백부장 투표 방식과 유사했다.

19조 덕분에 선거권을 누렸지만 흑인들은 1965년 선거권법이 제정될 때까지 기다려야 했다. 프랑스, 이탈리아, 스페인 여성이 투표소에 갈 수 있었던 건 제2차 세계대전이 끝난 뒤였다! 2011년 사우디 여성에게 투표권이 부여되면서 여성 참정권 운동은 오늘날에도 계속되고 있다.[16]

통치를 위한 분류

유산 계급은 2배로 계산되고 그 밖의 계급은 아무 가치가 없는 이 선거 방정식이 과거의 것이라고 생각할 수도 있겠지만, 전혀 그렇지 않다! 오늘날에도 선거 자격에 따라 선거 제도를 개편하자고 주장하는 사람들은 적잖은 지지를 받고 있다. 브라이언 캐플란Bryan Caplan[17]과 제이슨 브레넌Jason Brennan[18]은 (부나 나이에 따른) 차별에 근거한 선거권을 지지하고 있다. 두 사람 모두 1974년 노벨 경제학상을 수상한 자유주의 경제학자 프리드리히 하이에크Friedrich Hayek의 유산을 물려받았다. 하이에크는 다음과 같이 선언했다.

---

16 사우디아라비아에는 국가적 차원의 선거가 없다는 것을 기억할 필요가 있다. 여성의 투표권(남성과 마찬가지로)은 지방선거에만 해당된다.

17 참고. 『합리적 투표자에 대한 미신』, Princeton University Press, 2007.

18 참고. 『민주주의를 반대하며』, Princeton University Press, 2016.

> 공무원, 퇴직자, 실업자 등이 다른 사람들의 주머니에서 나온 돈을 받을 것에 대해 투표할 권리가 있고, 투표를 통해 더 많은 금액을 약속받는다는 것은 합리적이지 않다.[19]

역사적으로 투표에서 제외된 사람들은 노예, 원주민, 여성, 극빈자와 같은 약자였다. 민주주의에서 약자가 배제되는 일은 항상 강자에 의해 정당화되었다. 여성 참정권을 주장하던 여성들이 변덕스러운 여성으로 조롱받은 것처럼 하이에크의 눈에 비친 퇴직자와 실업자는 공익을 희생하더라도 개인적 이익을 우선하여 투표하는 이기적인 사람들이었다. 하이에크가 민간 기업의 임원과 기업의 수장들과 같이 기꺼이 배타적 투표권에 동의할 사람들 역시 이기적인 투표를 선택할 거라고 상상하지 않은 건 이상한 일이다.

이러한 추론은 이전보다 훨씬 더 기만적인 조작을 숨기고 있던 21세기 초반 매우 유행했던 경제 이론으로 우리를 인도한다. 부자가 경제를 운영하고 가난한 사람은 일한다는 의미를 함축한 데다 부자가 부유해질수록 가난한 사람이 적어진다는 이 이론은 낙수 경제 이론을 말한다. 이를 염두에 두고 여러 지도자는 이 개혁이 최빈곤층의 삶에 도움이 될 것이라고 주장하며 특권층을

---

19 프리드리히 하이에크Friedrich Hayek, 『법, 입법 그리고 자유, vol. 3: 자유사회의 정치 질서』, University of Chicago Press, 1979, 120쪽.

위한 세제 개혁을 시행했다. 그리고 이 개혁은 단순히 세금 부담이 줄어들기를 바라는 저소득층의 일차원적인 이기주의와는 전혀 다른, 일종의 고결한 이기주의가 된다.

2 68 09 07 190… 숫자는 각자의 위치로!

시민이 자신의 목소리를 내면 국가는 시민을 알기 원한다. 이를 위해 국가는 사회의 각 구성원을 일련의 숫자로 축소시켜 극단적으로 사회를 원자화할 필요가 있었다. 사회를 계량화하려는 노력은 19세기 초에 시작되었고, 이후 제2차 세계대전의 암흑기 속에서 새로운 에피소드가 등장한다. 일련의 숫자로 사람을 전락시킨 일은 대의를 위해 계획되었다. 타인의 생명을 구하기 위해 자신의 목숨을 희생하는 것을 주저하지 않았던 휴머니스트의 작품이기도 하다. 여기 그 이야기가 있다.

르네 카미유René Carmille(1886~1945)는 1930년대에 활동했던 군 참모총장이었다. 국민의 유일한 신분이 이름과 성(이름은 동음이의어 때문에 오류를 발생시키기도 했다)이었던 시대에, 그는 1934년부터 호적을 신고할 때 소년들에게 군번을 할당할 것을 제안해 병역을 더 잘 소집하고자 했다. 그로부터 몇 년 후인 1940년, 프랑스는 나치 독일에 패배했다. 프랑스 군대가 병력을 재소집하는 것을 막기 위해 징집 기관의 기록 보관소가 파괴되는 동안 국가는 비무장화되고 있었다.

같은 해 8월부터 르네 카미유는 자신의 전문 분야인 정보처리와 천공 카드를 사용해 인구를 등록하는 기관을 만들 것을 정부에 제안했다. 이에 인구통계 기관이 만들어졌고 곧 국가 통계기관이라는 이름으로 변경되었다. 그러나 카미유는 '점령군에 맞서 24시간 안에 군대를 동원하려면 잠재적인 전투원에 대한 파일을 가지고 있어야 한다.'라는 생각을 머릿속에 가지고 있었다. 순수한 공적 목적 뒤에 자신의 의도를 숨기고 싶었던 카미유는 이 파일의 실제 목적인 남성에게 1번을 부여함과 동시에 호적을 신고하는 여성에게도 2번을 부여하자고 제안했다. 성별을 구분하는 숫자 다음에는 출생연도와 달, 출생 지역, 출생 순서가 차례로 부여되었다.

그 결과, 문제가 발생하였다. 비시vichy 정부는 이 매뉴얼에 '유대인인지 확인'하는 11번째 문항을 추가할 것을 요구했다. 카미유는 명령을 따라야 했지만 문항에 대한 답을 사용할 수 없도록 만들고자 했다. 유대인 문제를 총괄하는 총무국장인 자비에 발라Xavier Vallat는 11번 문항에 '그렇다'라고 대답한 사람들의 이름과 주소를 알아내라고 카미유를 압박했지만, 그는 못 들은 척했다. 결국 마지못해 따르는 척했지만 이번에는 아주 오랫동안 시간을 끌었다. 1944년 카미유는 발라에게 이름 대신 성별, 출신 지역, 국적, 직업을 작성한 임시 표를 건네주었다. 예를 들면, 이 표로부터 1941년 6월 보쥬 지역에 있는 유대인 치과의사의 수와 같은 것만 추론할 수 있을 뿐이었다. 요컨대, 이 표를 가지고 할 수 있는 일은 아무것도 없었다![20]

점령군과 정부의 반유대주의에 강력하게 대항한 르네 카미유는 1944년 2월 게슈타포에게 고발당해 비서실장 레이몽 자우엔Raymond Jaouen과 함께 체포되었다. 몽뤽에 감금되어 바르비Barbie에게 심문을 받았으며, 이후 콩피에뉴로 옮겨졌다. 그리고 같은 해 7월 연합군이 이미 노르망디에 상륙했음에도 불구하고 다하우에 강제 수용되었다. 3일 후 다하우에 도착한 수송단은 자우엔의 시신을 포함해 수백 구의 시신을 이송하였다. 카미유는 1945년 1월까지 생존했지만 장티푸스로 사망했다.

이렇게 한 남자의 서사시가 끝났다. 카미유는 자신이 발명한 제도를 사용할 수 없었지만, 오늘날 사회 보장 번호라는 이름으로 알려진 그의 유산은 사후 1년 후 Insee가 되는 기반을 마련했다. 그러나 이름이나 숫자조차 그의 유해가 묻힌 곳을 가르쳐주지 않는다.

---

20 13~65세의 남부 지역 총 인구를 대상으로 1941년 7월 시행된 직업 활동 조사와 '유대인 인구 조사'라는 이름으로 알려진 1941년 6월의 반유대 범죄 행위를 혼동해서는 안 된다. 카미유와 그의 역할에 대한 자세한 내용은 미셸 루이 레비(Michel-Louis Lévy)의 훌륭한 논문을 참고하라. 「Insee의 숫자: 은밀한 모집(1940)에서 Safari 프로젝트(1974)까지」, Dossier et recherches, 미간행, 86호, 2000년 9월, 23-34쪽.

연합은 약자의 힘이다

원자화된 사회는 통계적으로 관리할 수 없게 되었다. 6,000만이나 되는 숫자는 관리하기엔 너무 큰 수였다. 그렇기 때문에 사회는 사회 그 자체가 아닌 통계가 납득하는 대로 가상의 집단을 만들어 공동체를 재건해야 했다. 그렇다고 해서 이 가상의 질서가 추상적인 실체인 것은 아니다. 그들은 신념과 강조하고 싶은 것에 따라 숫자를 재편성하는 개인이었다. 새로운 통계 조사는 여론, 농업 생산 발전 등을 알고자 하는 정부에 유용한 정보원이 되었다. 따라서 국가는 결정에 도움이 되는 고급 지식을 만들어 갔다. 1880년 노동자의 노동 조건에 대한 설문 조사를 제안했던 한 익명의 작가가 언급했듯 그렇게 함으로써 국가는 자신이 관심 없는 주제는 포기해 버렸다.

> 어떤 정부(왕정주의자나 부르주아 공화주의자)도 감히 프랑스 노동계급의 상황에 대해 진지하게 조사해 보지 않았다. 하지만 농업, 금융, 산업, 상업 및 정치적 위기에 대해 궁금해하는 문의는 얼마나 많은지 모른다! (…) 그들만이 그들이 겪는 어려움을 잘 설명할 수 있고, 구원자가 아닌 오직 그들만이 그들이 겪는 사회적 불행에 적극적으로 구제책을 적용할 수 있다. 이 사실을 잘 이해하는 도시와 시골의 모든 노동자의 지원을 바란다.

역사가들은 그 익명의 작가가 다름 아닌 칼 마르크스임을 알게 되었다.[21] 그의 성명서 뒤에는 노동 조건 및 시간, 신체적 피로, 사고 발생 시 상사와의 합의, 임금, 파업, 아동 노동 등과 같은 주제에 대해 노동자에게 질문하는 100가지 문항이 이어졌다. 정당이 아닌 통계 조사를 통해 노동자가 재집결해야 한다고 주장한 마르크스는 그저 존재하기 위해 숫자로 계산해야 하는 시대에 노동자에게 계량적인 존재를 부여하고자 했다. 이렇게 숫자로 계산되려면 명명법으로 재편성할 필요가 있었다. 오늘날 명명법은 국가 통계와 불가분한 관계가 되었다. 당신이 누구든, 몇 살이든, 직업 또는 결혼 여부에 관계없이 이 분류를 벗어나는 건 불가능하다.

귀하에게 해당하는 항목에 체크해 주십시오

역사적 관점에서 보는 명명법은 통계, 경제 또는 법률과 아무런 관련이 없다. 로마 군대에서는 명명법이 군인의 이름을 명명하여 점호하는 데 사용되었다. 명명법nomenclature이라는 용어는 이름을 나타내는 라틴어 'nomen'과 소집하다라는 뜻의 동사 'calo'로 구

21 칼 마르크스, 「노동자에 대한 설문조사」, 사회주의 비평, 4호, 1880년 4월 20일, 막시밀리앙 뤼블Maximilien Ruble과 루이 에브라르Louis Evrard가 갈리마르의 『플레이아드 총서: 칼 마르크스 전집』 1권에 인용했다.

성되어 있다. 게다가 동사 'calo'는 인원을 점호하는 관습이 있는 장소인 학교 학급과 군대를 모두 가리키는 라틴어 'classis'와 가까운 단어이다. 또한 'calo'는 아테네의 민회라는 뜻의 'ekklesia'(프랑스어로 교회를 뜻하는 'église'가 여기서 파생되었다)가 파생된, 같은 의미의 그리스어 'kaleo'와 관련이 있다. 따라서 명명법은 사람을 개별화와 집단으로 이끈다.

로마 공화국에서는 항상 주인 옆에 따라다니며 길에서 만난 사람들의 이름을 주인에게 일러주는 노예를 'nomenclator'라고 불렀다. 이 노예 덕분에 야심 많은 주인은 포럼에서 만난 잠재적 유권자의 이름을 기억하는 척하고 또 자녀의 건강을 염려하는 척하며 유권자에게 아첨할 수 있었다. '정보는 힘이다.'라는 말은 훌륭한 'nomenclator'의 모토가 되었겠지만, 오늘날에는 명명법을 사용하는 통계학자의 모토가 될 수도 있다. 사람을 이름이나 직업으로 부를 수 있다는 건 중요한 사회 문제이기 때문이다.

제2차 세계대전이 끝날 무렵, 마르크스주의적 노동 분석에 따라 프랑스는 사회 직능별 명명 체계(CSP)를 갖추어야 했다. 이 작업은 1954년에 'Insee'의 행정관이자 논리학 전문가인 장 포르트Jean Porte에게 위임되었다. 그의 임무는 '고유한 의미에서 직업, 경제 활동, 직능, 계급 위치 및 지위와 같은 여러 기준을 고려하여 직업적 상황에 따라 개인을 분류'하는 것이었다. 농업은 과거로부터 물려받은 직업에 속한다고 간주되었기 때문에 별도로 분류되었다. 사업주는 직원과 노동자 앞에 재편성되었으며, 자유업과 고위 관리자는 중간 관리자와 비교되었다.

1954년 장 포르트가 분류한 CSP는 다음과 같다.

0. 농업 경영자
1. 농업 노동자
2. 산업 및 상업 분야의 사업주
3. 자유업 및 고위 관리자
4. 중간 관리자
5. 직원
6. 노동자
7. 서비스업 직원
8. 기타 카테고리

그러나 이 명명법은 곧 장애물을 만나게 된다. '문화예술인'을 고려하지 않은 것이다. 주로 교사, 예술가, 지식인으로 구성되었으나 그들의 소득이 꼭 높다고는 할 수 없었다. 경제자본과 문화자본의 대립을 강조한 피에르 부르디외Pierre Bourdieu의 분석을 통해 알랭 데로지에르Alain Desrosiéres와 로랑 테브노Laurent Thévenot가 깨달은 바가 바로 이 점이다.[22] 데로지에르와 테브노는 당시 공무

---

22 알랭 데로지에르의 사회학적 성찰을 더 자세히 알고 싶다면 다음을 참고하라. 미셸 아르마트Michel Armatte, 「알랭 데로지에르의 연구 소개: 수량화의 역사와 사회학」, 통계와 사회, vol. 2, 3호, 2014년 11월

원이었고(둘 다 Insee의 행정관이었다), 본인들이 기업의 수장보다 사회적으로 낮은 위치에 있다고 생각하지 않았다. 부르디외와 마찬가지로 그 둘은 문화자본을 경제자본보다 더 가치 있게 여겼다.

피에르 부르디외는 자신이 프랑스의 위대한 사상가 대열에 합류하기 전에 보잘것없는 사회 계층에서 벗어날 수 있었던 자신의 경력을 거론하며 문화자본을 장려했다. 마찬가지로 알랭 데로지에르와 로랑 테브노도 엘리트 부르주아지, 즉 사회 지배계급에 합류했다. 엘리트 부르주아지는 여전히 지배 계급의 부분집합으로 간주되었지만, 엘리트 부르주아지와 동일한 사회적 지위를 누리지 못한다고 생각하는 사람들의 시선에는 엘리트 부르주아지 역시 자본가 계급을 대표하였다.

이러한 맥락에서 1982년에 '사회 직능별 직업 및 카테고리' 또는 PCS라고 불리는 명명법이 등장했다. 이 새로운 명명법에는 자유 활동(장인, 상인 및 기업가)과 지식 활동('경영진 및 고등 지식 전문직')을 구별하는 '전문직'이 포함되었다. 지식 활동에는 '고위 공직자, 지식 및 예술 분야 전문직'이라는 하위 부류가 있다는 점에 유의해야 한다. 이는 명명법을 개정하는 데 지식의 중요성을 잘 설명해 준다.

다음은 알랭 데로지에르와 로랑 테브노의 PCS(1982)이다.[23]

---

23 명명법은 2003년에 개정되었지만 여전히 경제자본과 문화자본을 연결하는 동일한 해석을 기반으로 하며 6개의 주요 분류 체계는 변경되지 않았다.

1. 농업 경영자
2. 장인, 상인 및 기업가
3. 경영진 및 고등 지식 전문직
4. 중간 관리자
5. 직원
6. 노동자

이 외에도 '중간 관리자' 카테고리에 공무원 B 그룹 및 공공 및 민간 부문에서 유사한 직급이 포함된다(여기서는 졸업장이 기준이 된다). 따라서 오직 '지식인'만이 개정의 혜택을 입었다. 이는 이제부터 지식인이 그들보다 더 많은 수입을 얻는 사람들과 통계적으로 동등해졌다는 것을 의미한다. 반면 모든 직업이 전부 이익을 본 것은 아니다. 일반적으로 교육 수준이 낮은 계층이라고 여겨지는 직원 및 노동자 카테고리는 변경되지 않았기 때문이다.

새로운 명명법은 점점 개인화되는 사회와 사회적 유대가 약해지는 환경 속에서 결합되는 계층을 명료하게 언급하지 않았다. 물론 경제적인 측면에서 이 계층을 수량화하기 어렵지만 그들은 인간적, 문화적, 교육적, 사회적으로 상당한 부가 가치를 나타낸다. 마찬가지로 PCS는 '사회연대경제'[24]라는 기치 아래 그룹화된

---

24 이 분야에 대한 정확한 설명은 다음을 참고하라. 로랑 비조Laurent Bisault 및 쥘리앙 드루아용Julien Deroyon, 「사회적 경제, 공통 원칙 및 다양성」, Insee Première, 1522호, 2014년 11월

것을 직접적으로 파악하지 못했다. 앞으로 관련자의 학력이나 소득에 관계 없이 '사회적 유대 활동'을 포함하는 명명법으로 개정하면 약 200만 명이 추가될 것이고 그중 80%가 여성이 될 것이다.[25]

새로운 제안으로 현장의 현실을 단순하게 이해하는 차원을 훨씬 뛰어넘을 수 있을 것이다. 통계는 그 대상이 되는 사람들을 소급하는 힘이 있기 때문이다. 특히 명칭과 지칭이라는 역할을 가진 명명법은 자기 자신과 동료를 대표할 수 있는 핵심 요소이다. 개인을 수량화하여 분류하는 역할을 뛰어넘는 명명법은 우리 사회 발전의 원동력 중 하나로 작용할 수 있을 것이다.

전쟁과 평화

국가 통계가 숫자 조작을 가능하게 하고 이로 인해 시민을 상자에 임의로 분류하는 것이 가능하다면 이번에는 숫자의 부재를 조작하는 더 강력한 전략을 소개하겠다! 이 전략은 특히 종교주의에 기반하여 1926년 헌법을 제정한 레바논에서 잘 나타난다. 레바논 헌법에 따르면 각 종교는 인구에서 차지하는 중요성에 비례하는 몫에 따라 국회의원이 배출되어야 했다.

---

25 참고. 앙투안 울루 가르시아, 「성명서. CSP에서 사회적 유대 활동의 통합을 위해」, 통계와 사회, vol. 3, 1호, 2015년 6월, 27-34쪽.

여기에서 숫자와 종교는 양립한다. 레바논의 통제권은 마론파 대통령, 수니파 총리, 시아파 국회의장, 이 3대 다수파 출신 지도자 3명에게 있었다. 또한 128명의 국회의원은 기독교도 64명(마론파 34명, 그리스 정교 8명, 그리스 가톨릭 8명, 아르메니아 정교 5명 등)과 이슬람교도 64명(수니파 27명, 시아파 27명, 드루즈파 8명, 알라위파 2명)으로 구성되었다. 이 수치는 1975년부터 계속된 내전을 종식시킨 1989년 타이프 협정 이후 수립된 숫자와 일치한다. 레바논 내전이 발발한 주 원인 중 하나는 무슬림 국회의원 수가 적다는 이유로 종교주의[26] 시스템을 변경하고, 심지어 폐지하자고 주장하는 데 있었다. 당시 99명의 의원 중 기독교인이 54명, 무슬림이 45명이었다.

그러나 수십 년 동안 팔레스타인 난민이 유입되면서 오늘날 레바논의 무슬림 수는 기독교인 수를 훨씬 넘어섰다. 그럼에도 여전히 무슬림의 수를 정확히 알지 못하는 이유는 무엇일까? 매우 간단하다. 레바논의 마지막 인구 조사는 프랑스 정부의 통치하에 실시했던 1932년이었기 때문이다! 그해에 조사한 데이터만 고려하면, 종교에 따른 의원 수 분포는 평등했지만 거의 100년이 지난 지금의 인구는 많이 바뀌었다. 새로운 인구 조사를 실시하

26 헌법 전문에는 "정치적 종교주의의 폐지는 단계적으로 계획에 따라 작업할 필요가 있는 국가의 본질적인 목표이다."라고 쓰여 있으므로 이 시스템의 한계는 오늘날에도 잘 알려져 있다.

면 누군가는 권력을 얻게 되지만 다른 누군가는 막대한 손실을 초래하게 된다. 즉 새로운 수치는 새로운 내전을 촉발할 위험을 갖게 된다.

통계를 조작하는 가장 좋은 방법은 때로는 이렇게 아무것도 하지 않는 것이다!

06

죄수의 방정식

진실을 밝히기 위해 재판 중에 수학을 사용하면 단점보다 장점이 더 크다.

— 로렌스 H. 트라이브Laurence H. Tribe,
「수학을 이용한 재판: 재판 절차에서의 정확성과 의식」[1]

신의 심판, 숫자의 심판

이번 사건은 중세 시대의 한복판에서 발생했다. 재판이 끝난 피고인은 법원의 판결을 기다리고 있었다. 그가 걱정하고 있다면 그 단 하나의 이유는 결백을 입증하지 못했기 때문이었다. 판사는 그 앞에 서서 신의 심판이라는 이름으로 더 잘 알려진 시련 재판을 선고하였다. 소송 당사자가 따라야 하는 시련은 그의 유죄를 결정한다. 그래서 사건의 중심에 서 있는 그 남자는 종교적 예복을 갖춰 입은 채 불 속에서 달궈진 쇠창살을 맨손으로 움켜잡을 수밖에 없었다.[2] 3일 후 상처가 낫는다면 그의 무죄가 입증

1 Harvard Law Review, vol. 84, 6호, 1971년 4월

되지만, 상처가 감염되면 그는 유죄를 선고받는다. 십자가 재판이라는 또 다른 시련 재판은 다음과 같이 이루어졌다. 소송 중에 2명이 마주 보고 좌우로 팔을 벌리는데, 지쳐서 먼저 팔을 내린 사람이[3] 소송에서 지는 것이었다. 이러한 관행은 1215년 제4차 라테라노 공의회 때 교회에 의해 금지되었다.

하지만 라블레Rabelais는 1546년에 출판한 『제3서』에서 자신에게 제출된 사건을 신중하게 검토한 후… 주사위를 던져 판결을 내리는 브리두아 판사라는 인물의 재판을 신랄하게 묘사했다.[4] 늙어서 시력이 약해진 판사는 4와 5를 혼동하여 잘못된 판결을 내릴 수도 있었다. 변호사의 아들이었던 라블레는 당대의 치안판사가 내린 불확실한 판결을 조롱하고 싶었던 것일까? 아니면 언젠가 숫자가 법원에서 중요한 자리를 차지하게 될 것이라고 암시한 걸까?

아무도 답을 알 수 없다. 어쨌든 중요한 점은 인간이 신의 능력에 의존하여 판결을 내리는 일을 중단한 시대인 1670년에 이전의 권위만큼 모호하고 무자비한 새로운 권력인 숫자에 호소하게 되었다는 것이다. 이 새로운 시대의 시작에는 합리주의 철학

---

2 여기로부터 '손에 장을 지지다'라는 표현이 나왔다.

3 '포기하다'라는 뜻을 가진 'baisse les bras(손들다)'라는 표현이 여기서 나왔다.

4 39장: '팡타그뤼엘이 주사위 던지기의 운명을 감지한 브리두아 판사의 재판에 참석하는 방법'

과 미적분[5]을 발전시키는 데 기여한 고트프리트 빌헬름 라이프니츠Gottfried Wilhelm Leibniz(1646~1716)가 있다. 볼테르는 『캉디드』에서 라이프니츠의 낙관론을 가르치는 팡글로스라는 인물을 통해 라이프니츠의 사상을 풍자하기도 했다.

라이프니츠는 겨우 20세의 나이에 자신의 박사 논문인 「결합법론」을 발표하였다. 그 논문에서 그는 과학적, 철학적 개념, 심지어 일상생활에서 유래한 개념을 표현하는 데 사용할 수 있는 일종의 종합적 수학 표기법인 공통 언어, 즉 보편 기호학을 만들 계획을 품었다. 아이디어는 간단하다. 수학에서는 숫자(1, π), 연산(+, =) 또는 더 복잡한 대상(∑, ∞)이든 모든 것을 기호로 나타낸다. 그렇다면 라이프니츠가 일상 언어에 대해 동일한 작업을 수행하지 않은 이유는 무엇일까? 예를 들어 '나는 치킨을 먹는다.'라는 문장이 'ㅁ(1,ㅊ)'이라는 기호가 된다고 했을 때, 'ㅁ'은 '먹다'를 의미하는 함수, '1'은 1인칭, 그리고 'ㅊ'은 치킨을 말한다.[6] 이 아이디어는 불Boole, 프레게Frege, 러셀Russell 등 19세기 말과 20세기 초에 활동했던 논리학자들의 연구의 기초가 되었다.

수학적 언어로 자신을 표현하는 것에 대한 이점은 문장의 의

5 뉴턴과 동시에 독립적으로 발명한 것. 라이프니츠의 사상에서 매우 중요한 기호 표기법과 관련하여 그리스어 시그마에 반대되는 대문자 S 형태의 '적분' 기호를 빚지고 있으며 그 덕분에 이산합과 연속합을 구별할 수 있게 되었다.

6 이 예는 라이프니츠가 만든 것은 아니지만 현대 독자가 그의 개념을 이해할 수 있도록 돕는다.

미를 명확히 하고, 개념적 언어 유희를 방지하고, 무엇보다 그 문장이 참인지 거짓인지 냉철한 논리로 판단할 수 있다는 것이다. 실제로 수학에서는 추론을 적용해 정리의 정확성을 증명할 수 있다. 'x는 2와 같다'는 참 또는 거짓이다. 이를 증명하려면 방정식을 풀면 된다. '보편 기호학'[7]이라는 확실한 추론 덕분에 신이 존재하는지, 민주주의가 독재보다 나은지 또는 시금치를 먹는 것이 좋은지 등 이 모든 것이 계산으로 증명될 수 있을 것이다! 라이프니츠는 이 번역 작업이 완료된 순간을 매우 명확하게 표현했다.

> 두 수학자의 토론보다 더 오랜 시간이 걸리는 철학자의 토론은 더 이상 필요하지 않을 것이다. 펜을 잡고 숫자표 앞에 앉아(원하는 경우 친구에게 도움을 청해 서로에게 이렇게 말하는 것으로 충분하기 때문이다. '자, 계산합시다.'[8]

라이프니츠는 질문에서 답으로 이어지는 사고의 맥락을 재현할 수 있는 컴퓨터 프로그램(알고리즘)을 사용하여 해결할 수 있는 수학적 문제로 모든 질문을 축소하려 했다. 라이프니츠는 위의 글에서 '수학자'로 번역된 용어를 라틴어 'Computistas'로 표현했

---

7 라이프니츠 자신이 서술한 것처럼

8 고트프리트 빌헬름 라이프니츠Gottfried Wilhelm Leibniz, 『자유와 운명에 관한 대화』, vol. 7, Gerhardt 편, 1890, 200쪽.

다는 점에 유의할 필요가 있다. Computistas는 '계산하다'라는 뜻의 라틴어 computo에서 파생되었으며 오늘날 컴퓨터라는 영어 단어도 여기에서 유래했다. 하지만 라이프니츠는 이론적 계획에서 멈추지 않았다. 그는 덧셈, 뺄셈, 곱셈, 나눗셈을 할 수 있는 계산기를 만들었고, 산수뿐만 아니라 온갖 문제를 풀 수 있는 논리 연산학이 실현되길 기대했다. 그런 다음 라이프니츠는 그가 완벽하게 구사하는 프랑스어를 통해 계획에 불을 붙였다. "이러한 방법으로 사람들은 논란에 과오를 범하지 않는 재판관을 찾게 될 것이다."[9]

불행하게도(아니면 '당연하다'고 말해야 할까?) 라이프니츠는 기계가 읽을 수 있는 기호로 언어를 번역하는 데 성공하지 못했다. 복잡한 현실을 순조롭게 작동하는 알고리즘의 연속으로 변환하는 일은 쉬운 일이 아니다. 그리고 여기에는 그럴 만한 이유가 있었다. 1931년, 쿠르트 괴델Kurt Gödel은 참인지 거짓인지 판별할 수 없는 연산의 답이 존재한다는 것을 증명했다. 즉 라이프니츠의 논리 연산학은 수학의 제한된 분야에만 적용되고 철학적 문제 앞에서는 실패할 것이 분명하다. 그럼에도 불구하고 라이프니츠의 모델은 현대 컴퓨터의 조상이라고 할 수 있다. 또한 그의 모델은 계산이 법적 논쟁에서 참과 거짓을 구분할 수 있다는 생각의 길을 열어 주었다.

---

9 위의 책, 26쪽.

알고리즘에서 확률로

1,000년 동안 대성공을 거둔 신의 심판 이후 수학이 지배하는 재판 역시 그 시작부터 앞길이 창창한 것처럼 보였다. 라이프니츠와 페티 이후 오랜 공백 끝에 정치 산술이라는 사상은 콩도르세 후작(1743~1794)이라는 이름으로 더 잘 알려져 있는 장 앙투안 니콜라 드 카리타Jean Antoine Nicolas de Caritat에 의해 다시 등장했다. 젊은 수학자였던 콩도르세는 당시 달랑베르D'Alambert가 이끄는 왕립 과학 아카데미의 회원이 되었고, 그곳에서는 아카데미에 사용할 투표 방법에 관한 열띤 토론이 벌어지고 있었다. 콩도르세는 보르다le chevalier de Borda라는 아카데미 회원이 했던 제안에 대한 응답으로 1785년에 『다수결 확률 해석 시론』을 발표하였다. 여기서 콩도르세는 피고인의 유죄 또는 무죄를 결정하는 데 요구되는 배심원의 표본을 조사함으로써 '사회 수학'의 기초를 그릴 수 있었다. 그는 '오랜 시간이 걸리더라도 단 한 명의 무고한 사람이 유죄 판결을 받는 것이 거의 불가능'하도록 확률 계산을 적용하였다.[10] 유능한 배심원이 많을수록 그들이 집단적으로 내리는 결정이 옳을 가능성이 크다. 반대로 무능한 배심원이 있는 경우, 잘못된 결정을 내릴 가능성을 최소화하기 위해 배심원 수를 제한

---

10 콩도르세 후작, 『다수결 확률 해석 시론』, Imprimerie royale, 1785, 사전 연설의 V쪽.

하는 것이 좋다.

> (…) 각 배심원의 투표 확률이 2분의 1보다 크면, 즉 그가 진실에 따라 판단할 확률이 높다면, 배심원이 많을수록 그 결정이 진실될 확률은 더 커질 것이다. 이 확률의 한계는 확실성이 될 것이다. 배심원의 수를 증가시키면서 진정한 결정을 내리기 원하는 만큼 확률을 갖게 될 것이다. (…)
> 반대로 각 배심원의 투표 확률이 2분의 1 미만일 경우, 즉 그가 틀릴 가능성이 높다면, 배심원의 수가 많을수록 진실된 결정을 할 확률이 줄어들 것이다. (…)[11]

그가 정리한 결과는 20세기 정치 이론가들이 '콩도르세의 배심원정리'라는 이름을 붙이기 전, '중심 극한 정리[12]'라는 이름으로 발견된 이론의 특별한 사례이다. 또한 이 결론은 민주주의 체제에 찬성하는 강력한 논거로 여겨지고 있는 '진리발견적 민주주의' 이론의 선봉장이 됐다. 콩도르세의 사상이 오늘날에도 여전히 유효한 이유는 확률 계산에 사용된다고 여겨지는 시민의 수학화로 가는 길을 열었기 때문이다. 그에게 사회는 개별 데이터의 집합일 뿐이었다. 그는 알고리즘이 아닌 확률을 사용함으로써 라

11 위의 책, XXIII-XXIV쪽.

12 대략 이 정리는 이 책의 4장에서 언급한 골턴 보드가 가우스 곡선의 형태를 보인 이유를 설명해준다.

이프니츠와 그의 전임자들에 비해 더 나아진 개선된 모습을 보여 주었다. 확률은 여전히 미심쩍었지만, 라이프니츠가 축소하고자 했던 수학의 경직성을 여전히 벗어나 있는 인간 현실을 수학적 모델로 제시하는 것을 가능케 했다. 게다가 콩도르세는 계산을 법률 분야로 가져다 놓았다. 거짓된 감정과 교활한 변론은 오류가 덜 발생하는 비인간적인 계산에 자리를 내주어야 했다.

> 다음을 쉽게 관찰할 수 있다. 1. 적어도 계산은 이성의 진보를 더욱 확실하게 하고 미묘함과 궤변에 대항하는 강력한 무기를 제공한다는 이점이 있다. 2. 의견의 참 또는 거짓이 그 값의 정확성에 따라 달라질 때마다 계산이 필요하다. (…) 대상의 일부를 증가시키거나 과장하는 느낌으로 판결하거나 느낌이 다른 대상을 약화시키거나 보지 못하게 하는 대신에 계산으로 그것들을 평가하거나 측정할 수 있다면, 우리의 이성은 더는 감정의 노예가 되지 않을 것이다.[13]

여기에 아주 좋은 의도가 있다. 그러나 수학적 판결은 구체적으로 어떤 모습이 될까? 이 질문에 대답하기 위해 시간을 다시 되돌려 19세기 말, 드레퓌스 대위의 재판을 살펴보기로 하자.

---

13 콩도르세 후작, 『다수결 확률 해석 시론』, 앞의 책, CLXXXIII-CLXXXIV쪽.

나는 고발한다… 가련한 수학자를!

1894년 12월, 범죄학자 알퐁스 베르티용Alphonse Bertillon(1853~1914)이 증인석에 섰다. 베르티용은 최초의 범인 식별 연구소 창시자이자 법의학적 인체 측정법의 창시자로, 그의 명성은 잘 알려져 있었다. 통계학자 아버지와 형제를 둔 그는 재범자가 교도소 수감자의 절반을 차지하던 시대에 가장 중요한 문제였던 범죄자를 식별하는 일을 훌륭하게 해결했다. 베르티용 이전에는 훈련받은 관상가가 범인을 식별하는 일을 맡았다. 그러나 이와 같이 인간에게 의존하는 방법에는 주의가 필요했기 때문에, 케틀레[14]에게 영감을 받은 베르티용은 사람의 신체를 10회 측정하고 정면과 측면에서 사진을 찍어 수량적 데이터를 만드는 베르티용식 인체 측정법을 만들었다. 이 과정이 지루했던 베르티용은 약간 망설이기도 했지만, 지문 채취를 추가하여 곧 인체 측정법을 보완하였다. 아이러니하게도 지문 사용의 아버지로 여겨지는 프랜시스 골턴[15]이 1893년 파리에 머무는 동안, 베르티용이 그의 신체를 측정하고 사진을 찍기도 했다.

또한 베르티용은 전문 범죄학의 세계뿐만 아니라 탐정 소설에서도 인정을 받았다. 아서 코난 도일 경sir Arthur Conan Doyle이 쓴

14 4장 참고

15 1892년에 첫 장부터 자신의 지문을 소개한 『핑거 프린트』라는 책을 출판한 골턴에 관한 이야기는 4장 91쪽 및 이하를 참고하라.

전설적인 셜록 홈즈 시리즈 『바스커빌 가문의 개』의 첫 장에는 모티머 박사와 이야기하며 베르티용 때문에 언짢아하는 셜록 홈즈가 나온다.

- "(…) 홈즈 씨, 제가 이곳에 방문한 이유는 실용적인 사람이 아니란 것을 깨달은 데다가 아주 심각하고 이상한 문제에 직면했기 때문입니다. 저는 당신이 유럽에서 두 번째로 뛰어난 전문가라고 생각합니다."
- "그렇군요! 첫 번째로 꼽으신 분의 성함을 여쭤봐도 될까요?" 홈즈는 약간 씁쓸한 표정으로 말했다.
- "베르티용 씨의 업적은 과학적 정확성을 사랑하는 사람들의 마음을 감동시킵니다."
- "그렇다면 그와 상의하면 되지 않겠습니까?"
- "저는 과학적 정확성에 대해 말했습니다. 실용 과학에 관한 한, 홈즈 씨만 한 사람이 없습니다."[16]

코난 도일은 절정에 이른 드레퓌스 사건에서 베르티용이 사건의 주도적인 역할을 했던 1901년에 이 소설을 발표했다. 이 사건은 복잡하고 매우 민감했다. 알프레드 드레퓌스Alfred Dreyfus (1859~1935)는 뮐루즈 출신으로 프랑스 영토에서 태어났지만, 1871

---

16 아서 코난 도일Arthur Conan Doyle, 『바스커빌 가문의 개』, 아드리앙 드 자소Adrien de Jassaud 역, Hachette, 1905, 10쪽.

년에 프로이센이 알자스-로렌을 합병하면서 독일인이 되었다. 드레퓌스 가족은 프랑스 국적을 유지하기로 결정하고 파리에 정착했다. 에콜 폴리테크니크에 입학한 드레퓌스는 대위가 되어 참모본부에서 근무하게 되었다. 그러나 화려한 경력을 쌓은 그는 곧 비난의 중심에 서고 만다. 1894년 프랑스 정보요원이 독일 대사관에서 친필로 쓴 문서(명세서)를 빼돌렸고 그 명세서에는 프랑스 군대에 대한 정보와 기밀 문서를 전달하겠다는 약속이 쓰여 있었다. 그 편지에 적힌 글씨는 현재 독일에 속하는 영토에서 태어났을 뿐만 아니라 유대인인 드레퓌스의 필체와 비슷해 보였다. 즉 범인이 될 이상적인 조건이었다! 스당에서 패배한 지 겨우 25년이 지나 민족주의의 광풍이 불던 그 시기에 드레퓌스의 재판이 시작되었다. 유죄 판결을 받은 드레퓌스는 치욕적인 군적 박탈식을 선고받고, 기아나에 있는 감옥에 수감되었다. 필적 감정 분석 오류를 지적한 변호사의 변호에도 불구하고 아무도 그 분석이 잘못되었다고 생각하지 않았다.

1896년 반역자가 사실은 에스테라지 소령이라는 소문이 돌았고, 1898년에는 에밀 졸라Émile Zola가 『로로르L'Aurore』지의 첫 장에 그 유명한 「나는 고발한다…!」를 발표했다. 드레퓌스가 유죄 판결을 받은 지 4년 만에 '스캔들'이 터졌다. 정치적으로 혼잡한 상황 속에서 군대가 드레퓌스를 제압하기 위해 증거를 조작했음이 드러난 것이다. 대법원은 첫 번째 판결을 무효화하고 1899년에 드레퓌스를 재판으로 불러들였다. 이번 판결에서는 같은 실수를 반복해서는 안 됐다. 유능한 과학자들의 철저한 조사가 필요했고 베르티용 역시 전문가로서 이 사건에 개입하게 된 것이다.

막 말을 시작하려는 드레퓌스는 자신의 언동에 확신을 가지고 있는 것처럼 보였다. 그가 다시 재판장에 선 이유는 검사의 신속한 요청 때문이었다. 검사는 드레퓌스의 무죄를 입증한 첫 번째 필적 감정 결과에 불만을 품고 있었다. 따라서 베르티용은 드레퓌스가 진짜 문서를 작성했는지 하지 않았는지 확인하기 위해 증인석에 섰다. 그가 첫마디를 말하자마자, 베르티용은 실제로 드레퓌스가 문서를 작성했다고 확신했다. 게다가 베르티용은 메시지가 암호화되어 있고, 그 내용은 언뜻 보기에 추측할 수 있는 것보다 더 중요한 정보를 폭로하고 있다고 주장했다. 자신의 진술에 대한 정당성을 법원에 납득시키기 위해 베르티용은 아무도 피할 수 없는 주장을 펼쳤다. 바로 수학적 증명이었다!

명세서는 거의 투명에 가까운 반투명의 얇은 종이로 되어 있었기 때문에, 베르티용은 드레퓌스가 그 종이를 트레이싱 페이퍼로 사용했을 것이라 가정했다. 또한 명세서에서 반복되는 몇몇 단어가 비슷하게 적혀 있어 겹쳐질 수 있음을 알아차렸다. 'modification', 'manoeuvre', 'intéressants', 'intéresse'와 같은 단어였다. 그러던 중에 드레퓌스가 손으로 직접 작성한 진짜 편지를 미리 검토한 베르티용은 편지에 적힌 'intérêt'라는 단어가 명세서의 것과 동일한 방식으로 작성되었음을 알아차렸다. 베르티용은 명세서가 드레퓌스의 손으로 작성되었다고 추론하는 데 만족하

지 않고, 이 암호의 비밀을 푸는 핵심 열쇠로 'intérêt'라는 단어를 찾아냈다고 생각했다.[17]

명세서에 여러 번 반복된 단어는 보이지 않는 격자 무늬에 나열된 것처럼 보였고 단어가 겹쳐진 상태는 항상 1.25밀리미터 또는 그 배수가 되는 값의 간격으로 이루어졌다. 베르티용이 지속적으로 관찰한 이 수치는 우연의 결과가 아니었다. 이 수치는 여러 눈금이 표시되어 있고 지도의 축척을 변환할 수 있는 토블레로네 모양의 스케일자와 일치했다. 드레퓌스는 헥토미터를 표시하기 위해 1.25밀리미터 단위를 사용하는 참모 본부에서 일했기 때문에 이 방법은 그에게 익숙했다. 명세서에 적혀 있는 'intérêt'이라는 단어는 스케일자 법칙을 완벽하게 따르고 있었다.

베르티용은 각 단어 사이에 공백 없이 빨간색 잉크로 'intérêt'이라는 단어를 여러 번 그린 다음(intérêtintérêtintérêtintérêt…), 이보다 약간 떨어진 줄에 초록색 잉크로 같은 작업을 반복하며 자신의 직감을 증명해 보았다. 투명 종이로 된 명세서를 종이 위에 올려놓고 자신이 그린 글자가 명세서의 메시지에 적힌 글자와 정확히 일치하는 횟수를 기록했다. 메시지에 포함된 800자 정도의 문자의 확률을 계산한 그는 암호를 구성하는 글자들(e, i, n, r, t)이

---

17 분명 'intérêt(이익, 이자)'이라는 단어를 무턱대고 선택한 것은 아닐 것이다. 이는 유대인들이 특히 돈에 관심이 있는 것으로 간주되는 반유대주의적 편견에 근거한다.

예상했던 것보다 2배나 많다는 사실을 발견했다. 이는 메시지가 실제로 이 용어들을 사용해 암호화되었음을 증명한 것이었다.

독자들이 이 설명을 잘 이해했는지 모르겠다. 설령 이해하지 못했다 해도 걱정할 필요가 없는 이유는 그 당시 배심원들 역시 마찬가지였기 때문이다. 그래서 배심원들은 베르티옹의 주장에 동조했다! 수치적 추론을 잘 이해하지 못했을 때 가장 안전한 방법은 상대의 과학적 유능함을 인정하면서 바보처럼 보이지 않도록 항상 동의하는 것이다.

하지만 베르티옹은 거기에서 멈추지 않았다. 밀리미터 단위와 확률 계산을 사용한 그는 배심원이 질릴 정도로 엄격한 과학적 증명 과정을 통해 드레퓌스가 유죄임을 입증하고자 했다. 그가 제출한 수많은 증거는 다음과 같은 사실을 지적했다. 명세표에는 다음절인 13개의 단어가 2배가 되었고, 일부는 정확하게(artillerie, adresse…) 또 일부는 유사한 방식으로(voulez/vouliez, intéressants/intéresse…) 사용되었다. 베르티옹은 4개의 단어가 완벽하게 겹쳐져 있다는 사실을 알아차리고 이것이 우연히 일어날 확률은 0.16%, 즉 제로라고 평가했다. 의심은 더 이상 허용되지 않았다. 명세표는 실제로 드레퓌스의 손으로 작성된 비밀 코드였다.

그날의 기소는 결정적 계기가 되었다. 베르티옹이 내놓은 수치는 배심원의 결정에 큰 영향을 미쳤다. 카미유 조르당Camille Jordan, 조르주 엉베르Georges Humbert, 피에르 뒤엠Pierre Duehm, 샤를 에르미트Charles Hermite를 비롯한 많은 수학자들은 피고인이 유죄를 선고받았을 때부터 유죄를 확신했기 때문에 트집 잡을 이유가 전혀 없었다. 그러나 유죄 판결을 받은 드레퓌스는 에밀 루베Émile Loubet 대통령의 사면으로 석방되었다. 사면으로 무죄가 증명된 것은 아니었지만 말이다. 그리고 1904년이 되어서야 드레퓌스 재판을 재검토하고 당시 가장 위대한 프랑스 과학자들에게 베르티용의 계산을 엄격히 조사할 것을 요청했다.

재판을 재검토하다

그중 첫 번째 과학자는 화학자 에밀 뒤클로Émile Duclaux(1840~1904)였다. 졸라의 그 유명한 「나는 고발한다…!」가 발표되기 3일 전인 1898년 1월 10일, 「르 탕Le Temps」이 발행한 논단에서 뒤클로는 확률 계산의 남용을 비판하였다. 심지어 베르티용이 이 사건에서 진실과 관련된 그 어떤 것도 보지 못했다고 말하기까지 했다. 이듬해에는 저명한 수학자 폴 팽르베Paul Painlevé(1863~1933)가 뒤클로의 뒤를 따랐다. 심지어 그가 사건에 개입한 방법 또한 놀라웠다. 1897년 팽르베의 친구인 수학자 자크 아다마르Jacques Hadamard는 팽르베에게 에콜 폴리테크니크에서 일하고 싶다는 소망을 내비쳤다. 그러나 하필 아다마르는 드레퓌스의 부인인 뤼시 아다마르Lucy Hadamard와 사촌이었기 때문에 팽르베는 그의 친구를 만류할 수밖에 없었다. 아다마르는 받아들일 수 없었다. 그는 사촌과 결혼한 드레퓌스를 특별히 좋아하지는 않았지만, 드레퓌스가 유죄라고는 전혀 믿지 않았기 때문이다. 팽르베가 사건에 참여하는 데는 오랜 시간이 걸리지 않았다. 1899년 렌에서 열린 전쟁 위원회에 직접 참석한 그는 다음과 같이 의견을 표명했다.

> 저는 수학적 확실성을 전혀 포함시킬 수 없는 문제에 수학적 확실성을 도입하려는 베르티옹 씨의 확신에 찬 주장에 강한 인상을 받았습니다. 이것을 보고 저는 이 시스템이 (…) 완전히 잘못됐음에도 불구하고 어떤 식으로든 의회에 영향을 미칠 수 있다는 생각에 다소 불안해졌습니다.[18]

이것은 당대 가장 유명한 수학자이자 그의 스승이었던 앙리 푸앵카레Henri Poincaré의 말을 되풀이하는 주장이었다.

> 확률 계산을 도덕에 적용하는 것은 수학계의 치욕스런 일일세. 계산을 잘했던 라플라스와 콩도르세도 상식이 통하지 않는 결과에 도달했기 때문이지![19]

마지막으로 수학자 가스통 다르부Gaston Darboux, 폴 아펠Paul Appell, 앙리 푸앵카레가 공동으로 작성한 보고서가 베르티용의 계산을

18 『렌 전쟁 위원회 이전의 드레퓌스 재판(1899년 8월 7일-1899년 9월 9일) - 전문 보고』, 1900, III권, 328쪽.

19 앙리 푸앵카레가 폴 팽르베에게 보낸 편지

완전히 불신하게 된 것은 1904년 재판을 재검토하던 중이었다. 베르티옹이 식별한 단어 4개가 완전히 동일하게 나타날 확률과 관련해, 보고서의 주 저자인 푸앵카레는 다음과 같이 서두부터 서둘러 설명했다.

> [베르티옹은] 독립적으로 우연의 일치가 일어날 확률을 0.2로 계산하고 4개의 단어가 일치할 확률은 $(0.2)^4 = 0.0016$이라는 결론을 내렸다.
> 그러나 가장 피상적인 조사에서 이것은 4개의 단어에서 4개가 일치할 확률로, 26개의 단어에서 4개가 겹칠 확률은 0.7이라는 결과가 나왔다. 즉 0.0016보다 400배나 더 큰 결과가 나온 것이다![20]

또한 푸앵카레는 베르티옹이 강조한 우연의 일치는 모두 신용할 수 없었기 때문에 채택하지 않았다고 설명했다. 그는 'intérêt'라는 단어를 비밀 코드의 핵심으로 식별하는 데 사용된 빨간색 잉크와 녹색 잉크, 예상한 것보다 2배가 많은 단어가 일치한 결과에 대해서는 그 사이비 전문가가 빨간 선을 사용한 다음 녹색 선을 사용해 기계적으로 일치하는 횟수를 2배로 늘렸다는 사실에서 비롯된 것이라고 설명했다. 그렇기 때문에 실제로

---

20 『렌 재판 재심』, 인권 및 시민권 수호를 위한 프랑스 연맹, 1908, Ⅲ권, 501쪽.

일치한 숫자는 확률 계산이 예상할 수 있는 숫자와 정확하게 일치했던 것이었다. 마지막으로 현미경을 통해 원래 명세서를 주의 깊게 조사한 푸앵카레는 베르티용이 만든 밀리미터 단위 측정이 대부분 잘못되었음을 보여 주었다.

> 베르티용의 측정이 잘못되었기 때문에 그가 우리에게 보여 준 숫자는 정확하다고 평가할 수 없다. (…) 뿐만 아니라 그는 다양한 단어에서 찾아낼 수 있는 무수히 많은 길이 중에서 자신의 주장에 유리한 것만 취했다. 격자 무늬를 만들 때 사용된 1.25밀리미터의 거리가 자신의 의지가 아닌 다른 사람이 만든 결과라고 생각하기 시작할 때, 상상에 사로잡히게 된다.[21]

푸앵카레의 보고서는 드레퓌스 대위의 의혹을 푸는 데 크게 기여했고 그의 복권이 인정되었다. 그러나 드레퓌스는 어설픈 계산 때문에 수년을 감옥에서 보내야 했다. 실제로 측정값은 틀렸고, 그 측정값에 기초한 계산은 오류로 가득 찼다. 베르티용은 자신에게 도움이 되는 숫자만 고려했고[22] 자신의 의견을 훼손할 위험 요소는 등한시했다. 수학을 사용한 이 사기 사건의 가장 중요

21 위의 책, 541쪽.

22 또한 푸앵카레는 베르티용이 일반적인 글에서 아무 단어나 채취함으로써 'intérêt'라는 단어를 가지고 전체 텍스트를 '격자 무늬에 배치하고' 거기서 그가 주장한 비밀 코드의 열쇠를 찾는 데 사용할 수 있다고 설명했다.

한 점은 베르티용의 악명 높은 반유대주의라고 할 수 있다.

그렇다면 지나칠 정도로 깐깐하게 증명하지 않는 이유는 무엇이었을까? 첫 번째로, 숫자로 계산된 증명은 정치와 법의 영역에 사용될 뿐만 아니라 일상 대화에서도 사용되기 때문이다. 또한 수학적 추론의 복합성은 베르티용에게 동의한 배심원단과 마찬가지로 수학을 잘 모르는 사람에게는 무력할 수밖에 없는 증명이기 때문이다. 마지막으로, 과학은 너무 자주 잊혀 정론이 될 수 없기 때문이다. 과학은 비판적 사고를 연습하는 장소이다. 숫자는 결코 절대적인 진리가 될 수 없다. 숫자 구성에 의문을 제기하고 그 타당성을 조사할 수 있도록 할 뿐이다. 의심은 결코 과학을 훼손할 수 없고 오히려 과학에 공헌을 한다. 과학적 진리(특히 종교적 진리와 구별되는 개념)는 본질적으로 민주적이다. 누구나 그에 대해 의문을 제기할 수 있어야 한다. 바로 이러한 이유로 비판적 검토를 피하고자 하는 사람들이 의도적으로 증명을 모호하게 만드는 데 관심을 갖는다. 따라서 무엇보다 먼저 이런 모호한 베르티용식 증명에 맞서는 것이 필요하다.

역사는 반복된다

우리는 역사를 배우지만, 역사는 우리에게 아무것도 가르쳐주지 않는다. 이처럼 드레퓌스 사건이 재평가된 지 한 세기도 채 되지 않아 또다시 수학이 법원에 침입하는 사건이 헤드라인을 장식했다.[23] 그 상징적인 재판 중 하나가 바로 1964년에 캘리포니아에서 일어난 사건이다. 콜린스 부부는 노인에게 폭력을 행사한 강도 혐의에 대해 스스로 변호해야만 했다. 확실한 증거가 없는 경우 검사는 숫자를 사용한다. 맬컴 콜린스Malcolm Collins는 수염을 기르고 있었고, 목격자가 범죄 현장에서 수염이 난 남자를 보았기 때문에 검사는 피의자가 수염을 길렀을 확률은 10분의 1이고, 콧수염이 있을 확률은 4분의 1이라고 간주했다. 검사는 이 두 추정값을 곱한 후, 피의자가 범인일 확률이 높고 그렇지 않을 가능성은 40분의 1에 불과하다고 주장했다! 더군다나 치안 판사는 콜린스 아내의 헤어스타일, 머리 색깔, 자동차 색깔 등에 관한 새로운 데이터를 추가하며 수학적 증명을 계속하였고, 우연히 범행 장소에 있던 무고한 사람을 상대할 확률이 1,200만 분의 1이라는 결과에 이르렀다! 콜린스 부부의 유죄를 입증할 확실한 증거가 없는 상황에서 피의자와 그의 아내가 결국 감옥에 갇혔다는 사실에 어찌 놀라지 않을 수 있을까? 콜린스 부부가 형을 받고 난 지 몇 년 후, 수학적 오류를 발견한 캘리포니아 대법원은 콜린스 부부의 판결을 파기했다. 발견된 오류 중 하나는 수염을 기른 남자는 일반적으로 콧수염도 있었기 때문에 이 두 데이터를 곱할 이유가 없음에도 불구하고… 상관관계가 있는 확률을 곱한 것이었

---

23 가장 중요한 사건들은 프랑스계 미국인 수학자 레일라 슈넵스Leila Schneps와 코랄리 콜메즈Coralie Colmez가 쓴 『법정에 선 수학』이라는 책에 나와 있다.

다. 물론 인위적으로 숫자를 과장하고 배심원에 영향을 미치려는 경우를 제외하고 말이다!

상관관계가 있는 확률의 곱셈은 20세기 내내 재판에서 반복된 오류 중 하나였다. 콜린스 부부의 재판 직후 뉴멕시코에서 열린 조 스니드Joe Sneed 재판의 검사 역시 같은 계산 오류를 저질렀다. 목격자는 용의자가 평균 키에 갈색 머리, 그리고 밤색 눈을 가진 남성이라고 증언했다. 검사는 모든 노력을 기울여 피의자가 이 몽타주에 일치하다는 것을 수치로 증명하고자 했다. 이를 위해 우선 본인이 평균 키일 확률을 추정한 다음 이 데이터에 밤색 눈을 가질 확률을 곱하고 이 결과에 다시 갈색 머리일 확률을 곱했다. 하지만 이런 신체적 특징은 서로 종속될 수 있는 확률이었다. 다시 말해, 피의자의 출신지인 뉴멕시코에서는 평균 키를 가진 사람은 갈색 머리와 밤색 눈을 가질 확률이 가장 높았다.

모호하고 잘못된 계산으로 배심원을 속이기 쉬운 이유는 무엇일까? 법학 교수이자 수학을 전공한 로렌스 트라이브Laurence Tribe(1941~)는 1971년 「하버드 로 리뷰」에 발표한 논문에서 이에 대한 답을 제시했다. 그에 따르면 숫자의 설득력은(그것이 옳든 그르든) 결국 '더 이상 기억할 수 없고 심지어 인간적 능력을 사용하여 (…) 평결을 내리지 못하는' 배심원에게 강요되기 때문이었다. 버락 오바마Barack Obama 대통령의 교수이자 헌법 전문가인 트라이브는 법원이 아주 신중하게 수학적 논증을 사용할 수 있도록 오랫동안 싸워 왔다. 그는 다음과 같은 말로 논문을 마무리했다.

> "(수학과 재판 사이의) 결합이 유익하기보다는 위험하다고 생각할 때가 되었다."

법의 영역에서 확률이 개입한 새로운 사건은 빌링스 러니드 핸드Billings Learned Hand(1872~1961) 판사로부터 시작되었다. 1947년에 일어난 미국과 Carroll Towing Co.의 소송에서 러니드 핸드 판사는 계산에 의거하여 판결을 내렸다. 그가 사용한 계산은 정확하긴 했지만 어처구니없는 것이었다. 재판의 목적은 바지선 침몰의 책임을 결정하는 것이었다. 러니드 핸드는 다음과 같이 판결했다.

> 모든 선박은 계류장에서 이탈할 수 있고 그럴 경우 그 주변에 위협이 된다. 다른 유사한 상황과 마찬가지로 피해를 입히지 않도록 보호해야 하는 소유주의 의무는 다음 세 가지 변수에 따라 달라진다. 1. 계류장에서 분리될 확률 2. 피해가 있을 경우 피해의 심각성 3. 적절한 방지책에 대한 비용. 대수적 용어로 표현하려면 아마도 다음과 같은 개념을 강조하는 것이 유용할 수도 있다. 확률은 P, (피해) 금액은 L, (피해 방지) 비용은 B라고 했을 때, B가 L과 P의 곱보다 작을 때, 즉 B<PL에 따라 책임이 달라진다.[24]

---

24 United States vs. Carroll Towing Co., 159 F.2d 169 (2d Cir. 1947). 이 판결문은 law.justia.com에서 확인할 수 있다.

B<PL인 경우, 즉 피해 방지 비용이 실제 피해 금액과 피해 확률의 곱보다 작은 경우, 그 피해를 합리적으로 방지할 수 있었기 때문에 과실이 있는 것으로 본다. 이 수식은 직접 관련이 있었지만, 그러한 사건이 발생할 확률을 엄격하게 설정하기 어렵다는 점에서 분명 논쟁의 여지가 있었다. 물론 계류장에서 분리되는 횟수를 세고 이 숫자를 계류장에서 분리되지 않은 횟수로 나눌 수 있지만, 이 확률은 기상 조건의 변동성이나 계류장의 품질 등을 고려하지 않는다. 따라서 수식이 의미가 있고 꽤 정확하다고 간주할 수 있더라도 계산 가능성의 문제가 발생한다. 그럼에도 불구하고 이 사건은 법경제학 분야에서 미국 법률 문헌의 고전이 되었고 이에 대해서는 마지막 장에서 더 자세히 논의할 것이다.

그러므로 법정에서 사용되는 수학의 합법성은 증명의 정확성 여부에 제한받지 않는다. 러니드 핸드 판사는 훌륭한 수학적 추론에 의지해 황당한 결론에 도달했을 뿐이지만, 이제 그의 뒤를 이은 사람들은 언제나 정확한 계산이라는 이름으로 피고인의 권리를 무시하는 동시에 모든 시민은 법 앞에서 평등하다는 규율을 위반하게 된다.

내가 가진 권력에 따라

피의자 X는 폭력 없는 절도죄로 유죄 판결을 받았다. Z 판사는 판결을 내리기 전에 보조 프로그램에 여러 데이터를 입력했다.

실직 상태로 범죄 기록이 있으며, 졸업장도 없고 가족 중 한 명이 이미 수감되어 있다는 등의 내용이다. 컴퓨터 프로그램은 경찰이 제공한 통계와 이 데이터를 즉시 비교하였고 재범률 점수를 매겼다. 이를 확인한 판사는 그에게 징역 2년형을 선고했다.

이제 피의자 Y의 차례이다. 그 역시 폭력 없는 절도죄로 유죄 판결을 받았다. X의 케이스와 마찬가지로 판사는 프로그램에 다양한 정보를 입력했다. 하지만 Y의 프로필은 X와 완전히 달랐다. 그는 안정적인 환경에서 성장하여 운이 좋게 직장을 얻었고 가족 중 누구도 범죄를 저지르지 않았다. 모든 데이터를 고려한 알고리즘은 X보다 훨씬 낮은 재범률 점수를 주었다. 당연하게도 판사의 결정은 좀 더 관대해졌다. 판사는 그에게 징역 6개월을 선고했다.

이 이야기는 소설이 아니다. 20세기 말부터 미국 법원은 이런 종류의 모델링을 사용하고 있다. 유럽이나 중국의 경우 이미 인공 지능뿐만 아니라 데이터 마이닝 또는 데이터 탐색을 사용하여 판사의 판결을 객관화하기 위해 리걸테크Legaltech라는 개념으로 그룹화된 다양한 도구를 사용하고 있다. 에스토니아와 같은 국가는 2019년에 몇몇 특정 사건에 로봇 판사를 도입하기 위한 실험을 시작했다. 과속, 해고 수당, 양육비 등 경미한 범죄를 처리하는 정도지만 알고리즘이 내린 판결은 실제 판사의 재심 없이 즉시 적용된다.

이러한 방법은 시간과 비용을 절약할 수는 있지만 윤리적인 문제가 제기된다. 그중 하나는 피고인의 범죄 기록을 고려하는 것과 관련이 있다. 권력 기관이 아직 저지르지 않은 살인 사건에 대해 유죄를 선고한다는 내용의 스티븐 스필버그의 영화 〈마이너리티 리포트〉에 영감을 받았을지도 모를 이 프로그램은 범죄자를 체포할 가능성이 높은 장소와 시간을 경찰에게 알려준다. 보통은 좋은 결과로 이어지지만 공정성을 희생시켜 효율성을 선택하므로 악순환이 반복될 수 있다. 실제로 경찰이 프로그램의 지시에 따라 범죄자를 급습할 의도로 어떤 장소를 순찰하다 보면 곧 그곳에서 일어나는 범죄는 경미한 범죄(난투극, 무임승차, 무례한 행동 등)임이 밝혀진다. 하지만 일단 프로그램이 이런 위법 행위를 저장하고 나면 통계에 반영이 된다. 그러고 나면 이제 악순환이 시작되는 것이다. 경찰이 그 장소에 더 많이 갈수록 범죄에 개입할 가능성이 높아진다. 경찰이 개입할수록 알고리즘은 계속 그 장소에 가라고 명령한다. 결과적으로 두 장소에서 저지른 동일한 범죄라도 프로그램이 가리키는 지역에 사는 사람이 체포될 확률이 높아지는 것이다. 이것이 도미노 효과이다. 동일한 범죄를 저질렀을 때, 첫 번째 알고리즘을 기반으로 더 여러 번 체포된 사람은 두 번째 알고리즘에서 매긴 재범률 점수가 높아져 그만큼 징역형이 늘어난다. 반대로, 프로그램이 보고하지 않은 지역의 범죄자는 수사망을 빠져나갈 확률이 높아진다. 마침내 그를 체포해도 지금까지 그는 걸린 적이 없으므로 재범률 점수는 낮을 것이고, 틀림없이 감옥행을 면하게 될 것이다.

	범죄 예측 프로그램을 갖춘 경찰	무작위로 순찰하는 경찰
프로그램이 지정한 지역에 사는 무고한 사람들	매우 자주 검문함	검문을 당할 가능성이 감소함
프로그램이 지정하지 않은 지역에 사는 마약밀거래상	거의 검문하지 않음	검문을 당할 가능성이 증가함

위의 표에서 알 수 있듯이, 범죄 기록 프로그램은 같은 도시 내에서도 비대칭적인 결과를 가져온다.

바로 이런 방식으로 누군가는 체포되고 누군가는 체포되지 않는 것이다. 예측 알고리즘의 함정에 빠진 시민들은 더 이상 법 앞에 평등하지 않다. 공정성 원칙의 위반뿐만 아니라 프로그램에 의존하게 되면 피고인의 기본권 문제도 야기할 수 있다. 재범률 점수 프로그램은 마치 그동안 잘 숨겨 왔던 산업의 비밀과 같다. 따라서 피고 측 변호사는 기계가 만든 계산과 기계가 정보를 분류하는 방식을 조사할 방법이 없다. 알고리즘은 숫자로 변환된 데이터로 가득 찬 법원의 축소된 모델이고, 그곳에 변호사가 앉을 자리는 없다. 이러한 상황에서 변호사는 의사 결정 과정의 핵심에 접근할 수 없기 때문에 계산의 수리적격을 판단하는 것은 불가능하다.

마지막으로 법률 알고리즘의 가장 큰 역효과는… 평결의 성공으로부터 비롯된다! 프로그램이 어떤 시민의 행동을 정확하게 예측하고, 감옥에서 석방된 다음 죄수의 행동을 정확하게 예측할 수 있는 건 자기실현적 예언이라는 개념 때문이다. 경찰이 이런 사람을 향하도록 시스템을 만든 다음, 높은 재범률 점수를 부여하여 같은 도시에서 비슷한 죄를 저지른 사람보다 훨씬 무거운 형을 선고한다. 그러면 그는 불의한 감정뿐만 아니라 그런 판결을 인정하는 사회에 분노를 느끼게 될 것이다. 게다가 한 번 긴 형을 선고받으면 수감자는 범죄자들과 접촉할 위험이 증가하므로 석방되면 다시 법을 위반할 위험이 높아진다. 결국 그가 재범률 점수를 높게 받을 수밖에 없었던 정당성을 확인하는 결과를 낳는다!

확실한 금전 관계는 좋은 친구를 만들고 새로운 적을 만든다

1960년 「사회적 비용의 문제」를 발표한 영국의 경제학자 로널드 코즈Ronald Coase(1910~2013)는 법에 의지하기보다 개인적 조정을 통해 기업 활동의 부정적 영향을 관리하는 것이 더 낫다고 주장했다. 간단히 말하면 기업이 야기하는 피해 때문에 산업 활동을 금지하는 대신, 법원에 가지 않고도 기업이 피해자에게 보상할 수 있도록 허용해야 한다는 뜻이다. 코즈가 이 방법을 선호한 이유는 이를 통해 기업가는 활동을 계속하여 부를 창출하고 일자리를 보호하는 동시에, 피해를 입은 사람들에게 금전적 가치에 상응하는 수준으로 보상할 수 있기 때문이다.

코즈는 유독성 폐기물을 강에 방출하여 강을 오염시킨 공장의 예를 들어 이론을 설명했다. 강이 오염되면 물고기가 폐사할 뿐만 아니라 식수로도 사용할 수 없고, 어부는 돈을 벌 수 없다. 그렇다면 어부의 소득을 손실시켰다는 명목으로 기업 활동이 금지되어야 할까? 코즈는 다음과 같이 문제를 제기했다.

> 오염이 물고기가 폐사하는 데 유해한 영향을 미쳤다고 가정할 경우, 결단을 내려야 할 질문은 다음과 같다. 죽은 물고기의 가치와 강을 오염시키면서 만든 제품의 가치 중 어떤 것이 더 중요한가?[25]

이 질문에 대한 답은 수학적 계산에 달려 있다. 물고기를 팔아서 번 돈보다 기업 활동으로 벌어들인 돈이 더 적다면 기업 활동을 중지해야 한다. 하지만 반대로 더 많은 수입을 가져오면 회사는 그 누구에게도 피해를 주지 않고 기업 활동을 계속할 수 있도록 어부에게 보상하는 것으로 충분하다. 어부들은 최소한 물고기를 팔아서 번 금액과 동일한 금액을 받게 되고, 회사는 계속 운영되어 이윤을 남기고, 직원들은 월급을 받고, 사회는 기업이 만든 제품의 혜택을 볼 것이다.

---

25 로널드 코즈Ronald Coase, 「사회적 비용의 문제」, The Journal of Law & Economics, vol. 3(1), 1960년 10월, 2쪽.

1991년 노벨 경제학상을 수상한 코즈가 1960년에 개발한 이 이론은 법경제학으로 향하는 첫걸음으로, 1972년에 『법경제학』을 발표한 리처드 포스너Richard Posner(1939~)는 법경제학의 개척자로 평가받는다. 포스너는 그의 책에서 '효율적 계약파기'라는 개념을 발전시켰다.

> 어떤 경우에는 계약 위반으로 얻는 이익이 계약 체결 후 예상되는 이익을 초과한다는 이유로, (계약의) 당사자는 계약을 위반하려는 유혹을 받을 것이다. 계약 위반으로 얻은 이익이 계약 종료로 상대방이 얻게 될 이익을 초과하고 피해 금액이 예상 이익의 손실에 국한되는 경우, 당신은 계약 위반을 하게 될 것이다. 그리고 그렇게 해야 한다.[26]

포스너는 판사였지만 모든 사람이 이익을 얻을 수 있도록 손해 배상을 한다는 조건에서만 계약을 위반하는 것이 가능한 법을 상상하게 만든다. 포스너가 법의 지배를 법 이론의 우발적이고 불필요한 요소로 여긴다는 것을 안다면 그리 놀라운 일은 아니다. 그에 따르면, 법이 금전적 계산으로 대체되는 한, 법은 법 없이도 잘 작동할 수 있다. 더욱이 실무는 이 이론에 따라 잘 굴러갔고, 코즈의 이론은 보상을 한다는 조건하에 계약을 위반하는

---

26 리처드 포스너Richard Posner, 『법경제학』, Aspen Publishers, 개정 7판, 2007, 120쪽.

것을 허용했다. 또한 금액은 당사자 간에 합의하거나 합의에 도달하지 못할 경우 법원이 결정하였다. 이 문제의 유일한 규칙은 모두 승리한다는 것이다.

그럼에도 효율적 계약파기는 문제를 제기한다. 정말로 모두가 승자일까? 코즈의 예를 다시 들어 보자. 회사와 직원, 어부가 모두 만족하는 상황에서 경제적 효율성에 의해 희생된 제물은 오직 물고기뿐인 것처럼 보인다. 그러나 지역 주민에게 해로운 결과를 초래할 수 있는 물의 오염을 어떻게 무시할 수 있을까? 개인 이익의 합계가 집단 이익을 구성하는 것일까? 전혀 그렇지 않다! 사소한 조정은 계약에 속하지 않는 사람들에게 미치는 부정적 외부성을 무시하기 때문이다. 이 문제를 수학 공식으로 만들면 다음과 같다. 방정식의 요소는 방정식에서 제외된 사람들을 제물로 하여 승리한다.

실제 사건에서 영감을 받은 계약파기의 실례를 상상해 보자. 어느 화창한 아침, 10명의 직원이 있는 생물학 연구 전문 스타트업이 흥분의 도가니에 빠졌다. 그들은 방금 에이즈 백신을 개발했다! 작은 규모로는 백신을 대량 생산할 수 없었던 회사는 대규모 제조 및 판매 구조를 갖춘 A 제약회사와 계약을 체결했다. 이 계약은 스타트업에게 매우 유익했다. 백신을 1억 유로에 판매하여 10명의 미래가 보장되었고, 노벨 의학상이 그들을 기다리고 있음은 말할 필요도 없었다. 업계에 소문이 퍼지자 B 제약회사가 개입하기 시작했다. B 회사는 스타트업에 100억 유로, A 회사에는 손해 보상으로 10억 유로를 제시하였다. A와 B, 스타트업 모두 승리했고 첫 번째 계약은 기꺼이 파기된다. 여기에서 패자는 첫 방정식의 외부 요소에서 찾아야 한다. A는 백신 하나당 10유로에 팔기로 했지만 A보다 100배 더 많이 투자한 B는 A보다 100배 더 비싼 금액인 하나당 1,000유로에 판매할 것이다. 계약 파기로 3사 모두 이득을 봤지만, 결국 높아진 가격 때문에 백신을 살 수 없는 시민들이 가장 큰 패자가 된다.

가장 기본적인 도덕이 우리가 매긴 가격보다 더 가치 없을 때, 법은 즉시 윈-윈 방정식이 가능하다는 착각을 심어 주는 거대한 시장이 된다. 그런 다음 법의 지배는 위험하게도 알랭 쉬피오Alain Supiot가 표현한 일종의 '로 쇼핑law shopping'으로 변형되며, 금융 위기만큼이나 통제할 수 없는 결과를 낳는다.[27]

27 특히 그의 (매혹적인) 책 『숫자에 의한 협치』를 참고하면 좋을 것이다. 콜레주 드 프랑스 강의(2012~2014), Fayard, 2015.

07

지표 통치

나는 내가 세상을 만든 것이 아니며, 세상이 내 방정식을 따르지 않음을 명심하겠습니다. 나는 가치를 추산하기 위해 과감히 나의 모형을 사용하겠지만, 수학에 지나치게 감동받지는 않을 것입니다.

—이매뉴얼 더만Emanuel Derman, 폴 윌모트Paul Wilmott, 「The Financial Modeler's Manifesto」, 2009년 1월 7일, 2008년 금융 위기 이후 작성

합리성의 상실

이번 장은 프랑수아 미테랑François Mitterrand의 임기가 시작되는 1981년 6월 어느 저녁으로부터 시작한다. 당시 예산국의 젊은 관리자였던 기 아베이유Guy Abeille는 동료 롤랑 드 빌팽Roland de Villepin과 함께 재정경제부 2번 사무실로 소환되었다. 방금 엘리제궁으로부터 지시를 받은 드 빌팽은 심각한 표정이었다. 납세자가 낸 돈을 펑펑 쓰는 장관들에게 화가 난 대통령은 장관들이 지출을 줄일 수 있는 방법을 강구하고자 했다. 심지어 신임 대통령 미테랑은 경험이 풍부했다. 지시만으로는 충분하지 않다는 것을 잘 알고 있었다. 장관들이 지출을 줄이도록 설득하려면 법의 효력을 가지

는 예산 규칙을 수립해야 했다. 그리고 매일 수백만 프랑이 국고에서 빠져나갔기 때문에 빨리 행동에 옮겨야 했다. 이러한 이유로 정부를 올바른 길로 인도할 간단하고 효과적인 데이터를 만드는 일에 이 젊은 경제학자들이 소환된 것이다. 문제는 그들의 업무를 보좌할 직책이 없었다는 것이다. 하지만 대통령의 명령을 피할 수도, 지연할 수도 없었다. 지출, 규모, 구조, 경제 대비 부채 증가율, 그리고 수입, 국민 소득에 대한 국세, 경제동향에 따른 변동, 강제 징수와 같은 모든 데이터를 검토한 그들은 장관에게 적용할 규칙이 마치 마법처럼 나타나길 기대했다. 그러나 이 복잡한 정보는 불확실하고 의심스럽기만 했다. 이제 그들에게 남은 선택지는 적자였고, 그것은 실마리가 되어 주었다. '적자'라는 단어는 누구나 받아들일 수 있는 장점이 있었다. 대통령에게 보고할 새 규칙은 적자 개념을 기반으로 탄생했다.

하지만 곧 이 결정은 기 아베이유에 의해… 비판을 받을 것이다! 빠른 시간 안에 규칙을 내놓아야 했던 그는 기꺼이 대통령의 명령을 따랐지만, 사실 자신이 만든 제안에 전혀 확신이 없었다. 300억 마이너스 400억이나 3,400억 마이너스 3,500억이나 똑같이 100억의 적자이기 때문에 적자 자체에 관심을 갖는 건 상대적인 의미일 뿐이었다. 두 경우 모두 수입과 지출의 규모에는 공통점이 없고 여기서 동일한 적자가 동일한 의미를 갖지는 않는다.

그러나 규칙을 다시 만들 시간이 부족했다. 적자 개념에 가미할 무언가가 필요했다. 그렇다면 GDP는 어떨까? GDP는 현대 정치의 핵심 개념이었다. 서로 바라보던 두 사람은 마침내 동의할 수 있었다. 대통령은 간단한 규칙을 원했고, GDP 대비 적자 비율에 그 답이 있을 거라 생각했다. 하지만 다시 한번 기 아베이유는 이 결과의 적합성을 비판할 수밖에 없었다. 그가 생각했을 때, 이 비율은 비교할 수 없는 것을 나누는 것과 같았다. 적자는 사실상 1년 이상에 걸쳐 상환해야 하는 부채의 금액에 해당된다. GDP 대비 적자 비율을 선택하는 것은 원년에 생산된 부를 향후 몇 년 동안 지불해야 할 마감일과 대조하는 것이었다. 즉 시간 불일치가 문제였다. 하지만 이 결정을 유보하게 된 가장 큰 이유는 경기 순환적 적자(신속하게 해결됨)와 구조적 적자(수십 년에 걸쳐 증가함)의 혼동에 관한 것이었다. 자기비판이 이렇게 명확한 경우는 거의 없었다.

> 어느 특정 연도에 발생한 적자에 스포트라이트를 비추는 것은 거의 의미 없는 일이라고 이해할 수 있습니다. 그리고 같은 해의 GDP 대비 비율로 인해 적자는 약간 내려갑니다. GDP 대비 적자 비율은 기껏해야 규모를 비교하고 헤아리며 변화를 즉각적이고 직관적으로 이해하도록 돕는 지표와 척도 역할을 할 수 있지만, 어떤 경우에도 나침반 역할을 할 수는 없습니다. 왜냐하면 적자 비율은 아무것도 측정하지 않기 때문입니다. 그것은 기준이 아닙니다. 상환 능력에 대한 합리적인 분석, 즉 지급 능력 분석만이 가치 있습니다. 모든 은행(또는 모든 시장)이 그렇게 말할 것입니다.[1]

그러나 이야기는 여기서 끝나지 않는다. 그림은 거의 완성되었지만 마지막 붓 터치를 찍는 작업이 남았다. 바로 숫자였다. 반박할 수 없는 계산을 내놓을 수 없다면, 대신 그럴싸한 숫자는 보여줘야 했다. 즉 계산 자체로 그럴듯한 적자의 개념을 나타내야 했다. 대통령은 늦은 시간 연락을 했고, 두 사람은 서둘러 일을 마무리해야 했다. 기 아베이유가 어떤 결정을 내렸는지 확인해 보자.

> 1%는 적은 수치라 어쨌든 받아들일 수 없었을 것입니다. 우리는 이미 그 이상을 넘어섰고 그 한계를 훌륭히 뛰어넘었다는 것을 알고 있습니다. 2%는 그렇게 급박했던 시간에는 허용할 수 없을 정도로 제한적이며 무의미했습니다. 어떻게 말하면 GDP의 2%인 이 수치를 밋밋하고 거의 위조된 것이라고 느꼈습니다. 3은 확실한 숫자였고, 그 뒤에는 유명한 선례가 있었습니다(그중 일부는 숭배를 받았습니다).[2]

---

1 기 아베이유, "적자를 GDP 대비 3%로 줄이는 목표는 어디서부터 왔을까? 이것은 100%… 프랑스식 발명이다", 라 트리뷴, 2010년 10월 1일

2 위의 글, 기 아베이유는 베르길리우스(목가, Ⅷ, 75)를 부분 인용하면서 기사를 마무리한다. "먼저 나는 다른 색깔의 세 가지 띠로 두른 당신의 초상을 들고 이 제단 주위를 세 번 돌았습니다. 홀수는 신을 기쁘게 하기 때문입니다." 기 아베이유는 'numero deus impare gaudet'라는 이 인용문의 끝부분이 가끔 제대로 번역되지 않는 것을 상기시켰다. 마치 지드가 『팔뤼드』에서 이렇게 조소한 것처럼. "당신을 보면 'numero deus impare gaudet'를 '숫자 2는 홀수가 되어 기쁩니다'라고 번역한 사람들과 그것을 옳다고 했던 사람들이 생각납니다." 3%는 국가의 두려움이 되었고 기 아베이유는 특유의 유머로

재무부의 두 직원은 그들이 방금 연기한 희비극이 언젠가는 승리의 결말을 맞게 될 것이라는 사실을 모른 채 집으로 돌아갔다. 이로부터 10년 후, 마스트리히트 조약은 유럽연합 회원국의 경제를 조정하기 위해 실제로 다양한 경제 수렴 기준을 검토했다. 그 이후로 어느 한 국가가 유로의 안정성을 위협하는 위험을 무릅쓰고 공공부채를 그냥 내버려둘 수 없게 되었다. 국가는 문자 그대로 특정 규칙을 준수해야 했다. 그중 가장 유명한 규칙은 연간 재정적자가 국내 총생산(GDP)의 3%를 초과하지 않아야 한다는 것이다.

유럽연합은 코로나바이러스 위기가 한창인 2020년 3월 재정 준칙을 일시 해제하는 데 합의하였다. 이와 같은 특별한 경우에만 이 규칙은 유예된다.

행복의 측정에서 가정의 도덕까지

이 일화는 지표를 만든 바로 그 사람들이 지표의 적합성에 대한 평판을 어느 정도 인정했음을 보여 준다. 지도자는 상승 또는 하락 변동을 모니터링할 때 참고할 수치를 원하기 때문에 이들에게는 잘못 제기된 정치적 문제에 대응하는 일이 중요하다. 사회경

웃음을 잃지 않았다.

제학적 지표는 필연적으로 실업률 감소, 졸업생 수 증가, 성장 포인트 획득 등과 같은 수량화된 목표를 의미한다. 이 수치는 정치인의 인기도라는 또 다른 지표와 연결되기 때문에 자세히 모니터링해야 하는 기준에 불과하다.

이러한 이유로 통치자는 외부에서 일어나는 일과 무관하게 계기판에 코를 갖다 대고 자동 조종 장치를 사용해 항해하는 선장처럼 보일 때가 있다. 지표가 현실을 포착하지 못하고 사회적 상황을 부분적으로만 반영하는지에 대한 여부는 별로 중요하지 않다. 앞서 본 것처럼 지표가 편향되어 있거나, 심지어 비합리적인지는 중요하지 않다. 표시등이 녹색이면 목표에 도달한 것이고 공소가 유효한 것이다. 정치 수학은 국가 전략의 처음과 끝이 되었기 때문에 한 사회에서 측정할 수 있는 모든 것이 지표에 나타나야 한다. 그리고 그것은 행복에서부터 시작된다.

사실 이 생각은 새로운 것은 아니다. 기업의 손익을 기록하는 회계사를 따라, 제러미 벤담Jeremy Bentham(1748~1832)은 기쁨과 슬픔을 더하고 빼는 쾌락계산법을 만들어 행복 지수를 계산하고자 했다. 벤담은 가장 유명한 영국의 사상가이자 가장 영향력 있는 공리주의의 아버지, 그리고 자유주의의 선구자 중 한 사람이다. 그의 저서는 정치와 경제에 많은 영향을 미쳤고 현재에도 여전히 영향을 주고 있다.

32세가 된 제러미 벤담은 『도덕과 입법의 원칙에 대한 서론』[3]이라는 저서에서 현대 경제 과학의 방법론적 기초가 된 학설인 공리주의를 정의했다. 우리가 생각하는 바와 다르게 공리주의는 유용한 것과 그렇지 않은 것을 구별하는 것이 아닌, 유용성이 가져다주는 만족에 따라 각각의 유용성을 수량화하는 문제를 말한다. 그러므로 햄 샌드위치를 먹거나 낮잠을 자는 행동은 시를 쓰는 것과 같이 유용한 행동이다. 벤담의 계획은 다음과 같이 요약할 수 있다.

> 자연은 인류를 고통과 쾌락이라는 두 통치자의 지배하에 두었다. (…) 유용성의 원칙은 이러한 예속 상태를 인정하고 이를 사용하여 이성과 법의 손에 행복을 높이는 것을 목표로 하는 시스템을 설립하는 것이다.
> 공동체의 행복을 증가시키려는 경향이 행복을 감소시키는 경향보다 더 클 때, 우리는 행위가 유용성의 원칙, 또는 줄여서 유용성(즉 일반적으로 공동체에 대해)에 부합한다고 말할 수 있을 것이다.
> 따라서 쾌락과 고통의 회피는 입법자가 의도한 목적으로, 쾌락과 고통의 가치를 이해하는 것은 그에게 달려 있다.[4]

벤담에 따르면 정부의 임무는 국민을 행복하게 만드는 것이

---

3 『도덕과 입법의 원칙에 대한 서론』, T. Payne & Fils, 런던, 1789. 이 책은 1780년에 작성되었으며 9년 후에 출판되었다.

4 위의 책, I, I, i쪽, I, VI, iii쪽, IV, I, xxiv쪽.

다. 이를 위해 정부는 행복을 수량화해야 한다. 그 의도는 칭찬할 만하다. 행복을 계산할 수 있도록 벤담은 행복을 일곱 가지 '상황'으로 나눌 것을 제안했다.

- 강도(쾌락이 강할수록 더 유용하다.)
- 지속성(쾌락이 오래 지속될수록 더 유용하다.)
- 확실성(쾌락 가능성이 더 높으면 더 유용하다.)
- 근접성(쾌락에 더 가까워질수록 더 유용하다.[5])
- 생산성(쾌락의 결과로 다른 쾌락이 많이 생길수록 더 유용하다.)
- 순수성(쾌락이 불쾌함으로 이어지지 않을수록 더 유용하다.)
- 범위(다른 사람들과 쾌락을 더 많이 공유할수록 더 유용하다.)

이때부터 인간의 행동을 측정하는 것이 쉬워졌다. 일곱 가지 '상황'에 각각 점수를 부여하고 도덕을 추론하기 위해 점수를 합산했다. 어떤 행위로 인해 초래된 쾌락의 합이 그것이 초래하는 고통의 합보다 크면 그 행위는 선한 것으로 간주되었다. 반대의

5 20년 후 100만 유로에 당첨되는 것보다 오늘 1만 유로 복권에 당첨되는 것이 더 기쁘다는 의미로 볼 때, 시간의 차이로 그 기쁨이 현실적으로 다가오지 않기 때문이다.

경우, 그 행위는 나쁜 것이 되었다. 이것은 객관적인 도덕성을 만들 뿐만 아니라 정부에 오류 없는 방법을 제공하는 간단한 방법이었다!

이러한 벤담의 제안은 훌륭하면서도 터무니없어 보였다. 정치를 양적 요소로 축소하는 동시에 귀족의 목표인 행복이라는 개념을 정치에 부여할 수 있기 때문에 훌륭했다. 하지만 질적인 개념을 분석하는 방법은 새로운 것이 아니었다. 이에 대한 첫 번째 시도는 고대의 철학자이자 원자론자, 특히 레우키포스와 데모크리토스로 거슬러 올라간다.[6] 두 사람은 모두 특히 갈릴레오[7]에게 영향을 미쳤다. 갈릴레오는 당시 '자연은 수학이라는 언어로 쓰여 있고 그것을 해독하는 일, 즉 자연이 우리에게 읽도록 준 숫자를 이해하는 건 우리에게 달려 있다'는 생각을 발전시키던 때였다. 공리주의를 확립한 벤담은 행복을 수량화할 수 있는 몇 가지 요소로 세분화하여 이 계보를 따르는 일에만 관심이 있었다.

따라서 매우 오래되고 진지한 철학의 기본 가치를 쾌락계산법과 공리주의의 덕으로 돌리는 것은 바람직했다. 그럼에도 무언

---

6 이 두 사람은 일곱 가지 '상황'이 아닌 형태, 질서, 위치라는 세 가지 차이점으로 분류했다(참고. 아리스토텔레스, 985b, 13-15쪽). 더군다나 두 경우 모두 매우 상징적인 숫자가 선택되었다는 점이 흥미롭다. 원자론자는 3, 공리주의자는 7.

7 갈레노스가 히포크라테스의 원소를 읽은 것을 통해 확인(이 주석과 이전 주석은 다음을 참고하라. 루시오 루쏘Lucio Russo, 『우리의 과학 문화』, 앙투안 울루-가르시아 역, Les Belles Lettres, 2020, 74쪽)

가 잘못되어 가는 것 같았다. 우선 행복을 수량화한 지표로 축소할 수 있다는 바로 그 가능성이 문제가 되었다. 모든 사람은 동일한 가치 척도를 가지고 있지 않았고, 지도자는 곧바로 실제로 비교할 수 없는 수치에 직면하게 되었다. 그런 까닭으로 벤담이 선택한 일곱 가지 '상황'은 논쟁의 여지가 있었다. 모두 이런 항목을 받아들일 수 있을까? 다른 항목을 추가할 수는 없을까? 마지막으로 이것이 아마도 쾌락계산법의 가장 중요한 문제일 텐데, 벤담의 추론은 자신이 결코 정당화할 수 없는 이데올로기적 선택에 근거했다는 것이다.

벤담은 실제로 7개 항목에 해당하는 점수를 추가할 것을 제안했다. 따라서 다른 것보다 더 많은 점수를 얻은 행동은 사회 전체에 더 유용하다고 여길 것이었다. 그러나 바로 이것이 문제의 원인이었다. 극단적으로 단순화시킨 예를 들어 보자. 100명의 직원이 있는 회사의 모든 직원은 모두 동일한 작업을 하며 동일한 급여 1,000유로를 받는다. 갑자기 직원 중 한 명이 11,000유로를 받고 나머지 99명이 최대 910유로까지만 받기로 결정되었다. 한 사람은 이전보다 11배 더 많이 벌게 된 반면, 나머지는 9%의 급여를 잃게 되므로 불공평해 보인다. 그러나 뜻밖에도 벤담의 알고리즘은 유용성과 행복이 증가했다는 결론을 지을 것이다. 첫 번째 상황에서 100,000유로였던 총 급여 합계가 두 번째에서 101,090유로가 되면서 전체 급여가 증가했기 때문이다.

이 극단적인 예시는 언뜻 보기에는 터무니없어 보인다. 그러나 성장을 측정하는 계산은 이와 비슷하다. 부의 분배와 상관없이 성장은 전체적인 변화에만 관심이 있기 때문이다. 방금 살펴본 예시에서 급여 인상은 1.1%였다. 프랑스와 같은 국가는 이처럼 정기적으로 급여가 인상되어 GDP가 증가하기를 꿈꾼다. 하지만 GDP는 급여가 아니라 부의 창출에 관한 것이므로 직원을 회사로 대체하는 사례를 다시 생각해 보자. 소득이 11배 늘어난 한 회사를 제외하고 99%의 회사는 전년 대비 9% 적자를 기록한다. 물론 살아남은 한 회사가 나머지 회사에서 해고된 사람들을 모두 고용하는 것이 가장 좋은 결론이다. 그러나 현실에서 이러한 일이 일어날 확률은 매우 낮다. 결국 실업이 증가해도 성장이 일어났기 때문에 이 상황은 유익하다고 간주된다.

사람들을 행복하게 만들고 싶었던 이 제안은 어떻게 정반대의 결과를 얻게 되었을까? 이것은 정치적 이데올로기를 운반하는 데 통계가 너무 자주 사용된다는 사실로 설명된다. 벤담은 사용할 수 있는 가장 간단한 함수인 합계를 선택했다. 실제로 합계는 사회 전체를 나타내는 데 매우 적합했다. 합계는 GDP와 국가의 성장을 계산하는 데 사용되기 때문이다. 무수히 많은 숫자를 하나로 응집하면 수없이 흩어져 있는 숫자보다 훨씬 더 쉽게 관리할 수 있지만 개인의 특성은 거의 설명되지 않고, 합친 숫자의 분배 문제를 신경 쓰지 않는다. 즉 부가 균등하게 분배되는지 그 여부에는 상관하지 않는다는 뜻이다. 이 말은 합계가 본질적으로 유해하거나 반사회적이라는 것이 아닌 한계가 있다는 뜻이다. 합계는 모든 것을 말할 수 없다. 따라서 다음과 같은 질문을 제기할 수 있다. 통치하기 위해서는 무엇에 관심을 가져야 하며, 어떤 통계적 지표가 기준을 설정하는 데 가장 적합할까?

벤담이 정의한 대로 행복은 측정하기 어렵다. 행복을 측정하고자 한다면 시민들에 대한 체계적인 조사가 필요할 것이다. 따라서 국가는 실업률, 성장률, 기업 및 소비자 신뢰 지수, 소비자 물가 지수, 건설 비용 지수 등과 같은 국민의 감정과는 거리가 먼 통계 지표를 선호한다. 벤담이 행복을 측정하면서 통치하는 데 사용할 수 있다고 생각했던 일곱 가지 '상황'의 새로운 이름이다.

이런 관점에서 국가는 시민의 행복이나 미래에 대한 비전을 묻기보다 일상생활을 지배하는 경제 및 재정적 요소를 조사하고자 한다. 그런 다음 정부는 가계 신뢰 지수(미디어에서는 일반적으로 소비자 심리 지수라고 부른다)와 OECD가 수립한 소비자 신뢰 지수에 의존한다. 시민과 가계, 소비자는 모두 같은 것이기 때문이다.

시민을 대상으로 한 설문 조사에서는 그들의 재정 상황, 저축 능력, 생활 수준, 직업 전망 및 물가 추세를 조사한다. 대신 그들이 행복한지, 도덕이 무엇인지 물어보지 않는다. 사회는 가정이 행복한지 알고 싶은 대신 소비할 것인지 궁금해할 뿐이다. 벤담은 정부의 목표로 행복을 생각했지만 신뢰는 경제를 작동시키려는 실제 목적을 위한 수단에 불과하다. 따라서 자본주의 방정식은 다음과 같이 요약할 수 있다. '더 많은 소비재를 획득할수록 개인의 행복도가 높아진다.' 이것이 통치자들이 소비자 심리 상승에 박수를 보내는 방식이며 삶은 물질적 가치만 있다고 믿거나 믿는 척하는 방법이다. 오직 이 지표에만 의지하면 강박적인 구매자는 행복하게 살 것이며, 소비 요정에 매혹당해 빚에 허덕이는 가정은 세계에서 가장 행복할 것이다.

불확실한 실업 수치

의심스러운 통계의 피해를 입은 유일한 피해자는 행복만이 아니다. 실업, 구매력, 성장 수치와 같은 세 가지 주요 지표, 즉 정치 생활의 신성한 삼위일체까지 그 피해가 이어진다.

우선 실업률의 환영을 먼저 살펴보자. 통계적이자 정치적인 의미에서 실제로 실업률이 무엇인지 아는 사람은 아무도 없는 듯하다. 1982년 국제노동기구에서 채택한 확실한 정의에 따르면 실업자는 다음 세 가지 조건을 동시에 충족하는, 근로 연령(15세 이상)인 사람을 말한다.

- 실업 상태, 즉 조사 대상 주간에 최소 한 시간도 일하지 않은 상태
- 15일 이내에 취업할 수 있는 상태
- 지난달에 적극적으로 일자리를 찾았거나 3개월 이내에 일할 수 있는 일자리를 찾았을 때

첫 번째 조건은, 만약 당신이 실업자이지만 생존을 위해 가끔씩 베이비시터 일을 한다면 소득 신고를 하지 않는 것이 이익이 된다고 말한다. 그렇지 않으면 실업자로 인정될 기회는 없을 것이다. 두 번째 조건은 구직 중 다리가 부러져 2주 동안 움직일 수 없는 경우, 실업자로 간주되지 않는다는 것을 의미한다. 세 번째 조건은 해석하기가 더 어렵다. 인터넷에서 구인 정보를 보거나 맥도날드에 이력서를 제출할 때 구직활동이 시작된다는 뜻일까? 엄밀히 말해 Insee에서는 실업에 속하지 않는 상황을 반영하는 수많은 지표에 따른 공식 수치를 분기별로 발표한다. 즉 Insee는 실업의 후광 효과에 대한 수량화된 정보를 제공하는데, 교육을 받고 있거나 건강상의 문제, 또는 자녀를 돌봐야 하는 이유로 2주 이내에 일을 할 수 없는 사람들뿐 아니라 4주 동안 적극적으로 구직 활동을 하지 않은 사람들을 말한다. 물론 수많은 거절 편지에 낙담한 실업자들도 포함된다. 또한 Insee는 불완전 고용, 특히 시간제 근무에 대한 상황을 연구한다. 실업자를 정의하는 국제적 개념에 실업이라는 후광을 추가시켜 실업자 수를 증가시킨다. 그리고 불완전 고용을 고려하여 실업자 수를 2배로 늘린다.

따라서 실업을 나타내는 숫자는 보이는 것보다 훨씬 더 복잡하다. 실업률이 장관의 책상까지 도달하면, 장관은 다양한 지표 중 하나를 선택해 실제 현실을 반영한 것이 아닌 모델링된 현실을 나타내는 결과를 발표한다. 특히 국제 통계 수치는 경쟁관계에 있기 때문에 프랑스의 두 기관인 Insee와 Pôle emploi(우리나라의 일자리 지원 센터와 같은 프랑스의 구직 센터-옮긴이)의 수치는 영구적으로 모순된다. 어떻게 가능한 걸까? 두 기관이 계산하는 법을 모른다는 뜻일까? 여기서는 두 기관이 실업자가 무엇인지 동일하게 정의하지 않는다고 생각하는 편이 오히려 낫다. 국제 통계 수치를 조화시켜야 하는 Insee가 채택한 정의는 여전히 복잡한 반면, Pôle emploi의 정의는 훨씬 덜 복잡하다. Pôle emploi에 등록하기만 하면 실업자가 되기 때문이다. 일반적으로 정부와 언론에서는 이 수치를 사용한다. 아마도 '사실에 더 가깝기' 때문일 것이다. Pôle emploi의 수치는 국민에게 계산법이 알려지지 않은 Insee 통계보다 현실에 더 충실한 방법을 반영한다. 더욱이 Pôle emploi의 악행이 비난을 받고 있는 상황에서 만약 수치를 조작했다면 그 원인은 외부에서 찾아보아야 한다.

우리가 말한 조작…이라는 단어는, 실업자를 마법처럼 사라지게 만들 때 이 단어가 주는 어감은 그렇게 강하지 않게 느껴진다. 탐사 저널리스트인 플로랑스 오브나Florence Aubenas는 Pôle emploi에서 정기적으로 실업자를 정보 회의에 소집하는 방법을 공개한 적이 있다.[8] 회의 당일에 예상대로 참석 의사를 밝힌 사람들 중 일부는 참석하지 않았고, 그들은 회의 목록에서 제명되었

8 플로랑스 오브나Florence Aubenas, 『위스트르앙 부두』, L'Olivier, 2010, 251-252쪽.

다. 그리고 제명된 사람들은 며칠 후에 다시 이름을 올릴 수 있었다. 그러나 이 기간 동안 구직자의 수가 감소했다! 우연의 일치로 이 적은 수치의 조작이 실업 수치를 발표하기 바로 전날에 이루어졌고, 실제보다 낮은 실업률이 공개되었다.

원하는 결과를 얻기 위한 아주 간단한 요령이 있는데도 그들은 왜 그렇게 일을 복잡하게 만들었을까? 그저 사람들에게 일을 하지 말라고 하면 되는데 말이다! 실업률은 실제로 구직자 수를 활동 인구로 나눈 후 이 결과에 100을 곱한 것이다. '활동 인구'는 실업 여부와 관계없이 노동 시장에서 활동 가능한 인구 전체를 말한다. 따라서 배우자의 높은 급여에 의지하도록 권하거나 더 은밀한 방법으로 Pôle emploi의 등록을 복잡하게 만들어서 일을 할 필요가 없는 실업자들이 더 이상 구직 활동을 하지 않도록 유도하는 것으로 충분했다. 이처럼 2019년 하반기에 발표된 프랑스 실업률 감소의 주요 원인은 실제로 개선된 노동 시장을 전혀 반영하지 않는, 활동 인구율 하락에 기인한 것이었다. 모든 사람이 불투명해진 수치에 만족하는데 자세히 분석하며 시간을 낭비할 필요가 있을까?

한편, 통계를 조작하지 않는 국가도 존재한다. 그럼에도 여전히 통계가 구체적으로 의미하는 바를 이해해야 한다. 독일의 예를 들어 보자. 독일의 실업률은 약 5%로 많은 국가가 이 수치를 부러워한다. 하지만 이 우쭐대는 숫자는 저임금과 고임금 사이의 불평등 심화와 저임금 비중의 증가라는 두 가지 현실을 숨기고 있다.

> 1995년과 2015년 사이에 최저임금을 받는 직원의 20%가 7%의 실질임금 감소를 경험한 반면, 최고임금을 받는 직원의 30%는 실질임금이 8%에서 10%로 인상되는 혜택을 받았다. (…) 1990년대 중반에 저임금 일자리가 고용의 약 16%를 차지했다. 이 수치는 2010년대 22%에서 23%로 증가했다.[9]

장바구니 만들기

휴가를 갈 만큼 돈이 충분치 않다는 점을 인정하는 대신 사람들은 자신의 구매력이 낮다고 말한다. 이런 어법은 매우 은밀한 방법으로 재정적 어려움을 표현하는 흔해 빠진 말이 되었다. 언뜻 보기에 구매력은 정의하기가 쉬워 보인다. 구매력은 소득(급여, 사회 급여, 자산 소득)을 받고 세금과 사회보장 분담금을 납부한 후 지갑에 남아 있는 금액을 말한다. 따라서 구매력의 변화는 가계의 가처분 소득 변화와 상관관계가 있으며, 여기에서 인플레이션을 고려하기 위한 가격 변화를 공제한다. 그 무엇도 이보다 더 간단할 수는 없다. 그러나 구매력 계산은 최악의 불일치와 최악의 부

---

9 브뤼노 아마블Bruno Amable, 「독일: 실업자는 감소했지만 가난은 증가했다」, 리베라시옹, 2018년 3월 26일

도덕이 동시에 펼쳐지는 무대이다.

1960년대 프랑스에서 가처분 소득의 12%였던 사전 약정 비용(임대료, 수도, 가스, 전기, 통신 가입비, 대중 교통비, 보험, 급식비 등)은 오늘날 30% 이상으로 늘어났다. 연구, 평가 및 통계부DREES가 2018년에 발표한 연구에 따르면[10] 이 평균 수치는 큰 격차를 숨기고 있다. 가장 빈곤한 가구의 사전 약정 비용이 지출의 38%(독신 가구, 한부모 가구의 경우 65%까지 증가)인 반면 부유한 가정은 26%를 차지하였다.

평균 구매력 수치는 이러한 경제 및 사회적 상황의 다양성을 반영하지 못한다. 그러나 이 지표는 국가 상황을 나타내는 계시자처럼 정치 계급에 의해 유지되고 있다.

소득 계층, 지리적 위치(대도시의 경우 임대료가 더 높다), 연령, 가족 상황별로 정확하고 상세한 결과를 얻으려면 오랜 시간이 걸린다. 정치 계급은 통계가 만들 수 없는 즉각적인 수치를 필요로 한다. 소비자 물가 지수는 정치인의 필요에 따라 매달 발표되지만 앞에서 언급한 DREES의 상세 수치는 사실 7년이나 뒤처져 있다! 2018년 간행물은 2011년 가족 예산 조사 결과를 분석한 것인데, 이는 조사자의 진술을 수집하고, 데이터를 정리하고, 첫 번째 결

---

10 미셸 르리에브르Michèle Lelièvre, 나탄 레밀라Nathan Rémila, 「사전 약정 비용이 가계 예산에서 차지하는 비중은 얼마나 될까?」, DREES 연구, no. 25, 2018년 3월

과를 보고하고, 심층적으로 숫자를 분석하고, 또 최종적으로 추가 분석을 발표하려면 시간이 오래 걸리기 때문이다. 고급 통계 시대는 정치가 마음대로 할 수 없는 연구 시간이자 기한이다. 이러한 불일치로 인해 구매력 수치를 사용하는 일은 특히 문제가 된다. 물론 빠를 수 있지만 그만큼 부정확하다.

연구 시간과 정치인의 시간이 가장 모순되는, 다양한 보건 위기를 다룰 마지막 장에서 이 문제를 다시 이야기할 것이다.

물가 지수의 방황과 불일치

또한 구매력 수치는 통계 기관이 매장에서 판매하는 수천 가지 물품의 값을 평가해 추정한 가격 변화를 기반으로 한다. 이 수치를 통해 구매가에 따라 계산된 평균 소비자 장바구니를 만들어낼 수 있다. 그러나 제품은 빠르게 변하고 때로는 소비 습관을 변화시키기도 한다. 이것은 특히 1996년에 4,700만 명이 넘는 사람들이 휴대전화를 사용했던 미국의 경우가 그러했다.[11] 당시 휴대전화는 비교적 최근에 출시된 제품에 속했다. 하지만 1998년이 되어서야 미국 노동 통계국은 소비자 물가 지수CPI에 이 물품을 포함시켜 계산했다. 이는 몇 년 동안 소비자 물가 지수가 수백만

11 모토로라가 디자인한 최초의 상용 휴대전화가 1983년 3월 6일에 미국에서 출시되었고, 1990년대가 되어서야 대중적으로 보급되었다.

미국인의 현실과 일치하지 않는다는 것을 의미했다. 무엇보다 통계학자들이 신기술에 대해 특별히 반응이 느리거나 반항하는 경향이 있다고 결론지어서는 안 된다. 문제는 완전히 다른 곳에 있다. 즉 국가 통계는 최근의 과거를 분석한다는 점이다. 국가 통계는 국가 정세를 즉각적으로 반영하기 위한 것이 아니라, 끊임없이 업데이트되는 데이터를 갈망하는 정치 계급이 통계의 소명을 우회하는 과정에서 과거를 현재에 비추는 일을 절대로 멈추지 않는 데 사용된다.

그러나 물가 지수를 불일치하게 만드는 주요 원인은 다른 데 있으며, 이는 주로 임대료 산정과 관련된다. 지표에 따르면 프랑스 가구가 거주비로 지출하는 비율은 평균 6%이다. 사실 0%를 지출하거나(일반적으로 소유주일 경우), 수입의 30%에서 50%를 지출하기 때문에 이 수치는 근거가 없는 것처럼 보인다. 여기에 물가 지수는 주택 구입과 관련된 대출 상환은 고려하지 않는다는 설명을 덧붙이고 싶다. 그 이유는 국민 계정에서 주택 구입 대출은 지출이 아닌 금융거래로 취급되기 때문이다. 유형과 관계없이 지출하는 금액이기에 개인과는 상관없지만 국민 계정 수준에서는 달라진다. 따라서 이 6%라는 수치는 분명 아무 의미가 없다.

이 지표는 불충분하지만 매우 민감한 문제이다. 물가 지수를 건드리는 것은 수백만 명의 삶에 의문을 제시하는 것이기 때문이다. 1996년 미국 상원에서 이와 비슷한 일이 일어났다. 지난 몇 년 동안, 물가 지수 평가의 편향 가능성 때문에 매년 약 1%씩 인플레이션이 과대평가되었다고 미국 상원은 보고했다. 이는 연방 예산이 지불 의무가 없다고 1,500억 달러에 달하는 적자(인플레이션으로 인한 것이 아니었기 때문에)를 갖고 있음을 의미했다. 이 에피소드는 물가 지수의 한계와 물가 지수를 물가연동제이자 정치적 목적으로 만드는 위험성을 보여 준다. 만약 은퇴를 했거나 실직을 한 당신이 인플레이션에 연동된 이자가 있는 통장에 저축을 하고 있는데 물가 지수가 과대평가되었음을 알았다고 상상해 보자. 이것은 나의 소득이 감소하거나 세금이 증가한다는 것을 의미한다. 빈곤 가정이 직면하게 될 어려움 이외도 재선되기를 바라는 마음으로 당신을 기쁘게 하려는 의도와 경제 균형(이 또한 재선을 위해)의 필요성 사이에 사로잡혀 당황한 정치인의 모습을 쉽게 상상할 수 있을 것이다.

돈에는 귀천이 없고 GDP에도 귀천이 없다

성장은 물가 지수 이상으로 정치인이 가장 관심을 갖는 지표임이 분명하다. 그렇다면 전 세계 정부가 원하는 성장이란 무엇일까? 기술적 관점에서 볼 때 성장 비율은 연도별 국내 총생산의 백분율 변화를 나타낸다. 따라서 대중의 눈에는 GDP의 증가가 경기 회복의 훌륭한 지표가 될 것이며 사람들은 이 성장을 아주 기뻐한다. 게다가 GDP의 증가는 발전, 성공, 복지의 동의어로 받아들인다. 국부 생산을 순전히 양적으로 평가하는 한, 이같은 주장은 완벽하게 정확한 말이다. 하지만 GDP의 뚜껑을 들어 올려 보면 국가의 건강한 상태를 반영하는 것과는 거리가 먼 모든 제품과 서비스를 여기에 쏟아붓고 있음을 알게 될 것이다.

감옥의 수를 10배로 늘리고 장갑차, 총기, 최루 가스, 방탄 조끼, 철조망, 심지어 안정제와 강장제까지 생산하며 내전을 준비하고 있는 정부를 생각해 보자. 순전히 수학적 관점에서 보자면 이 모든 생산 활동은 GDP 수치를 치솟게 만들 것이며, 성장을 회복시키는 동시에 경제 건전성을 나타낼 것이다. 더 나아가 지진, 쓰나미, 심지어 원자력 사고까지도 GDP를 증가시킬 수 있다. 재난 후에는 재건이 필요하므로 경제가 활성화되는 건 당연한 일이다.

한 국가의 성장 수치는 국민의 삶의 질과 상관없는 지표가 될 것인가? 이것은 경제학자 장 가드레Jean Gadrey와 플로랑스 자니 카트리스Florence Jany-Catrice가 2005년에 출판한 책에서 던진 질문 중 하나이다. 이 책에서 그들은 오늘날 사용하는 자산 지표의 적합성을 조사해 보았다. 그리고 지표의 타당성을 반박하기 위해, 다음과 같은 경우를 상상해 보았다.

> 어떤 한 국가가 재물 파괴, 도로 구멍 뚫기, 차량 손상 등의 비용에 10%를 지불하고, 수리와 구멍을 막는 비용으로 10%를 지불한다면, 이 20%의 일자리(복지에 대한 영향이 상쇄됨)는 건강한 기대 수명, 교육 수준, 문화 및 여가 활동 참여를

개선하는 데 사용되는 국가와 동일한 GDP를 갖게 된다.[12]

물론 보수를 받은 피고용인이 나라를 무너뜨리고 재건하는 장면은 상상일 뿐이다. 하지만 숫자 정치의 맥락에서 현실은 종종 허구를 능가한다. 이것이 바로 여러 국가의 정부가 막대한 돈을 벌어들이는 마약 밀매와 매춘이라는 두 가지 활동을 GDP에 통합했을 때 유럽에서 일어났던 일이다! 통계 정보를 담당하는 유럽 집행위원회 사무소인 유럽연합 통계국Eurostat은 공식 수치를 산출하기 위해 각 회원국 통계기관에서 발간하는 자료를 수집하고 조화시키는 일을 담당한다. 2013년에 통계 정보 조화의 일환으로 마약과 매춘 관련 활동을 GDP에 통합하도록 권한 것이 바로 유럽연합 통계국이었다. 유럽연합 통계국은 유럽 예산에 대해 각 국가가 기여하는 정도를 계산하기 위해서는 각 국가에서 생성된 소득을 기반으로 해야 한다고 주장하며 자신의 결정을 정당화하고자 했다. 그러나 마약과 매춘이 불법이 아닌 네덜란드와 같은 일부 국가는 당연히 국민 총소득GNI을 계산할 때 마약 및 매춘 소득을 포함시키므로 유럽 예산에 이웃 국가보다 더 많이 기여하게 된다.

따라서 유럽연합 통계국은 국가 지표를 조화시키고 공정성을

---

12 장 가드레Jean Gadrey, 플로랑스 자니 카트리스Florence Jany-Catrice, 『새로운 자산 지표』, La Découverte, 2005, 21쪽.

기하자는 취지로 모든 유럽 국가에 마약 및 매춘 관련 매출을 GNI 및 GDP에 통합할 것을 요청했다.[13] 스페인과 이탈리아의 경우, 2014년부터 대마초 또는 코카인 소비와 관련된 사업 규모를 포함하여 성장을 측정했다. 프랑스에서 Insee는 혼합 시스템을 선택했다. 2017년에 Insee는 유럽 예산에 차지하고 있는 프랑스의 기여도를 공정하게 책정하도록 유럽연합 통계국에 보낸 GNI 추정치에서 마약 밀매를 고려하기로 결정했고, 그 결과 20억 유로가 증가했다. 그러나 GNI 및 GDP 수치를 나타내는 공식 간행물에는 이 불법 거래가 포함되지 않았다. Insee는 매춘과 마약이 소비자를 의존적인 상황에 처하게 하여 자유의지와 상호합의 개념을 방해한다고 주장하며 두 번째 선택을 정당화했다. 그 후 유럽 통계 기관이라는 작은 세계에서 상대적으로 고립된 Insee는 의존의 개념이 합법적이며 국민 계정에도 포함된 다른 소비(술, 담배, 도박)에도 동등하게 적용될 수 있다고 고려하며 주장을 철회했다. 그러나 여전히 매춘을 포함시키는 것은 거부하고 있다.

프랑스의 이런 고집에는 더 상징적인 차원의 문제가 있을 가능성이 있다. 2013년의 프랑스는 영국보다 2,490억 달러 앞선,

---

13 유럽연합 통계국이 나머지 대부분의 국가와 보조를 맞추기 위해 네덜란드(유럽 인구의 5%를 차지한다)에 GDP에서 마약과 매춘을 제외할 것을 요청하지 않고 오히려 그 반대로 행했다는 점에 주목할 필요가 있다!

세계에서 다섯 번째로 큰 경제 대국이었다. 그러나 1년 후, 마약과 매춘을 합치면 약 200억 달러가 GDP에 포함된다는 사실을 알아챈 영국은 프랑스의 자리를 가로채 5위를 차지했다. 물론 프랑스가 추월당했을 수도 있지만, 통계를 조화시킨 것뿐만 아니라 GDP와 성장률을 높이기 위해 지표에 마약을 포함하기로 한 결정에 마음을 찔린 갈리아인의 자부심이 일조했을 가능성이 있다.

괴상한 돈의 선순환

지표도 유행을 탄다. 1960년대 떠오르던 지표는 GDP, 인플레이션율, 임금상승률이었다. 오늘날에도 GDP에는 관심이 있지만 인플레이션율과 임금상승률은 그보다 훨씬 관심이 떨어졌다는 걸 알 수 있다. 최근 들어 관심을 갖는 지표는 예산 적자, 부채의 비중, 주식 거래 지수이다. 환상과 조작의 대상이 되는 GDP에서 의무 부담금이 차지하는 비중 역시 물론 잊어서는 안 된다. 오늘날 프랑스에서 50%에 달하는 이 몫은 국민에게 부과된, 견딜 수 없이 버거운 세금의 상징으로 가장 자주 제시된다(어쩌면 억울하다고 할 수도 있는데, 이 점은 곧 살펴보기로 한다). 따라서 이 지표는 재산세 폐지, 소득세 감면, 공공 서비스 제한, 교육, 보건, 연구 지출 제한, 공무원 수의 감소와 같은 정책을 정당화하기 위해 체계적으로 사용된다. 또한 무거운 사회적 부담감을 비난하거나 실업 수당을 낮추고 연금 제도 개혁에 대한 필요성을 항변할 목적으로 사용되기도 한다. 마지막으로 보다 간접적인 방법으로 부당하게 의무 부담금을 증가시키지 않으면서 국가에 수익을 가져다주는 민영화를 정당화하기 위해 사용된다.

우선 정치나 언론이 단언하는 것과는 대조적으로 의무 부담금은 세금과 혼동되지 않는다는 점을 깨달을 필요가 있다. 실제로 세금은 대부분 사회보장분담금으로 구성되는 의무 부담금의 극히 일부에 불과하다. 하지만 의무 부담금의 대상은 세금의 대상과는 매우 다르다. 의무 부담금은 사회 수당의 형태로 거의 전액 되돌려주기 때문에(질병 또는 업무 사고, 노령 연금, 가족 또는 주택 수당, 실업 수당의 상환) 가계에서 거의 공제되지 않는 것과 마찬가지이다. 전반적으로 인구 전체를 고려했을 때, 이러한 의무 부담금은 사회적 부담이 아닌 오히려 재분배의 도구가 된다. 사회를 안정시키는 의무 부담금의 효과는 2008년과 같은 불황, 위기의 순간에 특별히 빛을 발했다.

단순하게 소득을 양도할 수 없다는 의미에서 전체 인구에 부담이 된다고 간주되는 것은 오직 세금뿐이다. 오늘날 프랑스에서 세금은 GDP의 20% 수준으로, 의무 부담금 50%보다 훨씬 더 적다. 국가 운영비는 GDP의 약 18%로 추정할 수 있으며, 사회 통념과는 다르게 긴축 정책의 누적 효과에 따라 감소하는 경향이 있다. 그것은 학교, 법원, 대학에서 일하는 사람들과 코로나바이러스로 인한 위기 당시 보건 분야에서 일어난 결과로 인해 밝혀졌다.

이러한 상황에서, 어떤 의미를 부여하기에 너무나 이질적인 GDP의 의무 부담금 지표는 개념적으로 벗어났다고 할 수 있다. 인구 전체를 고려했을 때, 일부 부담금은 사회적 불평등을 완화하기 위해 시민들에게 부과되는 것이 아니라 그들을 위해 사용된다. 또 다른 부담금은 국가기관으로 이동하여 19세기 이후 점진적으로 등장한 공공 서비스에 사용되거나 권력을 행하는 기능으로 사용되기도 한다. 따라서 정치적으로 사용된 지표는 혼란만 가중시키며, 바로 거기서부터 이념적 조작을 조장할 수 있는 것이다.

이러한 주장에도 불구하고, 어떠한 희생을 치르더라도 국가 시스템에서 사회보장분담금의 몫을 줄이기로 결정한 통치자들은 사회 수당을 위조하는 행위를 정기적으로 부각시켰다. 분담금을 낮추는 일은 사기꾼의 눈에 분담금을 덜 매력적으로 보이게 만드는 방법 같았다. 불법 행위의 존재를 부정할 수는 없지만(가짜 사회보장카드 경우처럼 해외에서는 대규모로 발생하기도 한다) 로마법에서 온 'Abusus non tollit usum(남용이 존재한다고 해서 정상적인 사용법의 가치가 떨어지지 않는다)'와 같은 지혜로운 격언을 염두에 둘 필요가 있다. 사실 국가에 가장 큰 피해를 주는 사기 행각은 빈곤층이 아닌 부유층의 행위이다. 100유로를 더 받기 위해 소득을 숨기는 일과 세무 당국에 수천만 유로를 은닉하는 것이 미치는 경제적 영향은 같지 않다.[14]

---

14 예를 들어, 2015년 프랑스에서 일어난 의무 부담금 사기는 약 10억 유로(사

선사 시대부터 오늘날까지 문명 세계의 경계에 살고 있는 다양한 부족에서 부상을 입거나 병에 걸린 사람, 혹은 단순히 너무 나이가 들어 사냥, 낚시, 채집에 참여할 수 있는 사람이라고 해서 반드시 버림받는 건 아니다. 오늘날 존재하는 사회보장 제도는 직장에서 사고를 당한 사람들, 대가족, 임산부, 노약자가 존엄하게 살 수 있도록 돕는다는 원칙을 표현하기 위한 수단일 뿐이다. 부당하게 악용된 부담금 또는 사기꾼이라는 이름으로 재분배 시스템을 약화시키려 한다면, 이것은 인류 원칙 자체를 대대적으로 부정하는 것과 같다.

현실보다 수치에 관심을 갖는 한, 극단에 도달할 위험이 크다. 임금 인상과 같은 지표를 제쳐 두면서 국민의 삶에 덜 중요한 예산 적자 또는 GDP의 의무 부담금의 몫으로 대체함으로써 정부는 느리지만 확실하게 국민의 구체적인 관심사에서 멀어지고 있다. 점점 더 추상적으로 되어 가는 이 수치들은 우연의 결과가 아니다. 지표가 사람들의 일상적인 관심사를 덜 반영하게 된 이유는 금융 시장, IMF나 WTO와 같은 기관의 지침, 또는 EU와 같은 초국가적 규칙과 연결되기 때문이다. 이런 거대 기관에 비해 여론의 비중은 매우 낮다.

바로 이것이 마가렛 대처가 한결같이 주장했던 TINA, 'There

회 보장에 대한 60% 포함)에 해당하는 반면, 세금 사기는 약 210억 유로에 달했다!

is no alternative(다른 대안은 없다)'로 상징되는 강력한 무력감이 국민 사이에서 나타나는 방식이다. 그리고 경제 시스템이 돈이라는 추상적인 '사물'에 의해 지배되고 그 지표 수치가 일종의 은유에 불과한 현실과 점점 더 멀어지는 권력에 직면한 개인의 소외와 좌절은 계속될 것이다.

숫자를 추가하는 것만으로 충분하지 않을까? 아니, 조작을 하자!

통계는 경제적, 정치적, 상징적인 문제가 되었고 국가가 이성을 잃게 만들었다. 지표를 기반으로 한 국제적 메커니즘을 준수하고, 이웃이나 전임자보다 더 잘하고 있다는 것을 세상에 보여 줘야 하며, 또 정치적 행동은 현장이 아니라 수량적으로 평가되었기 때문에 넘지 말아야 할 선을 넘어 숫자를 인공적으로 부풀린 데까지 이른 것이다.

그러한 예시는 중국에서 찾아볼 수 있다. 역설적이게도 이웃나라보다 더 나은 모습을 보이기 위해 지표 결과를 위장하는 일은 중국 내부 정책과 관련된 관행이다. 실제로 중국의 지방 정부에서는 두 자릿수의 성장률로 서로 경쟁하고 있었다. 이해관계는 간단했다. 지방 행정부가 성장을 거듭할수록 중앙 정부의 승진을 통해 더 많은 보상을 받을 가능성이 높았다. 그리고 지역 통계를 발표하는 주체는 지방 행정부였기 때문에 숫자를 부풀리고 싶은 유혹은 늘 있었다. 실제로 지방 정부의 수장뿐만 아니라 행정부 전체가 승진에 대한 야망과 금전적 이익, 애국심 때문에 결과를 조작하는 데 관심을 가졌다.

이런 의심스러운 관행과 관련해, 중국에서 특히 두드러진 지방 정부가 있다. 바로 랴오닝이다. 중공업이 발달해 '동양의 루르'라는 별명을 가진 이 해안 지역에는 약 5,000만 명이 거주하고 있었고 그곳은 북한의 접경 지대였다. 2007년 위키리크스Wikileaks의 폭로에 따르면 당시 당서기였던 리커창Li Keqiang은 중국 주재 미국 대사에게 중국 경제의 수치는 '인위적으로 조작한 것'이며 자신은 그것을 믿을 수 없다고 고백했다. 그 대신 그는 전력 소비량, 철도 화물 운송량, 은행 대출액을 선택해 실제 상황을 파악한다고 했다. 그리고 이렇게 결론지었다. "다른 지표들, 특히 GDP 통계는 정보 제공 목적으로만 참고할 수 있습니다." 실제로 중국 모든 지방 정부의 평균 성장률은 국가 성장률보다 훨씬 높으며, 이는 수학적으로 불가능한 결과이다! 지방 정부의 수치를 조작하지 않는 한.

2013년 리커창은 총리가 되었고 현재까지 그 자리를 유지하고 있다. 1년 후 중앙 정부는 통계 조작을 이유로 이 지역을 조사하였고 사기 행위를 적발하였다. 국가는 당연히 신뢰할 수 있는 데이터를 원했고 현실에 가깝게 부풀려진 지역 통계의 합을 축소해야 할 필요가 있었다. 이러한 이유로 중국 국가통계국은 유럽에서는 상상도 하기 힘든 복잡한 환경에서 일하고 있다. 이코노

미스트는 '커창 지수'라는 이름으로 리커창이 선호한 세 가지 지표를 재구성했으며, 이 지표들은 중국 경제의 건전성을 평가하는 데 GDP보다 더 신뢰할 수 있는 지표로 간주되고 있다.

이보다 더 불행한 예는 그리스의 사례이다. 2001년 1월 1일, 그리스는 본격적으로 유로존에 진입했다. 1995년 10%에서 1999년 1.6%로 훌륭하게 재정 적자를 감소시킨 노력을 보상받은 것이다. 실로 놀라운 위업이었다! 하지만 근거가 없었기 때문에 실제로 신빙성은 거의 없었다. 그리스 정부는 실제로 통계를 조작했다. 1999년의 실질적인 적자는 5.8%였다! 이러한 점수로는 유로존에 진입할 수 없었다. 따라서 그리스 정부는 수치를 조작하기로 결정하였고, 지정학적 이유로 기꺼이 그리스를 받아들인 유럽은 이 기적에도 별로 놀라지 않은 반응을 보였다.

그리고 세 번째 도둑이 이 게임에 가담했다. 골드만삭스는 그리스 정부에 부채, 즉 적자 누적을 줄일 수 있는 방법을 제안했다. 골드만삭스는 당시에는 금지되지 않았던 통화스왑 거래를 제안해 국가가 돈을 빌릴 수 있도록 했다. 통화스왑이란 어떤 한 통화로 작성된 부채를 다른 통화로 작성된 부채로 교환하는 것을 말한다. 이 거래의 계략은 자금운용 계획이 더 이상 부채로 간주되지 않고 현금 거래로 간주된다는 사실에 있었다. 즉 적자를 늘리지 않는 대출이었다! 뿐만 아니라 이탈리아도 이러한 관행에 의존한 적이 있다. 1996년 JP 모건의 지원을 받은 이탈리아 정부는 유럽 지표에서 빠져나와 은행 설립에 유리하게 상환액을 분산시키기 위해 유리한 환율로 스왑 거래를 하였다. 물론 이 거래는 완벽하게 투명하게 실행되었다.

골드만삭스의 스왑거래는 미래에 받게 될 공항세와 국가 복권 수익을 차지하는 대가로 즉시 그리스 정부에 외화를 제공하는 조건이었다. 부차적으로 골드만삭스는 자문 활동이라는 명목으로 수억 유로를 챙겼다. 모든 거래는 국가의 미래를 위협할 정도로 많은 비용이 들었지만 정치적으로는 안전해 보였다. 적어도 단기적으로는. 그러나 그리스가 몰랐던 사실은 골드만삭스가 자신의 고객인 그리스의 디폴트에 베팅하여 증권거래를 하고 있었다는 것이다!

그리고 2004년 새로운 그리스 정부는 비밀을 공개했다! 유럽중앙은행은 충격에 빠졌지만 유럽연합 통계국은 그리스 통계에 항상 의심을 품고 있었다. 결국 유럽연합은 고민에 빠졌다. 하지만 당시 유로는 아직 초기 단계였고 그리스는 전혀 제재 대상이 아니었다. 2004년에 스왑 관행은 불법이 되었지만 이는 2005년에 골드만삭스가 그리스 국립 은행에 2001년 스왑을 매각하는 것을 막지 못했다. 2008년의 세계를 휩쓴 경제 위기로 그리스 역시 본격적인 위기를 맞게 되었다. 2009년 골드만삭스와 그리스 국립 은행은 2039년까지 상환금을 분할하기 위해 금융 회사를 설립했고, 그리스는 적자 수치를 수정해 적자가 12.7%로 급증했다.

그 뒤의 이야기는 잘 알려져 있다. 그리스는 유럽에 원조를 요청했지만, 국가 부채 위기는 유로존에서 제외된다는 문제가 발생했다. 독일은 그리스가 이런 종류의 금융 게임에 종지부를 찍을 수 있는 사례가 되길 원했다. 결국 그리스는 유로존에 남아 도움을 받았지만 매우 가혹한 조건에 놓일 수밖에 없었다. 경제적, 사회적 상황은 매일 악화되었다. 말라리아가 그리스에서 재유행하고 있는 상황은 국가의 열악한 위생 상태를 증명했다. 자살, 살인, 혈청 양성 반응, 매춘 등은 그리스에서 가장 증가하고 있는 통계 지표이다. 인구의 행복을 측정하고자 했던 시도를 다시 떠올려 보자! 그러나 안타깝게도 그리스의 상황과는 매우 거리가 있어 보인다.

왜곡에서 숫자의 왜곡으로

숫자는 인류 그리고 지식과 싸우는 것일까? 이는 GDP가 측정되는 방식을 조사할 때, 우리가 스스로에게 물어볼 만한 질문이다. 현금을 기반으로 하는 활동(상품 및 서비스 교환, 무역)을 할 경우, 유통되는 화폐에 따라 부의 창출을 평가하는 것만큼 더 간단한 일은 없다. 반면에 화폐 교환이 없는 공교육 같은 경우, 교사가 창출한 부를 평가하는 것은 훨씬 더 어렵다. 분명히 교사는 학생들에게 지식을 전달하지만 학생들이 몇 년 후 직업을 가질 때까지는 그 지식을 현금으로 전환할 수 없다. 그렇다면 조금 과장해서, 교사가 GDP에 100% 기여한다고 고려하면 어떨까? 만약 교사가 없다면 읽는 법이나 쓰는 법, 계산하는 법을 가르칠 사람이 없을 것이고 경제는 굴러가지 않을 것이다. 하지만 이런 개념은 틀림없이 국민 계정에 너무 많은 문제를 야기할 것이다. 따라서 국제적인 차원에서 좀 더 간단한 해결책을 채택했다. 직업이 화폐 교환을 생산하지 않을 경우(공교육 교사와 학생 사이의 경우), 부의 창출은 일을 한 사람의 보수와 동일하다는 것이다. 좀 더 간단히 말해서, 교사는 그들이 버는 임금만큼 GDP에 기여한다고 할 수 있다.

이 해결책은 까다로운 질문을 단순화하는 장점이 있다. 유일한 문제는 동일한 수준의 학력을 놓고 봤을 때 교사의 임금(초등학교에서 대학교까지)은 다른 직업의 임금보다 낮다는 것이다. 따라서 성장에 중점을 둔 국가는 결코 교육에 투자를 하지 않는다. 평범한 임금으로 측정되는 교사의 기여도는 항상 매우 낮을 것이기 때문이다.

이 사례는 그리스와 마찬가지로 통계 지표가 유발하는 왜곡을 보여 준다. 통계 지표는 원래 현실을 모델링하고 이해하도록 설계되었지만 궁극적으로 현실과 반대로 작용하고, 현실에 영향을 미친다. 그렇게 되면 정치적 결정은 더 이상 현실(학생 교육을 개선하기 위해 더 많은 교사가 필요할까?)이 아닌 통계 지표(교사 수를 늘리는 것은 성장에 크게 기여하지 않을 것이다)에 기반을 두게 된다. 지표가 잘 작동되고 있는 한(은행이 은밀하게 영향력을 행사하는 것을 무릅쓰고라도) 진짜 현실과 국민의 생활 조건은 고려되지 않을 것이다.

1935년 폴 발레리Paul Valéry는 '지성의 결산'이라는 강연을 개최했다. 그는 졸업장을 '문화의 치명적인 적'이라고 말하면서 학생들이 졸업장에만 관심을 집중하면 학습의 즐거움이 훼손된다고 비판했다. 설상가상으로 졸업장을 따기 위해 혈안이 된 학생들은 진정한 지식을 희생시켜 시험관의 기대에 순응하는 전략을 키우고 있었다.

> 더군다나 내가 경험에만 의지해 통제의 효과를 전반적으로 살펴본다면 통제가 행동을 그르치고 왜곡시키는 결과를 가져온다는 것을 알 수 있습니다… 저는 여러분께 이미 말했습니다. 행동이 통제에 종속되었을 때, 행동하는 사람의 본질적인 목표는 더 이상 행동 그 자체가 되지 않습니다. 그는 먼저 통제를 예상하고 통제 수단의 실패를 생각합니다. 학습에서의 통제는 단지 특별한 경우일 뿐이며 매우 보편적인 견해를 보여 주는 놀라운 증명입니다.[15]

그의 정확하고 탁월한 예언에도 불구하고, 시인이자 철학자, 수학을 사랑했던 발레리의 연설은 잊혀졌다. 하지만 40년 뒤, 그의 의견이 다시 유행할 것이다. 1975년 당시 잉글랜드 은행의 경제학자이자 이후 런던 정치경제대학교의 교수가 되는 찰스 굿하트Charles Goodhart는 역사에 남을 법을 발표했다. '규제할 목적으

---

15 폴 발레리Paul Valéry, 『지성의 결산』, université des Annales, 1935년 1월 16일, 『바리에테 III』에서 재발행, Gallimard, 1936.

로 압력을 가하면 관찰된 모든 통계적 규칙성은 거짓이 된다.' 혹은 더 간단하게 '측정값이 목표가 되면 더 이상 좋은 측정값이 되지 않는다'는 주장이었다.[16] 발레리의 교훈을 경제 정책에 적용한 굿하트 법칙은 그 자체로 정치적 목표가 된 실업률, 구매력, 물가 지수, GDP 및 성장이 어떻게 빈약한 통계 지표가 되었는지 설명한다.

이 주제는 상하이 대학 순위로 확장될 수 있다. 순위에서 높은 자리를 차지하기 위한 대학은 교육 및 연구 품질을 훼손하는 평가 기준에 중점을 두게 된다. 이러한 이유로 대학은 사람들이 거의 관심을 갖지 않는 출판물을 대량으로 찍어 낸다. 대학 순위에서 점수를 더 많이 얻어야 하는 연구자들은 더 많이 출판해야 한다는 압박을 받는다. 게다가 연구에는 시간이 걸리기 때문에 더 많은 결과를 내려면 필연적으로 질은 떨어질 수밖에 없고 양적 논리에 종속된다. 연구의 질을 잃음으로써 수량화된 지표의 압력에 굴복하는 것이다. 물론 국제적 위상을 유지해야 하는 학술지는 국제적 위상이 떨어지는 연구 발표를 거부할 수도 있다. 하지만 물론 그렇게 하지 않는다. 그렇게 하면 피인용 지수, 즉 학술지에 출판된 논문과 관련된 인용 개수를 더하는 계산을 잃어

---

16 굿하트 법칙의 역사, 특히 1975년과 1981년 당시 그의 진술에 대해 알아보려면 다음을 참고하라. 알렉 크리스탈Alec Chrystal과 폴 D. 미젠Paul D. Mizen이 쓴 『통화 정책에 대한 굿하트 법칙의 기원, 의미 및 함의』, 2001

버릴 테니까. 저명한 연구자들이 논문을 많이 발표하여 그 논문이 다른 학술지에 많이 인용될수록 피인용 지수는 증가하고, 학술지는 국제 무대에서 명성이 높아질 것이다. 그리고 논문을 작성한 연구원이 더 많이 인정될수록 소속 대학의 순위는 더 올라간다.

결국 그 자체가 목적이 되어 더 이상 게재된 논문의 품질을 고려하지 않는 통계 지표 덕분에 자급자족하는 시스템이 되었다고 이해할 수 있을 것이다. 물론 이 체계가 필연적으로 연구의 질을 낮추는 것은 아니다. 그러나 연구에 관심이 없고 연구를 개선하려는 의지가 없는 논리에 복종시키는 결과를 낳아 어떤 것이 가치 있는지 구별하기 어려운 대량의 연구를 만들어 버린다. 여기에는 인정받은 인물의 논문, 세계적으로 저명한 대학의 논문, 권위 있는 학술지에 게재된 논문을 더 이상 좋은 논문이라고 할 수 없다. 다만 지표를 원하는 결과로 유지하기 위한 논문만 필요할 수 있다.

학술 연구의 사례는 특이한 예가 아니다. 세계 경제 메커니즘도 이와 동일한 규칙을 따른다. 1991년과 1993년 사이에 마스트리히트 조약에 의해 수립된 수렴 기준은 인플레이션, 국가 부채 및 공공 적자를 통제하고 금리 수렴 및 환율 안정을 요구한다. 이들은 모두 굿하트 법칙을 분명하게 적용한 통계 지표이다. 국가는 계속해서 수치로 장난을 치고, 심지어 요구 사항을 충족시키기 위해 수치를 조작하기까지 하기 때문이다!

숫자를 가지고 지배하는가, 숫자의 지배를 받는가

실업률, 구매력, GDP, 적자와 관련된 기묘한 상황으로 인해 수치가 현실보다 우위를 점할 때, 사회는 숫자를 통한 진정한 거버넌스의 무대가 되었다.[17] 60여 년 전, 스웨덴의 정치학자 허버트 팅스텐Herbert Tingsten은 우리에게 다음과 같이 경고했다.

> 합의를 이끌어내는 정치 평가를 주관하는 일반적인 기준과 국가의 기능은 정치가 응용 통계로 요약될 정도로 전문적인 수준에 도달한다.[18]

이러한 기록은 1세기 전에 언급된 토크빌의 뛰어난 통찰력을 입증했다.

> 정부의 개념은 단순화되었다. 숫자만이 법과 권리가 되었다. 모든 정치는 결국 산수 문제로 귀결된다.[19]

---

17 알랭 데로지에르의 제목을 계승하여(『숫자에 의한 협치. 통계적 논증 II』, Presses de l'École des Mines de Paris, 2008.), 알랭 쉬피오가 다시 사용하였다(『숫자에 의한 협치』, Fayard, 2015.).

18 허버트 팅스텐Herbert Tingsten, 「스웨덴 민주주의의 안정성과 활력」, Political Quartely, vol. 26, 1955, 147쪽.

19 알렉시스 드 토크빌Alexis de Tocqueville, 「혁명에 대한 고찰」, 『플레이아드 총서: 알렉시스 드 토크빌 전집 III권』, Gallimard, 2004, 492쪽.

이 시점에서 우리는 우리가 숫자를 가지고 지배하고 있는지, 아니면 숫자의 지배를 받고 있는지 의문을 가질 필요가 있다. 숫자가 통계 지표에 의해 미리 수립된 정책의 목표가 된다면 법을 규정하는 것이 바로 숫자이다. 그러나 숫자는 그 유명한 3% 적자의 경우처럼 그다지 합리적이지 않은 방식으로 고안되기도 하며 구매력, 실업률, GDP, 성장의 경우처럼 현실을 설명하지도 못한다. 이러한 이유로 여러 기관에서는 UN이 제안한 인간 개발 지수와 같은 건강, 교육 및 생활 수준을 고려하는 새로운 지표를 찾는다. 이런 관점에서 단순한 GDP 수치를 넘은 다양한 웰빙 지표가 나오기도 한다. 그러나 결국 통계 지표의 한계를 강조한 굿하트의 법칙을 되살리는 위험을 무릅쓰고서라도, 다시 한번 사회를 수량화해야 하는 처지에 놓인 것은 아닐까?

이제는 '조타를 잡다'라는 뜻(정부gouvernement와 키gouvernail 사이의 연관성은 분명하다)의 그리스어 kybernaô에서 파생된 해양 용어로부터 물려받은 '정부'의 개념에서 벗어날 때가 되었다. 오늘날 조종사는 항해에 유용한 매개변수를 표시하는 지표를 가지고 배나 비행기를 제어한다. 그러나 국가가 이처럼 운영하는 것이 바람직할까? 민주주의 국가란 무엇인가? 이미 너무 오랫동안 정부는 수치화된 데이터에서 눈을 떼지 않았고 배의 방향에 의문을 제기하지 않았다. 그러나 민주주의는 매개변수를 통제하기에 적합하지 않다. 민주주의는 집단으로 따라야 할 방향, 즉 사회가 스스로 형성한다는 관념을 확립해야 한다. 이것은 정의, 공존, 행복, 공동의

미래 건설이라는 정책에 내재된 개념에 기초하여 수량화되지 않은 정치 노선을 먼저 명확히 해야 한다는 것을 의미한다.

과거에는 이것이 가능하다는 사실이 증명되었다. 물론 모든 계획을 저지하려는 목소리는 항상 제기되어 왔다. 예를 들어 유급 휴가 문제가 제기되었을 때 '숫자는 당신의 생각, 그리고 열망과 모순됩니다!', '당신은 나라를 망칠 것이고, 우리의 계산은 생산성이 무너질 것이라는 것을 증명합니다.'라는 의견이 있었던 것처럼 말이다. 그럼에도 불구하고 사회는 발전하였다. 적어도 정치적 의도가 숫자에 굴복하지 않는 한 숫자는 항상 정치적 의도에 굴복하기 때문이다.

08

계산 실수

모두 거짓말을 한다.

— 드라마 〈하우스〉

단 한 명이 거짓말을 했을 뿐인데… 모두 사라졌다

1945년 8월 9일, 미국인들이 라디오 주위에 모여 있다. 몇 분 전 미국의 대통령은 원자폭탄이 히로시마를 완전히 파괴했다는 소식을 발표했다. 해리 트루먼Harry Truman은 다음과 같은 이야기로 연설을 끝맺었다.

> 우리는 전쟁의 고통을 줄이고 미국의 수많은 청년의 생명을 구하기 위해 (폭탄을) 사용했습니다. 일본이 전쟁을 할 수 있는 힘을 완전히 없앨 때까지 계속 사용할 것입니다. 우리를 막을 수 있는 것은 일본의 항복뿐입니다.

이후로도 핵무기 사용에 대한 논쟁은 계속되었다. 1945년 8

월의 폭격을 옹호하는 사람들은 원자폭탄 때문에 일본이 항복했으며, 일본을 침공하는 데 발생할 막대한 손실을 피할 수 있었다고 주장했다. 반면 핵 반대론자들은 핵무기를 사용하기로 한 결정은 불필요했을 뿐만 아니라 심지어 전쟁 범죄라고 주장했다. 지금 여기서 중요한 건 논쟁의 찬반이 아니라 논쟁에서 사용된 숫자를 조사하는 것이다.

트루먼 대통령이 핵 공격을 한 이유는 수많은 미국인의 생명을 구하기 위해서였다. 하지만 지상작전을 개시했다면 정확히 얼마나 많은 생명이 희생되었을까? 질문은 바로 여기에 있다. 일본의 두 도시를 세계 지도에서 없애기로 결정하기 전에 일본을 침공하면서 예상되는 희생자 수를 객관적으로 계산한 사람은 아무도 없는 듯했다.[1] 물론 여러 추정이 이루어졌지만 출처가 지상작전에 유리한 보고서인지 아닌지에 따라 측정값은 상당히 달라졌다.

그리고 다음이 가장 중요한 결과이다. 1945년 6월 15일, 합동 전쟁 계획 위원회Joint War Plans Committee는 참모부에 일본 침공으로 4만 명의 미군이 희생될 것이라고 알렸다. 그러나 3일 후, 위원회는 25만 명이 희생될 것이라고 추정한 새로운 보고서를 트루먼 대통령에게 제출했다. 6배나 증가한 것이다! 그럼에도 불구하고 숫자의 왜곡은 거기서 멈추지 않았다. 같은 해 7월, 국방부

1 몰락 작전은 올림픽 작전과 코로넷 작전, 이렇게 2단계로 나뉜다.

는 과학자 윌리엄 쇼클리William Shockley에게 새로운 보고서를 만들라고 지시했다. 그러자 그는 40만 명에서 80만 명 사이의 사상자를 방불케 하는 보고서를 보좌관에게 전달했다. 트루먼에게 제출된 마지막 보고서에서 허버트 후버Herbert Hoover(1929년부터 1933년까지 재임한 미국 대통령)는 처음으로 100만 명이 사망할 가능성을 언급했다.[2] 폭탄 같은 수치였다. 그리고 이제 주사위는 던져졌다. 사실 그 어떤 지휘관도 인명을 희생시키는 작전을 승인하지 않을 것이다. 과연 이 결과는 정당했을까? 일본 침공으로 인한 미군의 피해 추정치가 4만 명 정도였다면 히로시마와 나가사키를 향한 투하 명령이 내려졌을까? 아무도 알 수 없다. 하지만 100만 명이라는 끔찍한 숫자가 핵무기 사용 최종 승인에 아무런 영향이 미치지 않았다고는 상상할 수 없다.

전쟁의 한가운데서 계산된 숫자는 일본이 항복한 뒤에도 같다. 핵무기 사용을 합법화할 것을 열망하는 정치인들은 지상 작전으로 100만 명이 사망할 것으로 추정되는 수치를 계속해서 제시했다. 그다음 연합군은 새로운 숫자를 앞세워 위협했다. 처칠Churchill도 그중 하나였다. 1945년 8월 16일, 영국 하원 연설에서 처칠은 처음으로 잠재적으로 100만 명 이상이 희생될 수 있음을

---

2 참고. 데니스 M. 잔그레코Dennis M. Giangreco, 「1945~1946년 미국의 일본침략에 따른 인명피해 예측: 계획과 정책의 결과」, Journal of Military History, no. 61, 1997년 7월, 521-582쪽.

언급했다.

> 폭탄을 사용하지 말아야 했다고 주장하는 목소리가 있습니다. 저는 그런 생각에 동의할 수 없습니다. (…) 스스로 일본 전선에 뛰어들 생각이 없었던 대부분의 사람이 폭탄을 투하하기보다 100만 명의 미국인을 포함해 절망적인 전장과 일본 침공의 대학살 속에 있는 25만 명의 영국인을 희생시켜야 한다는 입장을 취한다는 사실에 놀랐습니다.

점점 고조되는 숫자는 지엽적인 일이 아니었다. 그해에 수학은 정치적인 결정에 영향을 미치도록 명확하게 사용되었다. 명령을 실행한 뒤에는 세상에 그 정당성을 보여야 했는데 그 결과를 얻기 위해 사용된 방법은 무엇이었을까? 미래를 예측한 계산은 기밀사항이기 때문에 알기 어렵다. 첫 번째로 추정된 계산은 이전에 일본에서 수행되었던 지상전을 바탕으로 조사한 것처럼 보였다. 이 전쟁 동안 평방 킬로미터당 사망한 군인 수를 측정한 후, 이 숫자를 정복할 전투지 면적에 따라 수치화했다.

하지만 여러 참모로부터 나온 동일한 계산이 그처럼 다른 결과를 초래한 이유는 어떻게 설명할 수 있을까? 4만에서 100만으로 증가한 수치는 단지 오차 범위일 뿐이라고 치부하기에는 너무 큰 차이였다.

전쟁이 끝난 후 핵 반대자들은 1946년에 연방 교회 협의회가

'무책임한 군사적 결정'이라고 비난했던 것처럼 도덕적, 법적, 심지어 종교적 정당성까지 내세우며 논쟁을 벌였다. 게다가 새로운 질문이 추가되었다. 트루먼의 결정은 미국의 화력을 세계에 증명하려는 의도를 숨겼던 것일까? 스탈린이 중국을 침략하는 걸 막기 위해 종전을 서둘렀던 것일까? 이러한 다양한 논쟁에 직면한 핵무기 지지자들은 자신들의 입장을 고수하면서 지상작전으로 희생된 사망자 수를 앞세워 위협하는 일을 결코 멈추지 않았다. 힘으로 호소하기 전에 숫자로 호소하는 일이 반드시 필요했다.

백만장자가 되고 싶은 자 누구인가?

런던 서부의 호화로운 사무실에서 두 남자가 서로 이야기를 나누고 있다. 푹신한 의자, 고급 목재로 만든 테이블, 번쩍거리는 마루까지 사무실은 돈 냄새를 풍기고 있었다. 이게 다가 아니었다. 절정은 회의실이었다. 터키식 카펫, 뷔페를 갖추고 회장의 초상화로 장식된 이곳은 선택된 고객만이 입장할 수 있었다. 바로 이 회의실에서 회장은 미래의 투자자에게 기업이 어떻게 운영되는지 설명했다.

> B는 소상공인, 점원, 성직자, 예술가, 작가 한마디로 당신이 원하는 무엇이든 될 수 있습니다. (…) B는 돈을 빌려야 합니다. 이를테면 50 또는 100파운드쯤이죠. 더 많이 필요할 수

> 있지만 그건 중요하지 않습니다. B는 2명의 보증인에게 의지합니다. B의 요청이 승인되었고 2명의 보증인이 담보를 합니다. B는 자신의 생명까지 담보했고 사무실을 운영하기 위해 2명의 친구에게 담보물을 얻었습니다. (…) B는 광신적으로 변했고 할 수 있는 것은 무엇이든 할 기세입니다. (…) 결과적으로 우리는 B에게 정기 이자를 청구했습니다. B와 B의 친구에게 이자를 받았고 B에게 계약금도 청구했습니다. (…) 뿐만 아니라 B가 비서에게 약간의 돈을 지불하도록 했습니다. 결과적으로 우리는 B를 사방으로 압박하여 꽤 많은 수입을 얻습니다. (…) 그래서 우리는 시장에서 가장 낮고 가장 유리한 조건으로 연금을 지급하고 노부인, 노신사들이 그것을 구매합니다. 하하! 우리가 그것을 지불하는 겁니다… 아마도요.

회장의 말은 투자자를 사로잡았다. 쉽게 돈을 벌 수 있는 방법처럼 보였고 선량한 사람을 강탈하는 것이 그에게는 전혀 문제가 되지 않았다. 그가 간과한 것은 회사가 파산하면(그가 생각한 것보다 빨리!) 그의 재산 역시 회사에 남겨둘 수밖에 없다는 것이었다. 오직 회장만이 파산에 의연할 수 있을 듯하다. 그날이 오면, 이미 Montague Tigg에서 Tigg Montague로 이름을 바꾼 것처럼 다시 한번 이름을 바꾸기만 하면 된다. 금융계가 얼마나 쉽게 원상 복귀하는지 보여 주는 교활한 술책이다.

다행인 점은 이 모든 이야기가 찰스 디킨스Charles Dickens의 펜 아래 탄생한 허구일 뿐이라는 것이다. 1844년 출판된 소설 『마틴 처즐위트』에서 디킨스는 사기성 보험회사를 폭로했다. 앞서 인용된 문단 몇 줄 앞에[3] 디킨스는 'Bis dat qui cito dat', 즉 '빨리 주는 사람이 두 번 준다'라는 라틴어 문장을 사용했다. 이 속담은 사기 행위의 핵심을 훌륭하게 요약했고 소설이 출간된 지 70년 후의 일을 예고했다. 여기서 다시 한번, 현실이 소설을 넘어섰다.

1920년 8월 3일, 수천 명의 사람이 보스턴의 스쿨 스트리트 27번지 앞에 모여들었다. 그들의 목표는 카를로 피에트로 지오반니 구글리엘모 테발도 폰지Carlo Pietro Giovanni Guglielmo Tebaldo Ponzi였다. 찰스 폰지Charles Ponzi라는 미국식 이름으로 더 잘 알려진 그는 사람들을 부자로 만들어 준다고 선전하며 한 회사를 설립했다. 삽시간에 많은 재산을 모은 이탈리아 이민자 폰지는 자신에게 돈을 예치하면 3개월 이내에 50%의 이익을 가져다주겠다고 사람들을 끌어모았다. 가장 압권인 것은 실제로 이 말이 먹혔다는 점이다! 그가 사업을 시작한 지 1년이 지났다. 돈 냄새를 먼저 맡은 사람들은 실망하지 않았다. 이 기적의 투자 소식은 불길처럼 퍼져나갔다.

폰지의 비밀은 무엇이었을까? 그는 국제반신권을 이용했다. 국제반신권은 만국 우편 연합이 발매한 것으로, 해외로 편지를 보내면 수취인은 국제반신권에 표시된 금액까지 거주 국가에서

3 찰스 디킨스Charles Dickens, 『마틴 처즐위트』, 알프레드 데 제사르Alfred des Essarts 역, Hachettes, 1866, II부, 41쪽 27장에서 발췌함

우표를 취득하여 무료로 답장할 수 있었다. 1906년에 이 제도가 처음 시작되었을 때 화폐는 비교적 안정적이었다. 예를 들어 프랑을 파운드로 변환하는 금액은 거의 바뀌지 않았다. 하지만 제1차 세계대전의 여파로 화폐는 극도로 불안정해졌다. 1파운드에 해당하는 국제반신권을 편지와 함께 동봉하면 환율 급변동성으로 영국에서는 적어도 3배, 아니 3배 이상의 이익이 생길 수 있었다.

폰지는 바로 이 점을 노렸다. 1년 동안 이미 여러 고객이 엄청난 수익을 거뒀으므로 투기꾼으로서 그의 재능은 놀라울 정도였다. 그러나 1920년 8월 3일 아침에 상황은 악화되었다. 많은 사람이 동시에 돈을 환불해 달라고 요구한 것이다. 폰지는 그 약속을 지킬 수 없다는 것을 알고 있었다. 심지어 본전이라도 돌려달라는 고객의 요청도 거절할 수밖에 없었다. 어떻게 이런 일이 발생했을까? 대답은 보기보다 간단했다. 폰지의 천재적인 아이디어는 국제반신권을 이용한 게 아니라 엄밀히 말하면 아무것도 하지 않은 셈이었다. 간단히 말해 그의 계략은 첫 번째 고객에게 3개월 이내에 기적적인 투자 수익을 돌려주는 것이었다. 3개월이 지나고 그는 50% 수익이 붙은 초기 자본을 돌려줌으로써 투자의 정당성을 입증했다. 그때부터 사방에서 몰려든 투자자들로부터 더 많은 금액이 예치되었다. 신규 고객의 이익은 이렇게 다른 새로운 고객의 예금 덕분에 가능했다. 그리고 이러한 패턴이 계속해서 반복되었다. 이 계획의 유일한 문제는 투자자가 사라지면 모든 고객에게 지불하는 것이 불가능해진다는 것이었다. 비밀이 폭로될 때까지 왕처럼 군림했던 폰지는 결국 감옥에 갇혔다. 안타깝게도 오늘날에도 폰지 사기(또는 피라미드)라고 불리는 폰지의 계획은 후손에게 전가되었다.

이 악명 높은 사기꾼의 이름이 역사에 남았지만, 이러한 사기 방법을 개발한 건 그가 처음이 아니었다. 1869년과 1872년 사이, 전직 여배우였던 아델레 스피처더Adele Spitzeder는 개인 은행가가 되어 사람들에게 두 달마다 10% 수익을 안겨 줄 것을 약속한 덕택에 바이에른에서 가장 부유한 사람이 되었다. 약 3만 명이 4억 유로에 상당하는 금액을 그녀에게 예치했지만 은행이 파산하면서 투자자들이 연이어 자살하는 사건이 있었다. 몇 년 뒤에는 사라 하우Sarah Howe라는 사람이 보스턴에 'Ladies' Deposit Company'라는 회사를 설립했다. 사라 하우는 미혼 여성에게 매월 8%의 이자를 약속했다. 프랑스에서는 이와 비슷한 사건으로 1928년의 마르테 하나우Marthe Hanau 사건과 1934년의 스타비스키Stavisky 사건이 있다. 스타비스키 사건은 1934년 2월 6일, 10명의 사상자를 낸 끔찍한 반의회주의 시위로 이어졌다.

1997년 알바니아에서 일어난 사건은 우리에게 비교적 덜 알려져 있다. 당시 알바니아에서는 폰지 사기로 수백만 명의 국민이 파산하고 내전의 위기를 겪었다. 엔베르 호자Enver Hoxha의 독재가 끝나고 격양된 분위기 속에서 경제는 성장하고 있었고, 매우 매력적인 이자율은 알바니아 가계의 저축을 장려했다. 다단계 회사들은 이러한 상황을 이용해 폰지 사기를 계획했다. 그러나 그들의 시스템은 빠르게 붕괴됐다. 희생자들은 국가가 이익을 얻었다고 비난했고 정부가 보상을 거부하자 국민의 분노가 폭발했다. 이로 인해 결국 폭동이 발생했고 2,000명이 사망했다. 알바니아 국가 경제는 구매력과 GDP 하락, 실업률의 증가를 동반한 끔찍한 위기를 겪었다.

하지만 알바니아 위기는 세르게이 마브로디Sergei Mavrodi 사건 규모에 비하면 대수롭지 않게 느껴질 정도이다. 이 사기 사건은 러시아의 금융가 마브로디가 MMM이라는 회사를 설립한 1989년에 시작되었는데, 이 시기는 국가가 아직 자본주의가 어떻게 작동하는지 알지 못하던 때였다. 1994년 탈세 혐의로 체포된 마브로디는 출소한 지 불과 몇 주 만에 국회의원으로 선출되어 면책 특권을 얻었다. 그 후 1997년에 회사의 파산을 선언하였고 2003년 사법부에 체포당하기 전까지 모습을 감추었다. 2011년 다시 석방된 그는 하루 1%의 이자를 약속하며 아시아 및 아프리카 시장을 겨냥한 회사 MMM 글로벌을 설립했다. 국민의 불행을 이용한 마브로디는 역사상 가장 큰 폰지 사기를 만들어 수천만 명의 러시아 국민과 전 세계 3,000만 명이 되는 사람들의 신뢰를 악용했다. 피해액은 헤아릴 수 없을 만큼 엄청났다. 심지어 2018년에 사망한 마브로디의 장례식을 치른 돈도 MMM 글로벌 투자자의 피해액이었을 것이다!

폰지 사기의 특수성이 숫자 조작에 있다면, 그 특수성은 회계의 불투명성이라는 사기 행위에 기대어 있다. 2000년대 초반, 주식 시장의 폭락과 회계 조작이 스캔들의 핵심이었던 엔론Enron과 월드컴WorldCom 같은 거대 기업의 파산이 잇따르자 사베인스-옥슬리Sarbanes-Oxley법이 등장했다. 2002년 미국에서 채택된 이 법은 다시는 이런 재앙이 발생하지 않도록 기업이 회계를 발표하도록 강제하는 내용이었다. 그러나 회계 데이터 조작에 효과적으로 대처할 수 있는 방법이 존재할까? 순진한 사람들은 확신할 수도 있다…. 그러나 사베인스-옥슬리법의 의도가 좋았다 할지라도 서브 프라임이나 국가 부채, 메이도프 사건의 위기를 피할 수는 없었다.

메이도프 스캔들은 역사상 가장 큰 반향을 일으킨 사건 중 하나였다. 찰스 폰지와는 달리 미디어를 통해 널리 알려진 버나드 메이도프Bernard Madoff는 실제로 고객의 돈을 고위험 펀드에 투자했다. 하지만 투자자들과의 약속을 지킬 만큼 수익이 높지 않을 때는 새로운 고객에게서 받은 돈을 기존 고객에게 지불하는 옛날 방식을 따랐다. 이런 혼재된 체계 덕분에 48년 동안 사기 행각을 벌일 수 있었고, 사기 사건으로는 기록적인 기간이었다. 또한 메이도프는 전 세계에서 두 번째로 큰 시장인 나스닥의 증권거래소 회장을 역임하기도 했다. 이민자의 손자인 그는 22세의 나이에 5,000달러로 투자 회사를 설립한 아메리칸 드림의 상징이었다. 그는 2008년 경제 위기로 고객들의 돈을 대규모로 상환해야 했을 때도 사랑받던 억만장자였지만, 불행히도 모든 사람에게 상환할 수는 없었다. 같은 해 12월, 그가 반환해야 하는 돈은 70억 달러였다. 그러나 그의 수중에는 10억 달러밖에 없었다. 결국 2009년 6월 메이도프는 150년형을 선고받았고, 1년 후 아버지의 횡령으로 이익을 봤다는 혐의를 받은 아들 중 한 명이 자살했다.

이상한 엑셀 스프레드시트 오류

지금까지 개인의 욕심을 위해 민간에서 일어난 사건을 봤다면, 그 어떤 것보다 의심스러운 공공 기관의 조작 사기는 어떠할까? 게다가 의심을 불러일으키지 않은 채 어떻게 조작을 지속할 수 있었을까? 이 질문에 대한 대답은 몇 마디로 요약될 수 있다. 정부가 제시한 수치가 권위 있는 과학적 연구를 바탕으로 했다면 논쟁의 여지는 거의 없다. 이번에 소개할 사례는 최근 미국 대학에서 일어난 일이다.

메사추세츠 대학 경제학과를 다니던 토마스 헌든Thomas Herndon은 다른 학생들과 다를 바 없는 수많은 학생 중 한 명이었다. 앞으로 그가 미디어의 헤드라인을 장식할 거라 예상할 수 없었던 그저 평범한 학생이었다. 그러나 한 교수가 경제학 연구를 선택해 결과를 분석하라는 과제를 내주자 토마스의 인생은 곧 완전히 달라지고 만다. 오래전부터 긴축 정책과 같이 시민의 일상생활에 미치는 영향에 관심을 가졌왔던 토마스는 2010년 「아메리칸 이코노믹 리뷰American Economic Review」에서 발표된 참고 자료를 분석하기로 결정했다. 「아메리칸 이코노믹 리뷰」는 경제 분야에서 권위 있는 학술지 중 하나로, 그가 선택한 논문은 여러 나라에서 긴축 정책을 시행하는 기반이 된 라인하트와 로고프의 「부채 시대의 성장」이었다.[4]

카르멘 라인하트Carmen Reinhart와 케네스 로고프Kenneth Rogoff는 하버드 대학교의 저명한 교수였다. 두 사람 모두 국제통화기금IMF에서 근무했으며, 라인하트는 한동안 국제통화기금의 연구 부서를 지휘하기도 했다. 경험적인 연구로부터 출발한 그들의 논문은 한 국가의 총 대외 부채가 GDP의 60%를 초과하면 연간 성장률이 약 2% 감소하고, 90%를 초과하면 성장률이 마이너스가 될 수 있다고 주장했다. 더 명확하게 말하면, 부채가 성장에 직접적이고 중대한 영향을 미친다는 것을 의미했다. 글로벌 경제 침체라는 배경에서 발표된 이 논문은 학계뿐만 아니라 정치인에게도 엄청난 영향을 미쳤으며, 경제적 어려움을 겪은 국가를 강타했던 긴축 정책에 대한 과학적 정당성을 제시했다.

경제를 활성화하려면 필연적으로 부채 청산을 통과해야 한다는 것을 증명하는 이 연구는 토마스 헌든이 특히 관심을 갖고

---

4 카르멘 M. 라인하트Carmen Reinhart, 케네스 S. 로고프Kenneth S. Rogoff, 「부채 시대의 성장」, American Economic Review, vol. 100, no. 2, 2010년 5월, 573－578쪽.

있던 분야였다. 연구를 분석하던 토마스는 계산을 반복했지만 라인하트와 로고프와 같은 결과를 얻지 못했다. 토마스는 일찌감치 뭔가 잘못되었다는 느낌을 받았다. 선진국의 성장 및 부채를 계산하고 또 계산했지만 토마스는 항상 같은 결론에 도달할 수밖에 없었다. 부채가 GDP의 90%를 초과할 때, 라인하트와 로고프가 연구한 국가의 평균 성장률은 −0.1%가 아닌 +2.2%였던 것이다!

결과에 놀란 토마스는 마이클 애쉬Michael와 로버트 폴린Robert Pollin 교수에게 이 사실을 이야기했다. 토마스의 결론을 지켜 본 교수들은 우선 신중한 입장을 고수했다. 이처럼 영향력 있는 연구가 이 정도 규모의 오차를 포함할 것이라 상상할 수 없었던 것이다. 이제 교수들의 차례가 되었다. 그들은 라인하트와 로고프의 계산을 거듭해 토마스가 어느 부분에서 실수했는지 찾아내려고 했다. 그러나 애쉬와 폴린 교수는 곧바로 토마스와 같은 결론에 이르렀다. 3년 동안 전 세계 정치인들을 무겁게 짓누르던 논문이 틀렸다고 밝혀진 순간이었다!

2013년 4월 15일, 세 사람은 「높은 공공 부채가 지속적으로 경제 성장을 가로막는가?」라는 제목의 반박 논문[5]을 발표했고 데이터 처리 오류를 하나씩 지적했다. 예를 들어 높은 부채 비율에

---

5 토마스 헌든, 마이클 애쉬, 로버트 폴린, 「높은 공공 부채가 지속적으로 경제 성장을 가로막는가?」, Political Economy Research Institute-Working Paper Series, no. 332, 2013.

도 불구하고 실제로 높은 성장률을 기록한 연도가 누락된 국가가 있었다. 그런가 하면 제2차 세계 대전이 끝났을 때 호주, 뉴질랜드 및 캐나다의 경제적 성과에 대해서는 잘못된 가중치를 부여하였다. 라인하트와 로고프의 이론과 일치하지 않는 정보가 은밀하게 사라진 것 외에도 그들의 논문에서 가장 이상한 점은 호주, 오스트리아, 벨기에, 캐나다, 덴마크 순으로 구성된 5개국의 셀이 엑셀 스프레드시트에 없었다는 것이다. 토마스와 애쉬, 폴린 교수는 라인하트와 로고프가 의도적으로 특정 셀을 제거했다고 강조했다. 이런 오류가 의도적이든 그렇지 않든 한 가지는 확실했다. 일단 오류가 수정되면, 90%의 임계값을 초과하는 공공 부채가 국가 성장에 심각한 해를 끼친다는 주장은 틀렸다는 것이다.

온라인으로 먼저 공개된 반박 논문은 관심이 집중되었고 논문을 게재한 사이트는 방문자를 감당할 수 없는 지경에 이르렀다. 이후 언론에 공개되어 전 세계의 주목을 받았다. 하루아침에 유명인사가 된 토마스 헌든에게는 인터뷰 요청이 밀려들었다. 예상대로 카르멘 라인하트와 케네스 로고프는 즉각 대응했다. 그들은 파이낸셜 타임즈나 월스트리트 저널 등을 통해 고의로 특정 데이터를 누락시켰다는 주장에 반박했지만 곧 엑셀 스프레드시트의 기술적 오류로 인해 결과가 왜곡되었음을 인정했다. 실수의 결과를 최소화하려고 어설프게 시도한 라인하트와 로고프는 부채와 경기 침체 사이의 인과관계가 아닌 상관관계만 언급했다고 덧붙였다. 그러나 이런 주장은 전혀 설득력이 없었다. 특히 2008

년 노벨 경제학상 수상자인 폴 크루그먼Paul Krugman의 주장이 그러했다. 높은 공공 부채가 성장 부진의 원인이 아닌 결과라고 확신한 크루그먼은 실제로 본인의 블로그에 라인하트와 로고프의 결론에 동의하는 경제학자는 거의 없다고 말했다. 그렇지만 연구의 결론이 그렇게 심각한 수학적 오류의 결과물일 것이라고는 단 한 번도 상상해 보지 못했다고 고백했다. 또한 크루그먼은 2013년 4월 18일 『뉴욕 타임즈』에 실린 「엑셀발 불황」이라는 기사에서 그들을 공개적으로 조롱했다.

> 정보화 시대에서 수학적 오류는 재앙을 초래할 수 있다. NASA 엔지니어가 데이터를 미터법으로 변환하는 것을 잊었기 때문에 화성 탐사 로봇이 추락했다. '런던 고래'로 불린 사건에서 JP 모건의 투자담당 직원이 합계와 평균을 혼동했기 때문에 회사는 기록적인 손실을 입었다. 마찬가지로 엑셀 스프레드시트 코딩 오류가 서구 국가의 경제를 파괴한 것은 아닐까?

그러나 실수하는 건 인간이다. 결국 폴 크루그먼이 시사했듯 '진짜 범인은 이 논란의 여지가 있는 결과를 붙잡은 사람들이다.' 실제로 많은 사람들이 이 연구를 사도들처럼 십계명처럼 여겼다. 2010년 조지 오스본George Osborne은 재무부 장관으로 임명되자마자 공공 재정 삭감을 위한 결정적인 논거로 이 논문을 인용하기도 했다. 보수당 소속 오스본은 마거릿 대처보다 더 단호하게 영국의 적자를 처리할 것임을 경고했다. 2012년 폴 라이언Paul Ryan은 하원에 제출한 공화당 예산안의 과학적 근거로 이 논문을 사용했고, 예산안은 '번영의 길: 미국의 약속을 회복하다.'라는 야심찬 이름으로 승인되었다. 마찬가지로 2013년 당시 유럽연합 경제, 통화담당 집행 위원이자 핀란드 은행 총재를 지낸 올리 렌Olli Rehn은 이 논문의 결론을 인용해 유럽 정책 방향을 긴축에 찬성하는 쪽으로 바꾸길 원했다. 불행하게도 그리스는 이 연구가 아직 권위를 잃지 않은 시기에 경제 위기를 겪었다. 소위 트로이카로 불리는 유럽연합 집행위원회, 유럽 중앙은행 및 IMF는 라인하트와 로고프의 연구에 준거하여 그리스가 긴축 정책을 채택하도록 지원했다.

하지만 계산 오류가 경제 정책 결과의 유일한 원인이라고 주장하는 것은 옳지 않다. 진실은 더 복잡하다. 대부분의 경우 정치적 결정의 주체는 연구(그것이 옳든 그르든)가 아니라 연구를 사용해 자신의 선택을 정당화하는 정부이다. 따라서 모델화된 수학은 정책 결정을 위한 완벽한 알리바이 역할을 한다. 2010~2013년은 라인하트와 로고프의 연구와 딱 맞는 때였다. 두 사람은 정부가 듣고 싶어 하는 내용만 방정식에 넣었다. 유럽연합 집행위원회의 말에 따라 '신뢰할 수 있는 연구'에 전념했던 2명이 하버드 교수이자 IMF의 전 간부의 보증을 받는 것보다 더 나은 일이 무엇이 있겠는가?

비교할 수 없는 것을 비교하다

여러 계산이 난무하는 공개적인 토론 자리에서 발생하는 가장 중요한 문제 중 하나는 상대적인 이해력 부족이다. 이로 인해 많은 시민, 언론인, 정치인이 완전히 상이한 숫자를 혼합하거나 자의적인 방법으로 숫자를 해석하게 된다. 백분율도 예외는 아니다. 세일할 때 특히 자주 사용되는 백분율은 언뜻 보면 이해하기 어렵지 않다. 하지만 수고를 들여 주의를 집중하다 보면 이 유명한 '%' 기호가 온갖 오류와 조작을 야기한다는 사실을 알 수 있다. 2013년에 텔레비전 뉴스에 나온 한 경제 컨설턴트는 5년에 걸쳐 1년마다 EDF(프랑스 전력 공사-옮긴이) 요금을 6% 인상하면 결국 5년 뒤에 자연스럽게 30%가 인상된다고 말했다. 하지만 아무도 잘못을 지적하는 사람이 없었다. 그러나 그의 직감은 잘못되었다. 수적으로 6% 인상한다는 것은 1.06을 곱하는 것이기 때문이다. 결과적으로 5년 동안 6%씩 인상하면 해당하는 숫자에 1.06^5, 즉 1.338을 곱한 것과 같다. 1.338 = 1 + 33.8%이므로 5년 동안 30%가 아닌 33.8%가 인상된다.

백분율을 완전히 오해한 오류라 할 수 있지만 그렇다고 해서 근본적으로 결과가 바뀌지는 않는다. 주거세 28%와 재산세 50%가 인상되어 지방세가 78%나 뛰었다고 주장하며 경쟁자의 공약을 비판하는 지방선거 후보자가 있다고 상상해 보자. 이번에는 오류의 규모가 다르다. 단순하게 주거세가 100유로에서 128

유로(28% 증가), 재산세가 100유로에서 150유로(50% 증가)로 인상되었다고 가정해 보겠다. 총 200유로에서 278유로로 39% 증가했고, 이 수치는 후보자가 주장한 인상률의 절반일 뿐이다! 백분율은 전체 중 한 부분의 비율을 측정할 뿐이며 다른 숫자와 합해야 하는 절대적인 숫자가 아니다.

백분율을 잘못 사용하는 또 다른 현장은 선거이다. 언론인, 정치인이 종종 잘못된 방식으로 백분율을 해석하기 때문이다. 예를 들어 정당이 얻은 백분율을 고려하여 2개의 다른 선거에서 정당의 결과를 비교하는 일은 의미가 없다. 300만 표를 얻은 후 다음 선거에서 350만 표를 득표한 대통령 후보의 득표율이 12%에서 10%로 떨어지는 일은 자주 일어난다. 모든 것은 실제로 투표소에 가는 유권자 수에 달려 있다. 그렇지만 전체 유권자 수에 대한 백분율을 고려하는 것(참여율보다 덜 가변적)이 더 합리적일 수 있다. 따라서 후보자의 결과를 어떻게 말하고 싶은지에 따라 해당 후보자가 획득한 득표 수 또는 투표율과 관련된 비율을 언급할 것이다. 후보자의 기록을 실추시키고 싶다면 전체 유권자로부터 얻은 투표율로 계산하여 수치를 줄이면 된다.

그러나 변증법과 수학의 관계는 훨씬 더 위험할 수 있다. 백분율 계산이 혼란을 발생시킨다는 사실을 의식한 정치인들은 이러한 모호성에서 얻을 수 있는 이득을 빠르게 알아냈다. 덕분에 실제로 세금 인상 금액을 상당히 최소화할 수 있었다. 대부분의 납세자는 본능적으로 5%에서 10%로 인상하면 100%가 아니라

5%가 증가한다고 생각한다. 약삭빠른 홍보전문가는 거짓말로 비난받을 위험을 감수하는 대신 이 사소한 오류를 이용했다. 이것을 위해 '퍼센트포인트'라는 간단한 개념을 사용했다.

2,000유로의 급여로 매월 100유로의 의무 부담금 Z를 지불하는 X의 예를 들어 보겠다. 장관의 입에서 Z가 5%에서 7%로, 2퍼센트포인트 인상될 것이라는 말을 들은 X는 크게 동요하지 않았다. 하지만 월말에 지급된 월급에서 102유로가 아닌 140유로가 빠져나간 것을 알게 된 그는 장관이 거짓말을 한 게 아닌가 궁금해졌다. 물론 그건 아니었다. 장관은 발표 효과를 최소화하기 위해 단순히 용어를 자신에게 유리하게 사용한 것뿐이었다. 세금 부과액이 40%가 증가해 근로자를 화나게 하는 대신 2퍼센트포인트 인상, 즉 약을 덜 쓰게 만드는 표현을 선택한 것이다. 그렇다고 해서 X 씨가 지출해야 할 금액이 전혀 달라지는 일은 없지만 말이다.

재산, 소득과 같은 용어는 여전히 모호함을 띠고 있고 이를 각각 해석하면 심각한 오류가 발생한다. 재무부의 젊은 직원이었던 기 아베이유는 GDP 대비 적자 비율에 관해 자신이 만든 규칙을 비판하면서 비교할 수 없는 것을 비교하는 것 같다고 고백했다.[6] 공통점이 없는 데이터를 비교하는 것, 이것은 실제로 가장 흔히 일어나는 수학적 오류 중 하나이다. 그리고 이 비교의 오류

---

6 7장 참고

는 겉으로는 논리적인 것처럼 보이지만 실제로는 터무니없는 비상식을 표현하는 방법이다. 빌 게이츠의 재산과 포르투갈의 GDP가 같다는 주장은 이런 어리석은 사례 중 하나이다. 출처를 알 수 없는 이 공식은 수년 동안 소셜 네트워크에서 공유되었고, 심지어 프레데리크 베그베데Frédéric Beigbeder는 2000년에 출판된 소설 『9,990원』에 싣기도 했다.

때로는 불가리아, 때로는 아프가니스탄의 GDP로 변형되어 떠돌기도 하는 이 소문은 정치적 · 법적인 영향을 미치지는 않지만, 우리의 편향된 사고 방식을 그대로 나타낸다. 한 사업가의 재산을 국가의 GDP와 비교하는 것은 개인의 재산을 저울에 올려놓고 다른 한쪽에 국가에서 매년 창출하는 부를 올려 놓은 것과 같다. 그러나 우리는 빌 게이츠라는 한 개인의 재산이 포르투갈 같은 국가의 재산보다 더 많다는 주장 뒤에 숨어 있는 음흉한 의도를 잘 살펴봐야 한다. 이 말이 완전히 잘못되었다는 걸 확인하기 위해 빌 게이츠의 별장, 건물, 차, 토지와 같은 재산과 고고학적 유적지, 궁전, 성, 중세 성당, 명화, 조각, 교회, 포도원, 산업, 숲, 유네스코 세계유산 등과 같은 포르투갈의 유산을 비교해 보자. 빌 게이츠가 가진 전 재산과 포르투갈이 소유한 모든 유산을 평가할 수 있다면 과연 어느 것이 저울에서 더 무겁다고 판명될까?

마지막으로 소개할 수학적 개념은 중위 임금과는 매우 다른 평균 임금이다. 중위 임금은 인구를 정확히 반으로 나눴을 때 가운데에 있는 임금을 말한다. 즉 50%의 인구는 중위 임금보다 적게 벌고 나머지 50%의 인구는 그보다 많이 번다는 뜻으로, 이 값은 평균으로 확인되지 않는다. 앞 장의 피타고라스[7] 사례를 보았듯이, 산술 평균뿐만 아니라 기하 평균 및 조화 평균(그 외 등등!)이 존재하기 때문에 평균 임금 그 자체도 계산 방법에 따라 달라질 수 있고 물론 그에 따른 결과도 당연히 달라진다. 사람들은 자기가 원하는 결과를 얻기 위해 중앙값, 산술 평균 또는 기하 평균 중 하나를 선택할 수 있다.

직원이 10명인 회사를 예로 들어 보자. 이 회사에서 9명의 직원은 1,500유로, 사장은 6,550유로의 월급을 받는다. 자신의 관대함을 보여 주고 싶은 사장은 회사의 평균 임금이 월 2,000유로(정확히는 2,005유로)가 넘는다고 생색을 낸다. 10명의 임금을 더한 다음 자신을 포함한 총 직원 수로 나누어 자신이 원하는 숫자를 내놓는 방법은 사실상 그에게 달려 있다. 그러나 이 결과는 회사의 정확한 소득 격차를 반영하지 않는다. 이 회사의 중위 임금은 실제로 1,500유로이다. 피타고라스 덕분에 우리가 지금 계산할 수 있는 기하 평균에 따른 급여는 각 직원의 소득 금액을 곱한 뒤 10제곱근으로 나눈 값으로 1,738유로이다.

세 가지 방법, 세 가지 결과, 세 가지 의미는 기업이든 국가든 정확히 평균 임금이 무엇인지 확실하게 정해야 한다는 중요성을

---

7 1장 참고

보여 준다. 언론은 항상 외국 공무원과 국내 공무원의 평균 임금을 비교하는 일을 서슴지 않는다. 우리나라의 의사, 우리나라의 경찰, 우리나라의 교수, 우리나라의 군인, 우리나라의 소방관, 우리나라의 국회의원은 이웃나라보다 더 나은 보수를 받을까? 아니면 더 적게 받을까? 이 질문은 급여 인상을 요구하는 직업의 불만을 진정시키기 위해 언론, 심지어 정부가 제시하는 것이다. 언뜻 보면 계산은 가능해 보인다. 차이를 알고 싶은 어떤 직업을 선택해서 이웃나라에서는 그 직업의 평균 임금이 얼마인지를 계산하고 그 금액을 국내의 평균 임금과 비교하는 것으로 충분하다. 단, 여기에 솔직함이 반영되어야 한다. 평균 임금 연구에는 조사관을 혼란에 빠뜨리는 여러 함정이 도사리고 있기 때문이다. 어떤 한 직업에 오명을 씌우기 위해 의도적으로 조작하지 않는 한 말이다.

프랑스의 잠수부(워터 소믈리에 또는 등대지기가 될 수도 있다)가 이웃나라보다 더 많은 급여를 받는다는 조사를 살펴보며 이 점을 명확하게 밝혀 보겠다. 평균적으로 그들이 월 2,000유로를 벌 때, 이웃나라의 잠수부는 1,700유로를 받는다. 먼저 총 급여 혹은 실급여를 비교하고 있는지를 명확히 해야 한다. 그다음으로 앞서 보았듯이 평균 임금인지 중위 임금인지 알아야 할 것이다. 마지막으로 두 나라를 비교하는 게 어떤 의미가 있는지 자문해야 한다. 이 지점이 바로 비교 연구가 불분명할 수밖에 없는 주요 원인이다. 경제 컨설턴트는 실제로 이웃나라 간의 비교를 좋아하지만, 그들이 기반으로 하는 설문 조사는 OECD 국가를 참고한다. 그런 경우, 비유는 아무것도 증명하지 못한다는 속담이 실제 결과에 나타난다. 프랑스인과 칠레인의 급여를 비교하는 건 의미가 없다. 그럼에도 불구하고 대부분 페소, 달러, 파운드, 루블, 엔, 위안의 현재 환율을 사용해 유로로 변환한다. 하지만 급여는 숫자에 불과하다. 실제로 중요한 것은 집을 장만하고 음식을 사기 위해 구체적으로 할 수 있는 일이다. 생활비에 의존하는 구매력과 단순한 환율 변환은 논점을 매우 왜곡시킨다. 지롱드강에 있는 코르두앙 등대지기의 임금은 수단의 홍해에서 일하는 등대지기보다 확실히 높지만, 어디서 쇼핑을 하느냐에 따라 소비재 가격은 천차만별이다. 그렇기 때문에 정확한 값을 원한다면 아직 완벽하지는 않지만(동일한 국가 내에서 존재하는 가격 변동으로 인해) 비교에 더 많은 의미를 부여하려고 노력하는 구매력평가PPP율을 고려하는 것이 낫다.

오염을 줄이려면, 오염을 늘리면 된다(반대도 마찬가지)

앞에서 보았듯 그 자체가 목적이 된 통계 지표는 조작되기가 쉽다. 어떤 면은 유리하게 부각되는 한편, 은폐되는 것도 있다. 이것이 바로 '디젤게이트' 사건에서 일어난 일이다. 자동차를 판매하려면 엔진에서 발생하는 오염과 관련된 일종의 배터리 테스트를 거쳐야 한다. 엔진이 오염 물질을 일으킬 가능성이 있는 상황에서 무작위로 선택된 차량을 테스트 당일 갑자기 깨끗하게 만드는 방법은 무엇일까? 결함 있는 자동차를 제조하던 회사는 이 상황을 해결해야 했고, 이는 아주 어려운 문제처럼 보였다.

하지만 엔지니어들에게는 방법이 있었다. 폭스바겐은 미국 내 테스트를 담당하는 미국 환경보호청EPA이 테스트 중에 동일한 매뉴얼을 사용한다는 사실을 알아냈다. 자동차의 핸들은 움직이지 않고, 기어는 일정한 속도로, 보닛은 올린 채 뒷바퀴를 고정시켰다. 만약 오염 방지 시스템을 최대한 활성화할 수 있게 엔진을 프로그래밍하면 어떨까? 이런 이유로 미국 환경보호청은 폭스바겐 차량이 자동차 시장에서 가장 오염 물질을 덜 내뿜는 차라고 판단을 내린 함정에 빠진 것이다. 이렇게 엔진 제어 장치가 존재했지만 항상 가동시키지 않은 이유는 무엇일까? 답은 매우 간단하다. 제어 장치가 연료 소비를 증가시키고 엔진 성능을 감소시키기 때문이다. 보통 고객은 환경보다 가격과 차의 성능에 더 관심을 갖는다. 제조업체의 입장에서는 테스트 단계에서 매연 방지 장치를 최대로 작동시키고 그 외에는 장치를 최소화하는 것이 더 적절했다. 결과적으로 고객은 지출을 줄이고, 미국 환경보호청은 오염물질이 적다고 판단하는 모두 만족할 만한 결과를 얻었다. 이렇게 폭스바겐은 2009년부터 2015년까지 테스트 기간 동안에만 '클린했던' '클린 디젤'을 홍보할 수 있었다. 게다가 이 꼼수 덕분에 폭스바겐 제타는 2009년 '올해의 그린카Green Car of the Year'에 선정될 수 있었다!

NGO인 국제청정교통위원회ICCT, International Council on Clean Transportation가 끼어들기 전까지 모든 것은 잘 돌아가고 있었다. 2012년 ICCT는 유럽 자동차 중 10대를 선정하여 자동차가 발생시키는 오염 물질을 연구하기 시작했다. 미국의 기준은 유럽에서 시행되는 것보다 더 까다로웠기 때문에 폭스바겐 제타를 포함하여 미국에서 생산된 3대의 자동차와 유럽 자동차를 비교하기로 했다. 폭스바겐 제조사에는 불행한 일이지만, ICCT는 EPA와 동일한 프로토콜을 사용하지 않았다. ICCT는 실제 운전 조건과 똑같은 상태에서 테스트를 수행하였고 엔진은 테스트 중임을 감지할 수 없었다. 그리고 믿을 수 없는 결과가 등장하기까지는 그리 오래 걸리지 않았다. 제타는 유럽의 기준이 미국의 기준보다 덜 엄격했음에도 불구하고 유럽에서 승인된 최대 허용치보다 20배나 더 많은 산화질소를 배출했음이 밝혀졌다. 결과가 밝혀지자 폭스바겐은 기술적인 문제가 있을 것이라고 주장하며 모르는 척했다. 추가 테스트가 즉시 진행되었고, 2015년 9월 결국 스캔들이 터지고 말았다. 회사의 조직적인 사기 행위를 들은바 없다고 부인한 대표이사가 해임되었고, 이틀 뒤 새로 취임한 대표이사는 내부 조사를 진행할 것을 발표했다. 결론적으로 1,100만 대 이상의 차량이 조작 피해를 입은 것으로 드러났다. 폭스바겐은 미국에서 제기한 소송과 고객 배상금으로 230억 달러를 지불해야 했다. 미국의 임원 중 한 명은 징역 7년형과 벌금 40만 달러를 선고받기도 했다.

이 폭스바겐 스캔들은 많은 교훈을 주었다. 수치화된 테스트를 통과하기 위해 수치를 무의미하게 만들어 시험을 조작하려는 유혹이 도사리고 있음을 다시 한번 증명하였다. 또한 동일한 프로토콜을 설정한 테스트는 결과를 비교하기에 적절하지만(모든 엔진이 정확히 동일하게 점검되었기 때문에) 테스트에 맞게 조작이 용이할 수 있다는 것을 가르쳐 주었다. 사전에 주제를 알고 있는 작문 시험을 상상해 보면 된다. 문제를 미리 알면, 쉽게 커닝 페이퍼를 만들 수 있을 테니 말이다. 기습 효과(손자와 마키아벨리가 이미 충분히 말한 것처럼!)는 최고의 무기이다. 즉 새로운 프로토콜 덕분에 폭스바겐 엔진 조작이 드러날 수 있었던 것이다. 이렇듯 우리를 속속들이 알고 있는 적수를 만났을 때, 우리의 다음 타격이 무엇인지 상대가 알 수 없도록 하는 것이 현명할 때가 있다. 예를 들면 제3자에게 결정을 맡겨 우리의 행동을 전혀 예측할 수 없도록 만드는 것과 같다. 이런 기발한 방법으로 닉 키리오스Nick Kyrgios는 2019년 워싱턴 오픈에서 승리할 수 있었다. 키리오스는 매치 포인트를 어디서 서브할지 관중에게 물었고, 그 어느 때보다 예측할 수 없는 상황에서 우승을 차지했다.

이것은 고양이와 쥐 게임과 유사하다. 때로는 잡아야 할 쥐가 호랑이처럼 보일 수 있다. 폭스바겐이 엔진 오염 측정 수치를 낮추는 방식으로 게임을 했다면 제조사들은 수치를 더 높여서 조작했다! 유럽 집행위원회 산하 공동연구센터Joint Research Center는 실제로 2018년 7월 자동차 제조업체들이 발표한 CO_2 배출량이 실제

배출량보다 높다고 밝혔다. 이들은 왜 수치를 높게 조작했을까? 아이디어는 정말 교묘했다. 유럽에서는 자동차 CO_2 배출량을 줄이도록 요구하므로 목표 수치에 쉽게 달성하기 위해서는 그저 수치를 부풀리기만 하면 된다! 즉 현재 100을 배출하면 80까지 줄여야 하지만, 110을 배출한다고 하면 90까지만 줄이면 되는 것이다. 그러면 목표는 더 낮아지고 이를 달성하기 위한 비용도 당연히 줄어들 것이다. 현재까지 아직 공식적으로 어떤 업체인지 밝혀지지 않았지만 곧 새로운 스캔들을 접하게 될지도 모른다.

인위적으로 오염을 줄이는 마지막 트릭은 수출이다. 인위적으로 수치를 조작한 정부는 자국의 탄소 발자국을 줄이고 생태정보 통계 지표에서 수백만 톤의 오염 물질을 없앨 수 있다. 정당한 이유로 폐기물을 수출할 수도 있지만(특정 외국 회사에서만 재활용할 수 있는 희소 금속이 휴대전화에 포함된 경우처럼) 대부분의 경우 폐기물 처리 과정에서 발생하는 유독 가스를 피하기 위해 지구 반대편으로 플라스틱 쓰레기를 보낸다.

최근 수십 년 동안 폐기물 거래는 소위 개발 도상국을 희생시켜 서방 국가의 환경을 회복시키는 유망 시장이 되었다. 2010년 미국은 전 세계 폐기물 수출의 26%를 차지한 반면 수입은 4.4%에 불과했다. 반대로 중국은 수입 27.7%, 수출 3%에 그쳤다.[8] 우리의 주제로 다시 돌아오면, 이러한 숫자는 공식적인 통계일

8 참고. 미래학 및 국제정보센터, 「2013년 세계 경제」, La Découverte, 2012.

뿐이다. NGO 바젤 액션 네트워크Basel Action Network는 실제로 미국에서 판매되는 프린터에 추적기를 장착하여 쓰레기통에 버려진 프린터 여정을 추적해 보았더니 프린터 중 3분의 1은 불법적인 루트로 아시아로 흘러갔다.

2018년부터 중국은 자국을 괴롭히는 폐기물 쓰레기를 더 이상 수입하지 않았다. 실제로 지난 몇 년 동안 플라스틱과 유독성 물체가 만들어 낸 구름이 중국 땅을 뒤덮었고, 중국 신흥 부르주아 계급은 더 이상 이 상황을 견디지 못했다. 브뤼셀에 위치한 국제재활용국BIR, Bureau of International Recycling 국장인 프랑수아 아르노 브뤼네François Arnaud Brunet는 다음과 같이 말했다.

> 이것은 지진입니다 (…) 중국이 세계 최대의 재활용 재료 수출 시장이기 때문에, 우리의 산업이 압박을 받고 있습니다.[9]

프랑스인, 미국인, 독일인 그 누구도 전 세계에서 밀려들어오는 수백만 톤의 플라스틱 쓰레기장 옆에서 살고 싶지 않을 것이다. 그렇기 때문에 집에서 멀리 떨어진 곳에 은근슬쩍 폐기물을 수출하며 쓰레기로 인한 질병이 그들에게 영향을 미치지 않을 것이라 확신했다. 게다가 위선의 극치를 보여 주는 폐기물 수출 덕

9 「폐기물: 중국은 쓰레기통을 닫고 부자 국가는 패닉에 빠졌다」, 르 프앙, 2018년 1월 21일

분에 더 친환경적인 국가가 되었을 뿐만 아니라 통계적 지표와 생태학적 성과를 부풀릴 수 있었다! 그러므로 중국이 역공을 시작했을 때, 전 세계가 흔들린 것은 당연했다. 그러나 다행스럽게도 서방 국가에는 중국의 역할을 이어받을 준비가 된 국가가 있다. 오염 물질을 불법 수출하기에 홍콩은 매우 인기 있는 목적지처럼 보인다. 또한 나이지리아는 중고 전자 장비를 많이 수입하는 곳이다. 이처럼 다른 나라들이 더 움직일 필요도 없이, 이미 여러 국가가 뒤를 이을 준비가 되어 있다.

의견을 수치화해 여론을 바꾸자

탄소 발자국 감소, 생태학적 성과 증가, 지표 조작은 확실한 결실을 맺었다. 그러나 수치 조작으로도 충분치 않을 때에는 처음부터 수치를 날조하기도 했다. 오늘날 매우 잘 알려진 사례로 '좋아요 만들기'를 위해 소셜 네트워크에 수천 개의 가짜 프로필을 생성하는 것이다. 이 방법은 인터넷이 상용되기 훨씬 전부터 존재했다. 셰익스피어는 희곡 『줄리어스 시저』에서 카시우스의 목소리를 통해 이미 이 방법을 이야기했다.

> 시저는 나에게 원한을 품고 있지만, 그는 브루투스를 사랑하오. 지금 내가 브루투스고 그가 카시우스라 해도 그는 내 비위를 맞추지 않을 것이오. 나는 오늘 밤 여러 시민이 보낸 것처

럼 여러 사람의 필적으로 편지를 써서 브루투스의 창문에 던져 넣을 것이오. 그 편지에는 로마인들이 브루투스의 이름을 존경한다는 내용을 담을 것이오. 또 거기에는 시저의 야망을 모호하게 비난할 것이오.[10]

1980년대 중반 텍사스 상원의원인 로이드 벤슨Lloyd Bentsen(1921~2006)은 이와 유사한 일을 겪었다. 카시우스가 상상한 방법처럼 유령 발신인이 그에게 수백 통의 편지를 보냈다. 이 수백 통의 편지 뒤에는 이익을 수호하려는 보험 회사의 로비가 숨겨져 있었다. 그러나 벤슨은 이런 거짓 풀뿌리 민주주의에 속지 않았다.[11] 심지어 그는 다음과 같은 비유를 통해 이 상황을 조롱하기까지 했다. "텍사스 사람이라면 실제 잔디와 아스트로 터프AstroTurf의 차이점을 알고 있다."[12] 이 일화에서 '아스트로터핑'이라는 용어가 탄생했다. 그것은 존재하지 않는 대중의 활동을 가장하며 다수의 의견처럼 만들어 내는 관행이란 뜻이다.

유능한 마케터들은 아주 일찍부터 가짜 수치를 사용해 제품을 홍보하는 것에 대한 이점을 깨달았다. 이를 가장 잘 활용하는 뜻밖의 분야는 출판일 것이다. 2000년대 초반부터 유명 출판사

---

10 윌리엄 셰익스피어William Shakespeare, 「비극 I부」, 제롬 앙킨스Jérôme Hankins 역, 플레이아드 총서, Gallimard, 2002. 이 대사는 I막 2장의 마지막 대사이다.

11 '풀뿌리'에서 시작된 운동, 즉 자발적인 시민운동을 가리킨다.

12 아스트로 터프AstroTurf는 미식축구 경기장에서 사용되는 인조 잔디다.

들은 소설의 특성, 이해력, 깊이를 강조하기보다 독자 수를 언급하는 띠지로 책을 꾸미기 시작했다. 그곳에 감춰진 메시지는 명백했다. 이제 품질보다 양이 우선한다는 것. 더 정확히 말하면, 소설에 대한 흥미는 그 책을 읽는 사람 수로 축소되었다는 것이다. 어쨌든 이 현상은 『파르마의 수도원』 말미에 스탕달Stendhal이 덧붙인 '소수의 행복한 사람들에게 바친다'는 말과는 거리가 멀어졌다는 걸 보여 준다.

소설이 숫자로 환원된다는 슬픈 현실 말고도, 또 다른 질문이 제기되었다. 바로 진정성의 문제였다. 출판사가 실제로 유통하는 작품의 수는 스위스 은행가의 장부만큼 비밀스럽다. 심지어 공개되더라도 확인할 수 없다. 책의 실제 판매 부수에 대한 출판사의 대답은 이 수치를 인쇄 부수와 혼동하거나 더 확실한 수치를 얻도록 실제로 반품(또는 미판매)을 빼야 하는 서점 매대 진열 수와 의도적으로 혼동한다. 게다가 서점에 남아 있으면서 서점의 소유로 간주되는 책들 중에는, 아직 독자와 만나지 못했음에도 불구하고 회계상 판매로 집계된다. 이런 모호함뿐만이 아니다. 출판사에서 내놓는 숫자는 놀라울 정도로 딱 맞아떨어진다. 특별히 의심할 필요도 없이, 반올림했다고 상상할 수 있을 정도이다. 붉은 색 띠지에 '이미 20만 명의 독자가 선택했습니다.'라는 문구가 박혀 있다면, 실제로는 198,974명인지 149,072인지 누가 알겠는가? 아무도 모를 일이다.

벤슨 의원이 받은 가짜 편지에서 보았듯이 아스트로터핑이

펼쳐지는 곳은 주로 정치계이다. 워터게이트 스캔들로 1974년 사임하기 전, 리처드 닉슨Richard Nixon 대통령은 기이한 조작 사건으로 이름을 날렸다. 1969에서 1971년 사이 닉슨 대통령은 시민으로 가장한 사람들의 지지가 담긴 전보를 받았다. 닉슨 대통령의 당원들이 베트남 전쟁 옹호자 수를 인위적으로 과장하고 여론을 유리하게 뒤집기 위해 저지른 공작이었다.

그러나 자발적 지지자 수를 인위적으로 부풀리는 일은 미국의 전문 분야가 아니다. 2010년과 2012년에 대한민국 국정원은 반 정부 의견이 북한의 간섭이라고 대응하면서 인터넷에서 정부 정책을 지지하고 전파할 국민을 모집했다. 이러한 전략으로 2012년 대선에서 여당이 승리하며 최초의 여성 대통령 박근혜가 당선되었다. 그러므로 중요한 것은 의견의 특성이나 적합성이 아니다. 그것이 입증되든 그렇지 않든, 오직 숫자만이 신뢰를 형성한다.

중국 역시 공산당 지지자를 기하급수적으로 늘릴 전략이 필요했다. 이런 목적으로 중국 정부는 여러 사이트에서 정부에 찬성하는 의견을 다는 수만 명을 모집해 일당을 지급했다. 게시글 하나당 5마오를 받는다 하여 이들을 '우마오당'이라고 부른다. 어떤 네티즌이 경찰의 폭력에 불평하는 댓글을 달면 그 밑으로 경찰에 호의적인 수십 개의 댓글이 마술처럼 나타나고, 첫 댓글이 비판의 대상이 되는 데 몇 분밖에 걸리지 않는 이유가 바로 그 때문이다. 이 모든 것은 '국가는 법에 따라 어떠한 조직이나 개인이 사회경제 질서를 교란하는 것을 금지한다'는 중국 헌법 15조와 긴밀하게 연결되어 있다. 정부는 인터넷이 중국에서 가장 자유로운 장소임을 분명히 알고 있었다. 따라서 인터넷에 침투해 공격함으로써 네티즌에게 영향을 준 것이다.

그렇다면 우리도 아스트로터핑에서 자유로울 수 있을까? 그렇지 않다고 본다. 오늘날 우리가 갖는 민주주의에 대한 이미지는 적어도 여론이 전달한다고 믿는 그것으로 요약될 수 있다. 이러한 맥락에서 거짓 숫자를 만들어 눈에 띄는 건 기본이다. 이렇게 함으로써 정치적으로 정당성을 부여할 수 있다. 텔레비전 뉴스에서 가장 많이 공유된 트윗을 보여 주는 데 몇 분이 채 걸리지 않는다. 또한 올드 미디어는 '오늘의 영상'을 보여 준다. 이 영상은 24시간도 채 되지 않아 100만 뷰를 달성했기 때문에 충분히 오늘의 영상이 될 자격을 갖추었다. 그러나 처음부터 조작되지는 않았을지라도 가상의 군중이 이 100만 뷰를 만들었다고 상상해 보자. 물론 조회 수가 현실보다 훨씬 더 중요하기 때문에 상황은 달라지지 않겠지만 말이다.

실제로 게시물, 사진, 영상에 달린 진짜 '좋아요'와 가짜 '좋아요'를 구별할 방법은 없다. '좋아요'나 팔로워를 판매하는 업체가 늘어나는 이유가 바로 이 때문이다. 갑자기 팔로워를 증가시키고, 수천 개의 인공적인 리트윗, 페이스북 페이지의 새로운 구독자에 이르기까지 이 모든 작업이 그들의 비즈니스이다. 그리고 이 숫자 판매자의 조작은 순조롭게 굴러간다. 조회 수와 '좋아요'

카운터가 전력을 다해 돌아가면 더 많은 신뢰성, 더 많은 웹 트래픽, 더 나은 검색 엔진 최적화를 얻을 것이다. 게다가 오늘날에는 소셜 네트워크에서 인기 있는 게시물만큼 자아를 우쭐하게 하는 것은 없으므로 친구들의 부러움을 사기도 한다. 이 모든 공작은 익명성을 완벽하게 보장하면서 그 누구도 유료 서비스를 사용했다는 사실을 알지 못하게 이루어진다. 페이스북 또는 인스타그램 팔로워 1,000명을 구매하려면 평균 30~50유로 사이의 비용이 들며, 동영상 아래에 있는 '좋아요'는 일반적으로 1,000개당 약 30유로의 비용이 든다.

설득력 있는 정치 연설보다 '좋아요'와 '리트윗'을 달성하는 일이 사람들의 관심사가 되었다. 민주주의의 일부를 포기하면서 100만 명의 의견을 무시하기는 어렵기 때문에 언젠가는 언론도 모방할 것이다. 짧은 문장과 좋은(또는 나쁜) 단어의 시대는 오늘날 절정에 이르렀다. 짧은 문장을 되풀이하기가 더 쉽기 때문이 아니라(짧은 문장은 항상 존재했다) 소셜 네트워크가 그것을 수량화했기 때문이다. 이제는 영향력을 결정하는 진술이 적절한지 따지는 것보다 적절함을 결정하는 숫자의 영향력이 더 중요한 시대이다.

09

너 자신을 알라
(물론 다른 사람들도!)

> 제 말을 들어 보세요. 필적학, 병리학, 유전학, 확률 계산, 통계학, 정신분석학, 심리학 등 저희 연구소는 가장 현대적이고 과학적인 방법을 사용합니다. 이를 통해 사건의 과학적 요인을 연구하고 있지요. 왜냐하면 세상의 모든 사건이 법칙, 영원한 법칙을 따르기 때문이죠! (…) 과학이라는 탐정은 우연, 무질서, 이른바 개성의 영역을 점점 더 제한합니다. 우연이란 없어요! 사실도 없고요! 과학을 바탕으로 만든 보고서만 있을 뿐이에요!
>
> — 로베르트 무질, 『몽상가들』[1]

오토마타를 꿈꾸다가 알고리즘을 실현시키다

알고리즘이 곧 우리의 자유를 박탈하고 우리를 파괴시킬 것이란 사상이 세상을 지배하고 있다. 이런 결론에 이를 수 있었던 이유는 알고리즘이 실제로 무엇인지도 모른 채 그저 사악한 인공지능의 종류 중 하나로 보았기 때문이다.

---

1 『몽상가들』(1921), 필립 자코테Philippe Jaccottet 역, Seuil, 1963, 58-59쪽.

사실 알고리즘은 과정이다. 정확한 순서로 단계별 지침을 따라 결과에 도달한다. 예를 들어 간단한 요리법은 일종의 알고리즘으로 간주될 수 있다. 요리법은 순서가 지정된 방법일 뿐 그 이상은 아니다. 알고리즘은 수학에서 항상 존재해 온 것처럼 보인다. 계산이란 첫 번째 숫자(0 또는 1)를 가지고 다음 숫자를 얻기 위해 매번 1을 더하는 무언의 알고리즘을 수행하는 일이다. 19세기 말 주세페 페아노Giuseppe Peano가 산술을 공리화한 것도 이러한 형식으로 되어 있다. 그러므로 4,000년 된 바빌론의 서판에 알고리즘이 기록된 것은 전혀 놀라운 일이 아니다. 또한 두 정수의 최대공약수를 구하는 유클리드의 유명한 알고리즘은 2,300년 전에 발견되었다. '알고리즘'이라는 단어는 중세시대에 페르시아의 수학자 알콰리즈미(780?~850?)의 이름을 라틴어로 번역하는 과정에서 파생되었다.[2] 즉 알고리즘이 최근의 발명품이 아니라는 것을 알 수 있다.

그렇다면 알고리즘은 왜 그렇게 우리를 두렵게 만드는 것일까? 알고리즘이 발전하면서 점점 더 우리를 닮아간다고 판단했기 때문일 것이다. 그러나 새로운 것은 없다. 인간사는 복잡했고 항상 그래왔다. 왜 위대한 인물들이 알고리즘을 수학적 모델로 삼

2 또한 알콰리즈미의 가장 유명한 책인 『복원과 대비의 계산』에는 제목에 al-jabr(복원, 연결, 종합이라는 뜻)라는 용어가 포함되어 있는데, 이는 대수학의 어원이 되었다.

았고, 때로는 알고리즘을 희화화했는지 아리스토텔레스는 다음과 같이 지적했다.

> 만일 도구가 명령을 받거나 우리의 뜻을 헤아려 일을 할 수 있다면, 그리고 전설적인 다이달로스가 제작했다는 동상들이나 '저절로 신들의 회의장에 들어갔다'라고 하는 헤파이스토스의 삼발이처럼 베틀의 북이 저절로 천을 짜고 픽이 저절로 키타라를 연주한다면 장인에게는 조수가 필요없고, 주인에게는 노예가 필요하지 않을 것이다.[3]

이것은 천공 카드가 있는 유명한 자카드 방직기를 포함하여 최초의 기계 방직기가 탄생했을 때 일어난 일이다. 에이다 러브레이스Ada Lovelace(1815~1852)가 라이프니츠와 배비지Babbage가 상상한 디지털 계산기를 훨씬 능가하는 최초의 컴퓨터 프로그램을 만든 것도 대체로 이 메커니즘에 기반을 두었다. 그러나 아리스토텔레스는 기계가 활성화되어 일자리를 뺏긴 노동자의 분노가 기계를 향할 것이라고 상상하지 못했다. 실제로 방직기의 발명으로 인해 대다수의 장인이 직장을 잃었다. 그들은 기계의 완전한 파괴를 목표로 하는 러다이트(수수께끼 같은 인물인 네드 러드의 이름에서 따왔다) 운동에 합류했다. 이 급진적인 폭동은 1811년에서 1812년

3 아리스토텔레스, 『정치학』, I, 4, 1253b, 장 오보네 역, Les Belles Lettres, 1960.

사이에 잉글랜드 북부, 정확히는 로빈 후드의 도시인 노팅엄에서 발생했다! 그리고 이 운동을 일으킨 그 문제는 오늘날에도 여전히 지속되고 있다. 계산원의 고용을 위협하는 쇼핑센터의 자동화를 생각해 보면 알 수 있다.

그러나 오늘날 알고리즘을 위험하다고 인식하는 이유는 반사회적 원인이 아닌 다른 곳에 있다. 알고리즘이 결국 인류를 지배하게 될 것이라는 두려움 때문이다. 이 두려움은 비합리와는 거리가 멀다. 오히려 역사의 의미를 받아들인다는 뜻이다. 알고리즘이 조종하는 삶은 최초의 기계식 시계의 발명과 함께 중세 말부터 시작된 오랜 지적·기술적 여정의 성과이기도 하다.[4]

그 당시에도 시간을 측정하는 것은 중요한 일이었지만, 동시에 기독교와 이슬람교가 공유하는 문제인 기도 시간을 존중하기 위해서도 중요했다. 6세기 중반에 만들어진 성 베네딕도 규칙서는 전 중세시대에 영향을 미쳤다. 규칙서에는 수도사가 일어나 기도하고 점심을 먹고 일을 해야 하는 시간 등을 정해 놓았다. 당시에는 일출과 일몰의 리듬이 하루를 좌우했고, 월과 연도를 확립하기 위해 달과 태양의 리듬에 매우 집착한 이슬람교도 태양 주기에 따라 매일 5번 기도하는 시간을 유지했다. 기독교가 점차

---

4 기원전 3세기에 고대인들은 수력 시계를 발명했다. 물은 한 용기에서 다른 용기로 흘렀고 부표는 시간을 나타냈다. 807년 칼리프 하룬 알 라시드의 사절은 샤를마뉴에게 시계를 선물했다. 수력 시계의 문제점은 일정한 유량이 필요하고 매일 용기의 물을 교체해야 한다는 것이었다.

천체 운행에 관심이 열어졌던 이유는 달과 해의 주기와 무관한 달력 시스템 개혁을 수차례 목격했기 때문이다. 자연 현상과 관련 없이 달력을 수정하거나 지극히 개인적인 이유로 월의 이름을 변경한 로마 황제와 같은 사례 말이다.[5]

14세기에는 최초의 기계식 시계가 발명되면서 기독교는 태양의 주기와 상관없이 기도 시간을 결정할 수 있게 되었다. 처음으로 시계는 시간을 나타내는 기준이 되어 인간의 사건과 자연 현상을 구분시켜 주었다. 피타고라스의 수학적 모델을 따라 우주가 시계처럼 조절될 수 있다는 생각을 퍼뜨릴 순수하고 보편적이며 수량화된 추상적 시간이 탄생했다.[6] 이를 볼테르는 다음과 같이 완벽하게 요약했다.

> 우주가 나를 난처하게 한다. 시계는 존재하지만, 이것을 만든 시계공이 존재하지 않는다는 것을 상상할 수 없다.[7]

신이 시계공이라면 우리는 단순한 메커니즘에 의해 움직이는 작은 초시계에 불과했다. 기술적 진보는 이런 생각을 확인시켜주

---

5 예를 들면 네로는 aprilis(고대 로마 달력의 4월)를 neroneus로 변경했다.

6 산업혁명에서 기계식 시계의 중요성에 관하여 참고하려면, 루이스 멈퍼드 Lewis Mumford, 『기술과 문명』, Harcourt, Brace and Company, 1934, 특히 첫 페이지를 보아라.

7 『음모』, v.111-112쪽.

는 일을 멈추지 않았다. 그렇기 때문에 시계는 곧 오토마타, 즉 자체적으로 움직일 수 있는 기계가 되었다. 18세기에 이르자 오토마타 그 자체는 작은 인간처럼 보이기 시작했다. 1767년과 1774년 사이에 자케 드로Jaquet-Droz 가족은 3개의 오토마타[8]를 만드는 데 성공했다. 피아노 건반을 손으로 누르는 음악가는 다섯 가지 멜로디를 연주했다. 데생 화가는 이따금 바람을 불어 연필심에 묻은 먼지를 털어냈고, 강아지나 루이 15세의 초상화를 포함하여 네 가지 데생을 그렸다. 작가는 3개의 오토마타 중 가장 복잡했는데, 깃펜을 잉크병에 담가 세 줄에 40개 정도의 글자를 쓸 수 있다.

인간의 모습을 따라한 오토마타는 매우 빠른 속도로 인간과 혼동되기 시작했다.[9] 이러한 방법으로 우리는 과학이 발전한 20세기 중반부터 스레드(신경망)와 이진 체계(신호 전송 여부)가 있는 살아 있는 메모리로 정보를 저장할 수 있는 컴퓨터로 우리의 뇌를 상상할 수 있었다. 컴퓨터를 발명한 것은 우리의 두뇌이지 그 반대가 아니라는 점을 고려하면 이 상상은 매우 역설적이다. 피그말리온의 환상부터 프랑켄슈타인 박사의 괴물까지 우리는 이제 세상을 영화 〈매트릭스〉(1999)를 모델로 한 거대한 컴퓨터로 보기

8 오토마타는 뇌샤텔의 예술과 역사 박물관에 전시되어 있다. 네 번째 인형도 있었지만 지금은 없어졌다.

9 기계 인간에 대한 더 자세한 내용을 참고하려면, 알랭 쉬피오, 『숫자에 의한 협치』, 앞의 책, 35쪽 이하를 읽어보라.

시작했다. 매트릭스는 최고의 흥행을 기록한 영화 중 하나로, 포스터를 보면 숫자가 비처럼 표현되어 있다.

니체가 공표한 것과는 달리 신은 죽지 않았다. 그는 컴퓨터 알고리즘이 되었을 뿐이다. 결과는 즉각적으로 나타났다. 우리 인간은 거대한 알고리즘의 자극에 반응하는 작은 프로그램이 되었다. 알고리즘이 보내는 팝업창을 통해 소비하고, 알고리즘이 만든 돈으로 소비하며 알고리즘이 보내는 정보가 참이든 거짓이든 투표에 영향을 미친다. 그러나 상황은 더 나빠졌다. 오늘 우리가 몇 걸음을 걸었는지, 얼마나 많은 칼로리를 소비했는지, 체질량, 지방 또는 근육량은 얼마인지, 게임에서 몇 점을 얻었는지, 스마트폰 알림이 얼마나 있는지, 휴가 사진에 '좋아요'가 몇 개가 있는지, 소셜 네트워크 '팔로워'가 몇 명인지 등 숫자 속에 우리의 모습을 비춰보게 된 것이다. 피타고라스의 꿈은 희화되었다. 이제 우리는 빅 데이터로 분석되는 숫자, 작은 데이터의 집합체이다. 우리가 좋든 싫든 빅 데이터는 정보를 정리하고 통계로 계산하기 전에 항상 우리의 행동을 주시하기 때문이다. 이것이 빅 데이터가 우리의 모든 과거와 현재를 알고 미래를 추정하는 방법이다.

예언자 모임

오래전 델포이에는 무녀가 있었다. 미래를 점치기 위해 아폴로 신전을 방문한 사람들이 무녀에게 자문을 구하면 그녀는 여러 경우에 들어맞을 수 있는 모호하고 이해하기 어려운 언어로 신탁을 내렸다. 그런 다음 대제사장은 무녀의 말을 해석하여 답변을 작성하고 방문객에게 전달했다. 지금은 어떨까? 겉으로 보기에는 그때와 다를 바 없어 보인다. 더 자세히 들여다보자. '지배는 예측하는 것이다'라는 격언에 집착하는 국가와 대기업은 그 어떤 것도 우연에 맡기려 하지 않는다.

근무 중 잠시 쉬는 시간에 친구의 페이스북 게시물에 댓글을 달고 '좋아요'를 누르는 X의 사례를 살펴보자. 아내 Y는 점심시간 또는 대중 교통을 이용하면서 페이스북에 몇 장의 사진을 올리고 새로운 친구 신청을 수락하거나 거절한다. X와 Y가 집에서 만난 오후 7시경, 그들도 모르는 사이에 그들이 검색한 내용이 모두 페이스북에 저장되고 전달되었다. 이제 미국의 거대 기업 페이스북은 커플의 사생활과 비밀, 욕망을 알게 된다. 그러나 다행인 건(혹은 불행일 수도!) 소셜 네트워크의 기능으로 X와 Y 커플이 몇 주, 몇 달 또는 몇 년이 됐든 얼마나 오래 관계를 지속할지 예측할 수 있다는 점이다.

이 프로그램 뒤에는 페이스북 엔지니어인 라스 백스트롬Lars Backstrom과 코넬 대학교 교수 존 클라인버그Jon Kleinberg가 있다. 클라인버그 교수는 1999년에 각각의 웹 페이지에 점수를 할당해 관련성에 따라 분류하는 HITSHyperlink-Induced Topic Search 알고리즘을 개발한 것으로 유명하다. 우선 두 사람은 페이스북 사용자 중에서 커플로 살고 있다고 표시한(그러나 누구와 함께 사는지는 나타내지 않았다!) 130만 개의 프로필 샘플을 무작위로 선택한 후 정보를 검토했다. 먼저 두 커플이 서로 공유하는 친구의 수를 계산한 다음, 이 측정값을 각자의 친구 범위까지 확장하여 프로그램을 만들었다. 초반에는 약간의 오차가 있었지만 그럼에도 누가 누구와 삶을 공유하고 있는지 식별할 수 있었다. 거기서부터 알고리즘은 한 파트너와 다른 파트너의 교제 범위 사이에 존재하는 연결 수를 기반으로 계산된 점수를 각 커플에게 부여했다. 실제로 시간이 지나면서 커플과 관계를 맺은 사람들은 보통 페이스북의 새로운 인맥에 반영되는 저녁 모임, 외출 또는 교류를 하기 전에 그들의 배우자를 친구 모임에 소개하는 경향이 있는 것으로 나타났다. 따라서 각 파트너와 그들의 배우자 친구 모임 사이에 생성된 관계(또는 관계 끊기)를 측정함으로써 알고리즘은 단기 또는 중기적으로 커플이 결별할 위험이 있는지 예측할 수 있었다. 그리고 이별의 위험이 높은 경우, 배우자 이외의 사람의 프로필을 방문하는 횟수를 고려하여 측정을 세분화했다. 행동을 취하기 전 곧 목표로 삼을 사람의 '2019년 여름 휴가' 사진첩을 보고 싶을 테니 말이다.

페이스북은 어떤 목적으로 누가 누구와 얼마나 오랫동안 자신의 삶을 공유하는지 알고 싶었던 걸까? 아마도 순진한 누군가는 궁금할 수도 있을 것이다. 그 답은 놀랍게도 플라톤의 『국가』에 나온 예언적 구절에서 찾을 수 있다. 플라톤은 수학에 대한 심도 있는 연구를 권장했지만, 그 연구를 판매나 구매에 사용해서는 안 된다고 경고했다.[10] 그러나 아무도 플라톤의 조언을 신중하게 따르지 않은 것 같다. 사용자의 결혼 상태를 알 수 있는 알고리즘을 개발한 소셜 네트워크는 사용자 맞춤 광고를 전달할 수 있게 되었다. 커플인 사람들의 점수에 따라 광고주는 가족 휴가 숙박이나 밸런타인데이 선물 등에 관한 광고를 보내거나 데이팅 사이트를 홍보한다!

그러나 이 사례에서 X와 Y는 그들의 관계를 예측한 정보에 결코 접근할 수 없다. 반대로 관련자가 예측 알고리즘의 엄청난 효율성을 확인할 수 있었던 또 다른 예시가 있다. 2012년 2월, 『뉴욕 타임즈』[11]는 한 슈퍼마켓 체인이 10대인 딸에게 임산부 제품 할인 쿠폰을 보낸 것에 분노한 아버지가 당한 봉변을 보도했다. 집에서 가장 가까운 매장의 점장실로 찾아간 아버지는 오히려 딸에게 아이를 갖도록 부추겼다고 비난을 퍼부었다. 그러나 몇 주 후, 아버지는 오히려 사과해야 할 상황에 놓였다. 사실 딸

---

10 『국가』, VII, 525b-c, 에밀 샹브리Émile Chambry 역, Les Belles Lettres, 1931. "글라우콘, 그렇기 때문에 이 과학[수학]을 의무화하고 국가의 고위직에 갈 예정인 사람들이 연구를 하여 스스로에게 적용하도록 설득해야 하네. 피상적이 아니라 순수한 지성으로 숫자의 본성을 꿰뚫어볼 때까지 말일세. 또한 상인처럼 판매와 구매를 위해 사용하게 만드는 것이 아니라 (…) 정신 그 자체가 감정적인 세계에서 진리와 본질로 지나가는 것을 돕기 위함이지."

11 찰스 두히그Charles Duhigg, 「회사가 당신의 비밀을 배우는 방법」, 뉴욕 타임즈, 2012년 2월 16일

은 이미 임신을 했기 때문이었다. 가족은 몰랐지만 온라인 매장 알고리즘은 이미 그 사실을 분명히 알고 있었다! 10대 소녀가 인터넷에서 검색한 기록, 주문한 의류, 미용 제품, 영양제 등은 아이를 기다리는 고객의 프로필과 완전히 일치했다. 컴퓨터가 임신 테스트기의 역할을 한 것이나 마찬가지였다. 숨겨진 일화도 있는데, 그 문제의 매장 이름은 '타깃Target'으로, 이름에 딱 맞는 곳이었다!

자신이 발표한 내용에 따른 결과를 생성하는 알고리즘… 우리는 다시 한번 알고리즘의 유명한 자기 실현적 예언과 마주치게 된다. 예를 들어, 스스로 '나는 할 수 없어'라고 반복하는 사람은 실패의 조건을 겸비한 것이고, 결국 자신이 예측한 대로 실패하게 된다. 자기 실현적 예언을 만들어 낸 알고리즘의 대표적인 예는 굿하트 법칙[12]을 검토할 때 이미 논의했던 세계 최고 대학 순위라 할 수 있다. 프로그램에 모든 종류의 매개변수를 입력하고, 추출하고, 통계적으로 반복한 알고리즘은 매년 최고 대학 순위(불가피하게 최악의 결과도)를 발표한다. 일단 순위가 발표되면, 이 순위는 곧바로 반작용을 발생시킨다. 진로를 걱정하는 학생과 교수는 자연스럽게 최하위 순위에 있는 대학을 기피할 것이며 이는 최하위 점수를 받은 대학의 발전을 저하하고 본연의 가치를 떨어뜨리는 결과를 초래하게 된다. 물론 이 과정은 상위에 랭크된 대학도

12 7장 참고

마찬가지이다. 그들은 계속해서 최고의 인재를 유치하여 순위를 강화할 것이다. 이런 경우 결과는 진짜 예언으로 작용한다. 모든 면에서 알고리즘이 옳다는 것을 증명하기 때문에 알고리즘의 적합성에 대해 의문을 표시하기 어렵다. 여기서 조작은 매우 치밀하게 이뤄진다. 순위의 정당성을 증명하는 것은 대학의 성과라기보다 대학의 성과에 피드백을 주는 홍보에 달려 있다.

그때 놀라운 미장아빔이 개입하는데, 바로 조작의 조작이다! 2014년 미국의 대표적 잡지인 『US 뉴스 & 월드 리포트』가 발표한 세계 대학 순위에 사우디아라비아의 킹 압둘아지즈 대학(이하 KAU) 신생 수학과가 7위로 선정되었다. KAU 수학과는 버클리, 스탠퍼드, 프린스턴, UCLA, 옥스퍼드 및 하버드의 뒤를 이었고 파리 6대학, 홍콩 대학, 케임브리지 그리고 MIT의 순위보다 앞서 있었다. 당시 겨우 2년밖에 안 된 학과로서는 상당히 놀라운 결과였다! 이 사건은 특히 MIT 수학과를 졸업하고 미국의 여러 대학에서 컴퓨터 생물학을 가르친 리오 패처Lior Pachter의 눈에 띄었다. 결과가 발표된 직후, 버클리 대학의 수학과에서 일하던 패처 교수는 블로그[13]를 통해 15년 동안 이 분야에서 일했지만 KAU 출신 동료를 만나거나 들어 본 적이 없다고 털어 놓으며 이런 순위 경쟁이 숨기고 있는 비밀을 밝히고자 했다. 2014년 10월 31일,

---

13 리오 패처Lior Pachter, 「어떤 사람에게 인용은 연간 3달러의 가치가 있다」, Liorpachter.wordpress.com, 2014년 10월 31일

그가 블로그에 올린 원인[14]은 매우 간단했다. 『US 뉴스』가 사용하는 알고리즘은 해당 대학과 관련된 논문 수와 범위를 기반으로 계산하기 때문에, KAU는 저명한 수학자들과 접촉했다. 그리고 그들이 발표하는 새로운 논문에서 그들이 KAU 부교수임을 언급하는 조건으로 각각 72,000달러를 제안했다! 물론 알고리즘은 이 거래를 전혀 알아차리지 못했다. 알고리즘 기획자가 관심을 갖는 것, 즉 일류 논문 숫자만이 고려 대상이었다. 심지어 논문 집필자들이 실제로는 1년에 3주 동안에만 사우디아라비아에서 머물렀다는 사실은 전혀 고려하지 않았다. 바로 순위를 조작하기 위한 단순한 알리바이 말이다.

알고리즘 트레이더의 시대

감정이나 학문을 다루는 분야에서 알고리즘을 대량으로 사용하는 일은 분명 비판의 여지가 있지만 금융권에서 사용되는 알고리즘과 비교하면 미미한 수준이다. 10년 이상 주식 시장 대부분의 거래는 더 이상 인간이 수행하지 않고 있다. 상황을 분석하고 직관에 따라 결정을 내리던 사람들의 직업은 이제 알고리즘으로 대체되었다. 알고리즘 트레이딩은 시간을 절약하고 거래를 최적화

14 위의 블로그

해서 시세 상승 또는 예상과 관련된 인간의 오류로부터 발생하는 위험을 제거한다.

2011년 당시 나스닥 회장이었던 로버트 그리필드Robert Greifeld는 이 세태를 다음과 같이 요약했다.

> 이제 끝났습니다. 수세기 동안 존재했던 상업은 죽었습니다. 오늘날 우리에게는 전자 시장이 있습니다. 이것이 현재이고, 또 미래입니다.[15]

그리고 알고리즘은 폭주했다. 알고리즘 거래는 이제 100만 분의 1초 만에 결정을 내린다. 시간이 돈이기 때문이다! 프로그램 간 속도 경쟁은 시장을 훨씬 더 유동적으로 만들지만, 과연 소액 거래에도 그렇게 빠른 시간이 필요할까? 실제로 빠른 거래는 주식 시장, 상품, 외환 등에 대한 교묘한 조작 또한(또는 조작을 우선으로?) 가능하게 만든다.

실제로 레이어링은 실행하고자 하는 계획 없이 대량의 주문을 하는 행위이다! 레이어링은 사람들로 하여금 수요 또는 공급이 급격하게 증가 또는 감소했다고 믿게 하여 가격을 원하는 방향으로 움직이는 데 목표를 둔다. 예를 들어, 시장 가격보다 낮은

15 그레이엄 보울리Graham Bowley, 「시장 상징 지키기」, 뉴욕 타임즈, 2011년 4월 25일

가격으로 주식을 사고 싶다면 더 낮은 가격에 매도 주문을 많이 하기만 하면 된다. 그러면 스스로를 조정하려는 경쟁이 가격을 낮출 것이다. 가격이 움직이면 주문을 취소하는 것으로 충분하고 할인된 다량의 주식을 수중에 넣을 수 있다. 물론 이 방법은 금지된 조작이다. 하지만 거래가 1초 미만으로 계속되고 알고리즘의 속도는 통제의 영역을 벗어나기 때문에 이 조작을 발견하기는 매우 어렵다. 그럼에도 불구하고 2011년 스위프트 트레이드Swift Trade는 이 기술을 사용한 혐의로 800만 파운드의 벌금을 부과받았다. 알고리즘 거래라는 작은 세계에서 잡히지 않고 계속 거래할 수 있으려면 속도가 중요한 문제라는 결론이 즉시 나왔다. 그 결과 쿼트 스터핑이라는 유사한 기술이 생겼다. 쿼트 스터핑은 대규모의 주문을 한 뒤 즉시 거래를 취소하여 시장을 혼란스럽게 만드는 것이다.

셰익스피어가 말한 것처럼, 이 모든 일은 헛소동일까? 전혀 그렇지 않다. 경쟁을 혼란스럽게 함으로써 이 무질서 속에서 발생하는 기회를 잡을 수 있다.

그러나 혼란은 때때로 예상치 못한 상황을 겪는다. 2010년 5월 6일, 다우 존스Dow Jones는 거의 1,000포인트를 잃었다가 단 15분 만에 600포인트를 다시 회복했다! 트레이딩 조작으로 인한 이 플래시 크래시flash crash는 오후 2시 42분에서 2시 57분 사이에 실제로 금융 위기가 발생할 것 같은 느낌을 주었고 그 결과는 제한적이었다. 하락하며 장을 마감했지만 오후가 시작될 때 급락한 것에 비하면 불행한 일은 아니었다. 반면 또 다른 플래시 크래시는 상품 시장(대륙간 거래소)에 훨씬 더 강력한 영향을 미쳐 2011년 코코아와 설탕 가격이 몇 초만에 폭락했다.

인간은 가격 안정성을 유지하기 위해 변동을 억제하지만 알고리즘은 단기 이익만 생각하기 때문에 하락을 가속화한다. 그러나 이 최적화 게임은 경제에 매우 실질적인 영향을 미치므로 주식 시장 알고리즘에 관심이 없는 현지 생산자를 파산시킨다. 2013년 싱가포르 증권거래소의 경우처럼 때로는 수십 억 달러가 연기처럼 사라지기도 한다. 몇 줄의 컴퓨터 코드로 인해 4억 6,200만 달러의 손실을 보고 파산 위기에 처한 금융 서비스 회사 나이트 캐피탈 그룹Knight Capital Group의 경험처럼 단순 소프트웨어 설계 실수로 인해 위험이 발생하기도 한다.

이러한 알고리즘 조작이 주식 시장의 붕괴를 일으켜 세계 경제에 끼칠 위험을 지적하는 목소리가 제기되었다. 그중에는 스탠퍼드 대학 교수이자 미국 국립과학원 회원인 조지 파파니콜로George Papanicolaou나 파리 12대학 교수이자 프랑스 수학 협회장인 스테판 자파르Stéphane Jaffard가 있다. 파파니콜로 교수는 2010년 플래시 크래시를 언급하면서 "시장이 좋은 것이라고 생각하는 사람은 누구나 이 사건에 대해 곰곰이 생각해봐야 한다."[16]라고 말

16 파파니콜로 교수는 학생들 앞에서 이렇게 연설했고, 이 장면은 올리비에 페용Olivier Peyon이 만든 다큐멘터리 영화 〈왜 나는 수학이 싫어졌을까?〉(2013)

했다. 또한 자파르 교수는 2008년에 이미 "일부 금융 수학자들은 자신이 만든 모델을 사용해 공포에 빠뜨린다."[17]라고 주장했다.

그러나 알고리즘의 무대는 마케팅이나 금융 분야에 국한되지 않는다. 정치권은 민주주의의 근간을 위협하는 수학 도구가 지배하는 세상에서 혼자 살아남을 수 없다.

민주주의 vs 알고크라시

우리의 소셜 네트워크 활동을 조사하는 학문적 연구가 증가하고 있다. 스탠퍼드 경영 대학원의 조교수인 미할 코신스키Michal Kosinski는 심리측정학 전문가이다. 그는 인구의 심리적 측면을 수량적으로 측정하는 방법에 관심이 있었다. 2013년, 아직 박사 과정 중이던 그는 다음과 같은 논문을 공동 저술했다.

> 페이스북의 '좋아요'와 같이 쉽게 접근할 수 있는 디지털 행동 기록을 사용하여 성적 취향, 민족, 종교 및 정치적 견해, 성격 특성, 지능, 행복, 약물 사용, 부모의 이혼, 연령, 성별 등을 포함한 극도로 민감한 개인 특징의 범위를 자동으로 정확하게 예측할 수 있다. 본 논문의 분석은 페이스북에서 '좋아요'를

에 영원히 남게 되었다.

17 르 피가로와의 인터뷰 「금융 위기: 수학자들은 스스로 변호한다」, 2008년 10월 29일

표시한 58,000명 이상의 자원 봉사자, 자세한 인구 통계 프로필 및 여러 심리 측정 테스트 결과로부터 얻은 데이터를 기반으로 한다.[18]

실제로 알고리즘은 사용자가 95%의 확률로 흑인인지 백인인지, 93%의 확률로 남성인지 여성인지, 88%의 확률로 이성애자인지 동성애자인지, 85%의 확률로 민주당 또는 공화당 지지자인지 판별하는 데 성공했다. 여기서 가장 놀라운 점은 사용된 계량경제학 모델이 꽤 단순한 선형 또는 로지스틱 회귀분석이었다는 것이다. 통계학과 1학년 학생이 데이터 처리 소프트웨어를 사용하여 개발할 수 있는 수준이었다. 기업이나 정부, 심지어 일반인조차 심리학 연구가 아닌 제품 판매나 선거를 뒤집기 위한 목적으로 쉽게 따라 할 수 있었기 때문에, 코신스키와 논문 공동 저자들은 이 모델을 사용하는 위험성에 대해 경고했다.

고대 시대부터 홍보를 사용해 투표에 승리했다는 사실이 알려져 있는 만큼 커뮤니케이션 수단의 발전도 유권자에게 영향을 미칠 가능성이 높다. 이탈리아의 실비오 베를루스코니Silvio Berlusconi는 텔레비전을 무기로 사용하여 시청자들을 사로잡았다. 여러 텔

---

18 미할 코신스키Michal Kosinski, 데이비드 스틸웰David Stillwell, 토러 그래플Thore Graepel, 「개인의 특성과 속성은 인간 행동의 디지털 기록으로 예측할 수 있다」, 미국국립과학원회보Proceedings of the National Academy of Science of the United States of America, no. 111, vol. 15, 2013년 4월 9일, 5802-5805쪽.

레비전 채널을 통합하여 메디아셋Mediaset 그룹을 설립한 그는 국가의 비전을 공유할 뿐만 아니라 시청자의 지성을 거의 요구하지 않는 예능 프로그램을 만들어 포퓰리즘을 전파하는 수단으로 만들고자 했다. 1980년대부터 2000년대 말까지 수행된 한 심층적인 연구[19]에서 베를루스코니가 소유한 채널을 시청하는 성향과 그의 정당에 투표하는 확률 사이의 상관관계를 밝힌 적이 있다. 이 전략의 유일한 약점은 텔레비전 채널이 개개인을 구분하지 않고 대규모의 시청자를 겨냥한다는 것이었다. 단점을 극복하려면 잠재적 유권자에 맞게 개별적으로 조작하는 방법이 필요했다.

이렇게 해서 스티브 배넌Steve Bannon과 로버트 머서Robert Mercer라는 두 사업가는 코신스키의 연구를 사용하게 되었다. 두 사람은 전략 커뮤니케이션 연구소Strategic Communication Laboratories 그룹에 속한 케임브리지 애널리티카Cambridge Analytica(이하 CA)라는 컨설팅 사업을 시작했다. 이들은 스스로를 글로벌 선거 관리 기관이라고 정의했다. CA의 참신함은 고전적 커뮤니케이션이 아닌 유권자에 대한 상세한 분석에 기반한다는 것이었다. 유권자의 심리, 사회적 특성에 따라 더 설득력 있는 타깃 광고를 발송한다. 예를 들어 알고리즘이 페이스북 '좋아요'를 통해 사용자가 동성애자임을 감

19 루벤 두란테Rube Durante, 파올로 피노티Paolo Pinotti, 안드레아 테제이Andrea Tesei, 「엔터테인먼트 TV의 정치적 유산」, CEP Discussion Paper, no. 1475, 2017년 4월

지했다면, 후보자가 제안한 동성애 정책에 초점을 맞춘 출판물을 보내는 것으로 충분하다.

잠시 CA의 창립자 이야기로 돌아가 보겠다. 전 IBM 임원이었던 로버트 머서는 프로그래머 출신 사업가였다. 미국 극우에 가까운 보수 성향을 가진 머서는 반 환경 기금과 낙태 반대 운동을 재정적으로 지원했다. 스티브 배넌은 미국의 보수 운동가로, 2012년부터 2016년까지 브라이트바트 뉴스Breitbart News의 회장을 역임했다. 브라이트바트 뉴스는 극보수주의이자 성차별, 음모론, 심지어 백인 옹호를 찬성하는 입장을 표방하는 미국 극우와 같은 대안적 우파의 플랫폼처럼 여겨지는 언론이다.

힘을 합친 두 사람은 빅 데이터를 정치적인 목적으로 이용하였고 극우파를 위한 무기로써 알고리즘을 사용하려 했다. 공화당 1차 선거 기간 동안 CA는 당의 가장 보수 진영을 대표했던 테드 크루즈Ted Cruz를 지지했다. CA는 수천만 명의 페이스북 사용자를 대상으로 한 연구에 기반한 심리 데이터를 이용해(대부분 허락 없이 수집되었다) 그들에게 뉴스(뉴스가 사실이든 거짓이든)를 내보내고 도널드 트럼프를 깎아내리며 테드 크루즈를 홍보했다. 이를 위해 경영진은 케임브리지 대학 연구소에 미국 유권자의 상세한 심리 프로필을 수집하는 비용을 지불했다. 코신스키는 즉시 격분했고 『가디언The Guardian』이 이 사건을 고발하는 데 도움을 주었다.[20]

---

20 해리 데이비스Harry Davies, 「본인도 모르게 수백만 명의 페이스북 사용자의

CA에 약 600만 달러를 지출하며 여러 주에서 승리를 거뒀음에도 불구하고 트럼프에게 추월당한 테드 크루즈는 공천 경쟁에서 물러나기로 결정했다. 곧 CA는 트럼프에 협력했고 배넌은 트럼프 선거본부의 CEO가 되었다. 돈 버는 일에 귀천이 없듯 데이터도 마찬가지였다. 곧바로 트럼프의 언어폭력은 알고리즘에 의해 최적화되었고 흑인 유권자들은 애니메이션 〈사우스 파크South Park〉에서 영감을 받은 짧은 영상을 받았다. 영상에서 힐러리 클린턴Hillary Clinton은 1996년 연설에서 갱단 멤버를 '최상위 포식자super predator'로 묘사했다. 영상에 적힌 자막에는 힐러리의 연설이 재해석되었다. "힐러리는 아프리카계 미국인을 최상위 포식자라고 생각합니다." 이런 방법으로 트위터에 짧은 문장을 내던지던 트럼프는 페이스북의 유권자 역시 확보할 수 있었다. 텔레비전 채널에 대한 관심(그리고 긴장)을 유지하면서 2개의 소셜 네트워크에서 개별화된 커뮤니케이션과 기존의 대중 커뮤니케이션을 결합한 것이다. 트럼프 선거 캠프에서조차 페이스북이 없었다면, 그리고 암묵적으로는 CA가 없었다면 트럼프는 승리할 수 없었을 것이라고 말했다.

그러나 CA의 활동은 미국인에게만 국한되지 않고 미국 국경을 너머 퍼져나갔다. 2010년 인도에서 이루어진 비하르주 선거에서는 민족주의 정당인 인도 국민회의Indian National Congress로부터

데이터를 수집한 회사를 사용하는 테드 크루즈」, 가디언, 2015년 12월 11일

의뢰 받았고, 2013년 케냐에서는 지역 및 국가 차원의 정치 문제, 집권자에 대한 신뢰 수준, 투표 행동 및 의도, 선호하는 정보 채널 등을 식별하기 위한 요청을 받았다. 뿐만 아니라 CA는 호주, 멕시코, 몰타, 나이지리아, 필리핀에서도 활동했다.

2018년 크리스토퍼 와일리Christopher Wylie는 스캔들을 터트렸다. CA의 연구팀에서 일했던 그는 『가디언』에 민감한 문서를 전달했고 대중은 자신도 모르는 사이에 페이스북 사용자의 데이터가 어떻게 활용되는지 알게 되었다. 또한 CA는 브렉시트 투표에 결정적인 역할을 했을 것이라고 추측되었다. 와일리의 폭로는 폭탄 같았다. 스캔들은 일파만파 퍼져 미 의회에 증인으로 출석한 마크 저커버그Mark Zuckerberg가 사과하고 페이스북은 자사 개인정보 보호정책을 전면적으로 개정해야 했다.

CA는 이 문제에서 살아남지 못했고 결국 문을 닫고 폐업을 선언했다. 그러나 대부분의 임원은 에머데이터Emerdata와 데이터 프로프리아Data Propria에 다시 합류했다. 이 두 회사가 하는 일이 CA가 하던 일과 완전히 동일하다는 점을 굳이 말할 필요가 있을까? Montague Tigg가 Tigg Montague가 되었을 때 디킨스가 예측했듯이,[21] 회사를 평온하게 계속 운영하려면 이름만 변경하면 될 뿐이었다. 결국 이 분야에서 스캔들은 의심할 여지없이 최고의 홍보이기 때문이다.

---

21 8장 참고

알고리즘이 세상을 파괴할 것인가?

베르나르 스티글레르Bernard Stiegler에 따르면 알고리즘은 개개인의 특색을 없앨 우려가 있는 우리 시대의 주된 위험 요소 중 하나이다.[22] 스티글레르가 사유의 포기에 대한 가능성으로 알고리즘을 봤다면, 수학자 캐시 오닐은 사회적 지배와 불평등 증가의 도구로 간주했다. 그녀는 알고리즘이 대량 살상 무기가 되는 엄청난 힘을 갖고 있다고 생각했다.[23]

대출을 받은 예를 생각해 보자. 오늘날에는 온라인으로 대출 신청을 할 수 있다. 그러므로 은행은 다른 은행으로부터 고객을 뺏기지 않도록 잠재적 고객의 요청에 신속하게 대응하는 것이 중요하다. 그러나 장기적으로는 고객이 지불 능력이 있는지 혹은 그렇지 않은지 구별하는 것도 그만큼 중요하다. 알고리즘이 해결해야 하는 과제는 계산 속도와 통찰력이라는 두 가지 매개변수를 중심으로 이루어진다. 두 번째 요점과 관련하여, 알고리즘은 고객이 신고한 소득뿐 아니라 이름과 주소 등 제출한 모든 정보를 고려한다. 어휘의 유사성 분석 기능을 탑재한 알고리즘은 모하메

---

22 아마엘 기통Amaelle Guiton, 「베르나르 스티글레르: 혁신의 가속화는 문명의 발전에 기여하는 모든 것을 뛰어넘습니다」, 리베라시옹, 2016년 7월 1일

23 캐시 오닐, 『대량살상 수학무기』, Les Arènes, 2018. 원제목인 『Weapons of Math Destruction』은 프랑스어로 번역할 수 없는 'mass destruction'(대량 파괴)와 'math destruction'(수학 파괴) 간 언어유희를 사용하였다.

드Mohammed와 이름이 유사한 고객(Mohamed, Mohand, Mouhamed 등)이 과거에 대출 상환에 어려움을 겪었다고 식별하면 이와 비슷한 이름을 가진 고객의 신용 점수가 자동으로 낮아진다. 마찬가지로, 클리쉬수부아Clichy-sous-Bois 주민의 낮은 대출 상환율을 확인한 알고리즘은 해당 도시에 사는 주민의 대출 요청을 거부하는 경향을 보인다.[24] 그러나 인구 하위 계층에서 어떤 이름이 일반적으로 사용되거나, 어떤 도시의 1인당 소득이 평균보다 낮다고 해서 이런 이름을 갖고 있거나 이 도시에 살고 있는 주민이 대출을 상환하지 않는다는 의미는 결코 아니다. 이 점은 단지 사회인구학 특성으로 분류된 사람들이 평균적으로 만나는 경제적 어려움을 가리킬 뿐이다.

그러나 알고리즘은 아랑곳하지 않는다. 대출 신청에 점수를 부여하기만 하면 된다. 만약 모하메드라는 이름을 가진 사람이 클리쉬수부아에 살고 경제학 박사 학위를 소지하고 있으며 사업을 시작하기 위해 대출을 받으려 한다면, 아르튀르Arthur라는 이름의 파리 15구의 호화로운 아파트에 사는 사람보다 대출을 받을 기회가 더 적을 것이다. 좀 더 평이하게 말하자면, 알고리즘은 계산에 용모를 통합한다. 알고리즘은 대출 상환에 어려움을 겪었던 고객과 유사한 사람(통계적 의미에서)이 신청한 대출을 거부할 것이다. 따라서 대출 신청자는 그들이 누구인지가 아니라 그들이

---

24 이 두 사례는 실제로 프랑스 은행에서 통용되는 관행에서 가져온 것이다.

속한 곳을 기준으로 판단된다.

그렇다고 해서 알고리즘이 냉소적이고 불공정하며 심지어 위험하다고 말할 수 있을까? 어느 쪽도 그렇다고 말할 수 없다. 오늘날의 알고리즘은 옛날에 존재했던 흑색 화약이다. 중국에서 3세기 경 발명된 후 약재로 쓰였던 흑색 화약은 13세기에 유럽에 상륙하여 주로 화약으로 사용되며 전쟁 기술에 혁명을 일으켰고 사망자 수를 폭발적으로 증가시켰다. 이럴 경우, 흑색 화약을 원망해야 할까, 아니면 약용으로 사용하지 못한 사람들을 비난해야 할까?

알고리즘은 요청받은 대로 수행할 뿐이다. 은행 대출을 거절한다고 해서 가치 판단을 하지 않는다. 대출을 거절하는 건 알고리즘이 아니라 프로그램을 사용하여 더 빠르고 더 나은 결정을 내리려는 사람이다. 알고리즘이 없더라도 은행원은 틀림없이 같은 결정을 내릴 것이다. 다만 시간이 더 오래 걸릴 뿐이다. 알고리즘이 도구라면 두뇌와 전략은 그것을 손에 쥐고 있는 사람들의 몫이다. 대출 신청에 각각 점수를 부여하고 상환 가능성이 80% 이상인 신청만 인정하도록 알고리즘에 입력하면, 알고리즘은 그대로 실행한다.

알고리즘이 세상을 덜 불평등하게 만들기를 원한다면, 알고리즘에 지금과는 다른 목표와 절차를 설정하면 된다. 그리고 그 일은 우리에게 달려 있다. 이러한 관점에서 도덕적, 법적 이유로 알고리즘이 고객의 이름을 참고하지 않도록 입력하는 데이터 과학자도 있다. 이 결정에 대한 책임은 도구가 아닌 기획자에게 있다. 고객 상환율을 최적화하거나 점수가 60%에 불과한 신청자에게 기회를 주어 사회 정의에 기여하고 싶은 목표를 가진 은행원이 있다면, 고객에게 개별적으로 지원을 하거나 다른 유형의 대출을 제안하여 고객이 전액 상환한 후 통계 점수를 바꾸도록 도움을 줄 수 있다. 덕분에 미래의 고객은 이제 60%가 아닌 70%의 점수를 얻게 될 것이다.

소크라테스와 빅 데이터

알고리즘이 안내하는 세계에 대한 환상이 점점 더 분열되는 이 시대에 고대의 교훈을 듣기 위해 2,500년 전으로 돌아가 보자. 엘리스의 히피아스는 소크라테스 시대의 소피스트였다. 아니, 정확히 말하자면 히피아스는 소피스트가 아니라 절정에 달한 정교한 궤변술을 가지고 있었다. 뛰어난 기억력을 가지고 있던 그는 살아 있는 백과사전이라고 불렸다. 그는 어떤 주제에 대해서도 토론할 수 있었으며, 자신의 손으로 만든 물건만 착용할 정도로 모든 지식과 기술에 정통했다. 또한 모든 것을 알고 있으므로 생각할 필요가 없을 정도였다. 그에게 질문하면 오늘날 우리가 부르는 표현인 자신의 데이터베이스를 검색하기만 하면 됐고 곧바로 답할 수 있었다. 게다가 훌륭한 소피스트답게 다음 날 같은 질문을 하면, 전날과 다른 대답을 했다. 그는 하루 종일 지루한

말만 반복하는 소크라테스를 조롱한 반면, 자신은 의견을 바꾸며 매일 새로운 것을 말하고자 했다. 히피아스는 진실이 아닌 정보의 축적을 목표로 삼았다.

가장 놀라운 것은 원적 문제를 풀기 위한 희망을 품은 히피아스가 원적곡선을 발명하는 데 성공했다는 것이다. 이 곡선은 고대에 불가능한 또 다른 문제였던 각의 3등분 문제를 해결하는 데 도움이 되었다. 이렇게 히피아스는 지식을 축적함으로써 기하학을 발전시켰다. 그러나 그의 생각은 거의 대부분 공허했고 그의 연설은 자신을 표현하는 기교에만 관심이 있었다. 당당함은 히피아스의 특징이었다. 청중에게 자신의 재능을 어필하기 위해 명확한 추론도 없이 무수한 정보를 세상에 내던졌다. 청년 플라톤이 그의 적수인 『소小 히피아스』에게 바치는 두 번째 대화에서는 거짓말을 다루었다. 그것은 소크라테스를 부르는 것부터 시작했다.

> 소크라테스여, 히피아스가 저렇게 장황하게 이야기하는데 왜 침묵하십니까? 어찌하여 우리가 당신을 칭송한 것처럼 당신은 하지 않으십니까?[25]

25 플라톤, 『소 히피아스』, 모리스 크루아제Maurice Croiset 역, Les Belles Lettres, 1920, 26쪽.

소크라테스는 자신이 아무것도 모르기 때문에 철학적 방향으로 발전하기 위해서는 치밀한 문답법을 통해 상대방에게 질문을 해야 한다는 원칙에서 출발한다. 그의 방법은 지루하며, 히피아스의 연설처럼 허황된 약속을 하지는 않는다. 그러나 이 문답법에서 히피아스는 실수를 범하고 소크라테스에게 반박할 수 없다. 자신의 모순과 약점에 직면한 히피아스는 자신의 말에 담긴 모든 허영심을 드러내게 된다. 반대로 소크라테스는 히피아스와 대화함으로써 발전한다. 분명 궁극적인 진리에는 도달하지 못했지만 성실하게 그 일부를 탐구했다. 그러는 동안 상대방에게 반항만 했던 히피아스는 조금도 발전하지 못했다. 아마도 그 역시 그렇게 되길 원하지 않았을 것이다.

오늘날 히피아스는 빅 데이터, 즉 엄청난 양의 데이터이다. 그리고 소크라테스는 우리가 따라가야 할 본보기이다. 빅 데이터가 우리에게 제공하는 알고리즘과 대량의 정보를 활용하면 매우 유용하지만 그것으로 무엇을 하고 싶은지 알아야 하는 건 바로 우리 자신이다. 끊임없이 우리가 제기하는 철학적, 정치적 문제에 복종해야 하는 이 도구로 우리는 어떤 세상을 만들고 싶은 것일까?

가능성의 분야는 무궁무진하다. 현실에 적용된 계산은 상당한 잠재력을 지니고 있다. 모든 사람을 위한, 그리고 모든 사람이 공유하는 꿈이 구현되는 데에는 거기에 달려 있다. 로베르트 무질이 『수학적 인간』에서 언급했듯이 수학은 이러한 위업을 이룰 수 있다.

오늘날, 수학자만큼 환상에 가까이 다가가는 사람은 없다.[26]

---

26 로베르트 무질, 『수학적 인간』(1913), 필립 자코테Philippe Jaccottet 역, Seuil.

10

길고 복잡한 계산서

> 예언 중 어떤 것은 당시 연도, 사망자 수, 페스트가 발병한 개월 수와 관련된 괴상한 계산에 기반을 두기도 했다. (…) 게다가 모든 예언의 공통점은 그것들이 결국 모든 것을 안심하게 만든다는 것이었다. 다만, 페스트만은 그렇지 않았다.
>
> — 알베르 카뮈, 『페스트』[1]

환자와 숫자

어떤 질병은 때때로 용병 부대의 역할을 맡는다. 16세기 스페인 정복자 콩키스타도르conquistador가 신대륙에 발을 내디뎠을 때, 그들이 옮긴 천연두로 인해 수백만 명의 원주민이 사망했고 유럽인들은 쉽게 신대륙을 정복할 수 있었다. 1세기 후 천연두는 유럽에서 매우 치명적인 질병이 되었고, 여러 국가에서는 사망자 및 감염자 목록을 작성해 통계를 내기 시작했다. 이 전염병에 첫 번

1 알베르 카뮈Albert Camus, 『페스트』, Folio Plus Classique, 2018, 225쪽.

째 제동이 걸린 것은 18세기 초였다. 1715년 젊은 영국 여성인 메리 워틀리 몬태규Mary Wortley Montagu(1689~1762) 부인은 천연두에 걸렸지만 살아남았다. 다음 해에 그녀의 남편은 오스만 제국의 영국 왕실 대사로 임명되었다. 이로 인해 부인을 사기꾼으로 고발하는 의사들과 신의 형벌이라는 전염병에 맞서 싸우는 것이 신을 모독하는 일이라고 판단하는 성직자들의 반대에도 불구하고 몬태규 부인은 질병 퇴치를 위한 첫걸음을 내딛게 되었다.

터키에서 지인들에게 쓴 편지로 영국의 마담 드 세비녜Madame de Sévigné 칭호를 얻은 그녀는 시인(그녀가 묘사한 동양은 앵그르와 같은 화가에게 영감을 주었다)이자 모험가이며 매사에 호기심이 많은 사람이었다. 콘스탄티노플에 도착한 메리는 천연두 환자에게서 채취한 약간의 고름을 건강한 사람의 정맥에 주입하는 인두법에 관심을 갖기 시작했다. 예방 접종을 한 사람은 평생 이 질병에 면역을 갖게 된다. 메리 워틀리 부인의 역할 덕분에 서유럽에 이 방법[2]이 전파될 수 있었다. 유일한 단점이라면 인두법을 통해 전염병과 효과적으로 싸울 수 있게 되었지만 원래 건강했던 사람을 죽음에 이르게 할 수도 있다는 것이다. 여기에서 계산이 개입한다.

1724년부터 영국 의사 제임스 쥬린James Jurin(1684~1750)은 천연두 희생자와 천연두 접종을 한 건강한 사람에 대한 통계 데이

2 유럽과는 달리 중국과 같은 곳에서는 수세기 동안 널리 알려져 있던 방법이었다.

터를 수집했다. 따라서 그는 현대의 개념인 확률을 의학적으로 사용한 선구자가 되었다. 그가 제기한 질문은 간단하다. '예방 접종의 위험이 천연두의 위험보다 훨씬 낮은가?',[3] 천연두 접종이 위험하다고 인식한 그는 인공 또는 자연균으로 인해 사망할 확률을 측정하고자 했다. 접종자와 나머지 인구를 비교한 통계표를 통해 자연적으로 천연두에 감염될 확률이 14분의 1이라면, '접종된 천연두로 사망할 위험은 440분의 9 또는 445분의 9, 혹은 49분의 1 또는 50분의 1이어야 한다.'[4]라고 결론지었다. 오늘날에는 예방 접종의 위험이 2%라면 천연두의 위험은 7% 정도 된다.

프랑스에서 수량화에 대한 논의는 조금 더 이후에 시작된다. 영국식 계산을 제안한 볼테르[5]는 접종을 지지했고, 접종에 찬성하는 확률적 추론을 만든 샤를마리 드 라 콩다민Charles Marie de La Condamine[6] 역시 접종을 지지했다. 그리고 마침내 역학 모델이 구체화된 것은 스위스 수학자 가족 출신의 의사이자 학자인 다니엘 베르누이Daniel Bernoulli(1700~1782)[7] 덕분이었다. 그러나 파리의 왕립

---

3 『영국의 천연두 접종 성공 설명서』, J.Peele, 1724, 3쪽.

4 위의 책, 18쪽.

5 그의 저서인 『천연두 접종에 관한 11번째 편지』에서, Lettres philosophiques, 1734.

6 1754년 왕립 과학 아카데미에 제출한 그의 『천연두 접종에 관한 회고록』에서

7 『천연두로 인한 사망률에 대한 새로운 분석과 예방 접종의 장점에 대한 에세이』, 1764.

과학 아카데미 내에서 이 접종법은 도덕적 논쟁을 제시한 달랑베르의 반대에 부딪쳤다. 예방 접종으로 즉각적인 위험을 감수하는 것이 더 나을까? 아니면 더 위험할 수 있지만 차라리 최대한 늦게 천연두에 감염되기를 바라는 게 더 나을까? 그러나 달랑베르는 수학에 적대적이라기보다 인간의 삶이라는 측면에서 접종을 반대한 것이었다. 영국과는 달리 프랑스에서는 도덕적인 이유로 의학에 확률을 적용하기를 망설였다.[8] 베르누이의 연구에 대해 말하자면 프랑스에 직접적인 영향을 미치지는 않았지만, 의학이 수학을 사용하는 조건을 만드는 기반이 되었다.

도덕에 대한 베르누이와 달랑베르 사이의 논쟁은 사실상 현재 일어나고 있는 백신 논쟁의 예고편이다. 백신에 대해서는 이후에 다시 이야기할 것이다. 또한 천연두(영어로 smallpox)와 백신 사이에 존재하는 밀접한 관계에 주목하는 것도 중요하다. 백신은 실제로 우두(영어로 cowpox)에서 파생된 용어로, 면역학의 아버지인 에드워드 제너Edward Jenner에 의해 사람으로부터 얻은 천연두 대신 백신을 접종하게 되었다. 결국 수학이 의학 분야에 본격적으로 진출하게 된 계기는 천연두 덕분이었다. 물론 의학이 정량화되기까지는 조금 더 시간이 필요하다.

8 천연두에 확률을 사용한 역사에 대한 자세한 내용은 다음을 참고하라. 장 마크 로르바세Jean-Marc Rohrbasser, 「천연두를 만날 우연」, Astérion, 9, 2011.

의료 수학을 향하여

피에르 시몽 드 라플라스Pierre-Simon de Laplace(1749~1827)가 1812년에 『확률의 해석 이론』을 출판했을 때, 그는 책의 맨 마지막 페이지에 가서야 질병을 수학적 모델로 제시하는 주장을 펼쳤다. 2년 후 새로운 개정판을 출판했을 때, 그는 더 이상 주저하지 않고 다음과 같은 질문을 던졌다.

> 확률 계산은 추측에 근거한 과학에서 사용되는 방법의 장점과 단점을 이해하도록 만들 수 있다. 따라서 질병 치료에 사용되는 최선의 치료법을 알기 위해서는 모든 상황을 완벽하게 유사하게 만들어 동일한 수의 환자에게 각각의 치료법을 시험하는 것으로 충분하다. 어떤 치료법이 가장 효과적인지는 이 숫자가 증가함에 따라 점점 드러날 것이고, 계산은 그 치료법의 장점과 그것이 다른 치료법보다 우수하다는 비율에 상응하는 확률을 보여 줄 것이다.[9]

효과적인 치료법을 개발하려면 이제 확률의 도움을 구해야 했다. 관찰된 사례가 많을수록, 치료법의 실상을 더 많이 추론할 수 있다. 이것은 바로 라플라스의 중심 극한 정리[10]를 적용한 것

---

9 라플라스, 『확률의 해석 이론』, Courcier Imprimeur, 1814(2판), 서론, lxii쪽.

10 6장 참고

이며 확률 이론에 기반한 임상 시험의 초석이다.

라플라스의 뒤를 이어 이 분야를 개척하는 사람들이 나오기 시작했다. 랭스와 파리에서 의학을 공부한 후, 러시아에서 시간을 보내며 결핵과 장티푸스 연구로 유명해진 피에르 샤를 알렉상드르 루이Pierre Charles Alexandre Louis(1787~1872)가 그중 한 명이다. 계몽주의의 계승자인 그는 당대 가장 유명한 외과의사 중 한 명이었던 프랑수아 브루세François Broussais(1772~1838)에 공개적으로 반기를 들었다. 브루세는 성공한 의사이면서 사혈 요법의 대가이기도 했다. 브루세 혼자서 나폴레옹 군대보다 더 많은 피를 흘리게 했다고 할 정도였다! 1835년, 루이는[11] 당시 유행 중이던 사혈 요법이 환자의 건강을 개선하지 못한다는 사실을 증명했다. 그의 확고한 태도와 분석의 타당성으로 프랑스 의과대학은 옛 시대의 관행을 점차 포기하였고 당시 번성하던 거머리 거래는 본의 아니게 쇠퇴하였다.

그는 수학적으로 증명하기를 바랐다. 따라서 루이는 자신의 발언을 뒷받침하는 숫자표를 기록하면서 사혈 요법을 받은 환자와 그렇지 않은 환자를 통계적으로 연구했다. 수학자 라플라스의 상상을 의사 루이가 실용화하여 '수치적 방법'이라 불리는 것의

---

11 "사혈 요법이 염증에 미치는 영향에 대한 나의 연구 결과는 일반적인 의견과 대부분 일치하지 않아서 출판하기로 한 결정을 주저했다."『일부 염증성 질환에서 사혈 요법의 영향과 폐렴에서 구토제 및 발포제 작용에 관한 연구』, J-B. Baillère, 1835, 7쪽.

발전을 촉진하였다. 루이는 환자의 연령과 성별뿐만 아니라 질병과 관련된 증상에 대한 수치적 보고서를 기반으로 모든 진단을 내려야 한다고 말했다. 따라서 각각의 사례는 철저히 분석되었고 그의 저서에서 규칙적으로 언급되는 '모든 것은 동일하다.'라는 표현을 염두에 두었다. 그렇기에 더 이상 한 가지 분석만 따르지 않았고 의심의 여지를 줄여 주는 수량화된 데이터에 의존할 수 있었다. 루이는 새로운 저서에서 이 수치적 방법이 의학에 실질적인 법칙을 부여할 것이라고 주장했다.

> 실제로 이 방법이 없으면 편향된 사실만 있을 뿐 법도 과학도 존재하지 않는다. 혹 일반적인 사실에 이르기 원한다면 (…) 몽상에 그칠 수밖에 없다.[12]

이제 의학은 예술이 되기를 멈추고 통계가 모든 증거의 결정적 요소가 되는 과학으로서 자신의 존재를 뚜렷이 드러냈다. 앞서 말한 프랑수아 브루세의 아들인 카지미르 브루세Casimir Broussais(1803~1847)가 1840년에 『병리학과 치료에 적용되는 통계학』이라는 책을 출판할 정도로 발전했다. 그 책에서 카지미르는 루이를 여러 차례 기념하는 한편, 사혈 요법과 관련해 아버지에게 부담

---

12 『안구건조증에 대한 해부학적, 병리학적 및 치료학적 연구』, J-B. Baillère, 2판, 1843, xxii쪽(초판은 1825년에 출판되었지만 2판의 머리말을 결론짓는 이 구절은 포함하지 않았다.)

을 지운 공격으로부터 자신의 아버지를 옹호했다.[13] 그럼에도 불구하고 루이의 방법은 프랑스에서 인정받기 위해 고군분투했지만 이와는 반대로 1844년부터 루이의 번역본을 접한 영국의 의료인들은 열광했다. 그리고 영국인들은 통계 데이터를 기반으로 하는 의학적 추론을 체계화하여 피에르 샤를 알렉상드르 루이를 의료 수학 최후의 대표자이자 현재 우리가 EBM(근거중심의학)이라고 부르는 방법론의 선구자[14]로 만들었다.

심슨의 역설 또는 선의 조작

그렇다면 근거중심의학이란 정확히 무엇을 말하는 걸까? 오늘날에는 주로 체계적인 임상 시험, 이중맹검법, 메타 분석, 횡단연구, 체를 거치는 여러 기록을 말한다. 그러나 정치나 법 영역과 마찬가지로 숫자로 한번 위협하기 시작하면 반론이 일어나기 어렵다. 숫자는 스스로 사실이라 주장하기 때문에 치밀하게 검토할 필요가 없어지기 때문이다. 그러나 이렇게 의심할 여지가 없어 보이는 수치화된 결과가 의료 오류로 이어지기도 한다. 이론의 여지가 없는 의료 데이터를 기반으로 엄격하고 정확하게 계산을

13 위의 책, J-B. Baillère, 1840, 89-90쪽.

14 물론 둘 사이에는 시간이 좀 더 걸렸고, 여기서 우리는 이 책의 독자에게 유용한 몇 가지 요점만 되짚었다.

했더라도 실제로는 잘못된 결론을 얻을 수도 있다. 예를 들어 연구자가 상이한 데이터 집단을 혼합할 때 그런 일이 일어난다.

간단한 예를 들어 보겠다. 19세기 말 파리의 카타콤에서 발견된 두개골을 측정해 너비와 길이 사이의 상관관계를 알아보고 평균인[15]의 특성이 무엇인지 알아보았다. 두개골의 너비와 길이가 조화롭게 어울리는 동일한 모양을 가졌을까? 이 질문에 긍정적으로 답하면 이상적인 두개골의 윤곽을 그릴 수 있다. 그러나 남성과 여성의 두개골에는 눈에 띄는 차이가 있으므로 그 점을 별도로 고려하기로 결정했다. 806개의 남성 두개골을 계산해 본 결과 8.7%의 상관관계가 있고, 두개골이 길수록 넓어지는 경향이 나타났다. 반면 340개의 여성 두개골의 상관관계는 −4.2%였다(여기서 음수는 약간 긴 두개골이 덜 넓다는 뜻이다[16]). 매우 개략적인 연구 방법으로 여성의 두개골은 좀 더 타원형이고 남성의 두개골은 좀 더 둥글다는 결론을 도출하였다. 그러나 이 두 값은 거의 설득력이 없었다. 하나는 양수이고 다른 하나는 음수이므로 두개골의 길이와 너비 사이의 연관성은 무시할 수 있는 수준이라고 생각할 수 있다. 반면, 남성과 여성의 두개골을 섞어 상관관계를 계산하면 19.7%의 값이 나온다. 그러나 이 값은 앞의 두 수치보다 훨씬

---

15 4장 참고

16 통계에 익숙하지 않은 독자들을 위해 여기에서는 상관관계를 백분율로 표시했다.

더 컸고 연관성이 정말로 존재한다고 (잘못!) 시사하는 결과였다. 2개의 상이한 집단을 섞었다는 사실은 반직관적인 결과를 초래한다. 2개의 개별 집단에서 각각 발견될 수 있는 것보다 더 큰 상관관계가 나타났기 때문이다.

1899년의 논문에서 칼 피어슨[17]이 설명한 이 예시는 1951년에 이 현상을 설명한 에드워드 심슨Edward Simpson(1922~2019)의 이름을 따서 '심슨의 역설'이라고 불리는 현상을 처음으로 명백히 밝혀낸 것이다. 그 후 1903년 유전적 특성에 관한 계산에서 해석 오류를 식별하기 위해 이 현상을 명확히 설명한[18] 피어슨의 제자 우드니 율Udny Yule(1871~1951)을 기리며 '율-심슨 효과'라고도 불렸다. 피어슨의 추론은 5명으로 구성된 집단으로 재현해 볼 수 있다.[19] 여성의 경우 점 5개는 −4%, 남성의 경우에는 8%의 상관관계를 나타낸다. 따라서 상대적으로 평평한 회귀선(횡축과 평행)을 얻는다. 반면 두 그룹을 함께 분석하면, 피어슨의 사례처럼 20%가 아닌 95%의 상관관계를 얻는다! 그 결과 거의 완벽한 대각선

---

17 이미 4장에서 피어슨에 대해 설명했다. 인용된 예시는 피어슨Pearson, 리Lee, 브램리-무어Bramley-Moore의 「VI. 진화론에 대한 수학의 기여. -VI. 유전적(생식) 선택: 인간의 생식력 및 순종 경주마의 생식력의 유전」, 런던 왕립학회의 철학 회보, 시리즈 A, vol. 192, 278쪽에 있다.

18 「분할표의 상호 작용 해석」, 왕립 통계 학회 저널, 시리즈 B, vol. 13, no. 2, 1951.

19 값은 피어슨의 예시에서와 같이 남성과 여성에 대해 동일한 상관관계를 별도로 얻도록 선택되었다.

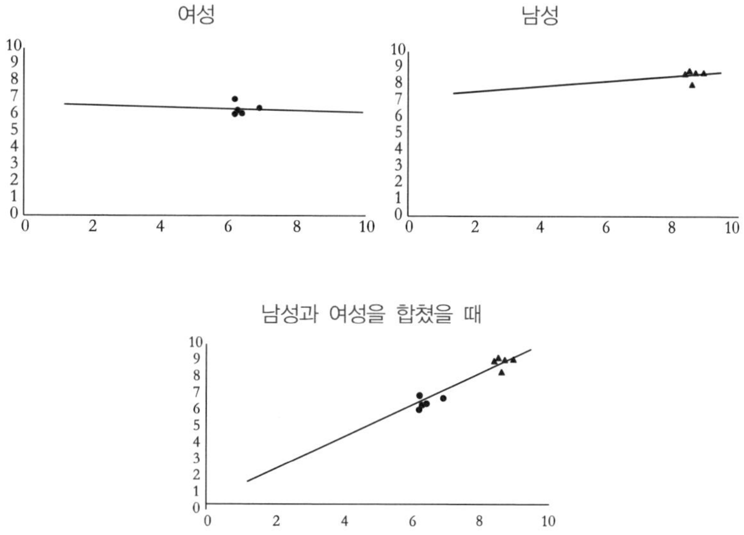

을 형성하는 회귀선이 만들어진다.

이처럼 동일하지 않은 데이터를 한데 모으면 아무 결론이나 얻을 수 있다는 점을 발견하게 되었다. 충분히 분석하지 않은 숫자에 의해 급하게 제시된 가짜 결론에 찬성하게 된다면 각 집단의 본질적인 특성이 사라질 위험이 있기 때문이다. 특히 의료 분야에서 이러한 편향은 치료의 성공률을 왜곡시킴으로써 해로운 결과를 초래할 수 있다. 불행히도 이러한 사례는 드물지 않다.

신장 결석으로 고통받는 환자에게 최상의 치료법을 적용하기 위해 노력하는 의사를 살펴보겠다.[20] 치료를 위해 이 의사는 수술

---

20 이것은 채리그Charig 등이 의학적으로 연구한 실제 사례이다. 「개복수술, 경피

(A 치료법)과 경피적 신쇄석술(B 치료법)을 비교한 연구 결과를 참고했다. 결과는 분명했다. A 치료법은 78%의 성공률(즉 360명 중 273명이 치료됨)을, B 치료법은 83%의 성공률(즉 350명 중 289명이 치료됨)을 보였다. 이 결과에 오류가 없고 수집된 데이터를 의심할 필요가 없다고 확신한 의사는 환자에게 B 치료법을 권했다. 의사는 자신의 치료법이 피에르 루이가 너무나 아꼈던 근거중심의학의 틀을 존중한다고 생각했을 것이다. 이제 여기에서 심슨의 역설이 발생한다. 제공된 수치에도 불구하고 실제로는 A 치료법이 B 치료법보다 훨씬 더 효과적이라는 것이 밝혀졌다! 사실 정확한 백분율 계산과 충실하게 보고된 관찰만으로는 제대로 된 결과가 나오지 않는다. 뿐만 아니라 각각의 문제를 고려해야 한다. 이 경우, 결론은 큰 결석과 작은 결석(2센티미터보다 큰지 작은지에 따라 다르다), 두 유형의 신장 결석이 있다는 사실을 간과했다.

실제로 작은 결석의 경우, A 치료법은 93%의 성공률(87명 중 81명)을 기록한 반면, B 치료법은 87%의 성공률(270명 중 234명)을 보였다. 이와 유사하게 큰 결석의 경우 A 치료법은 73%(263명 중 192명)의 성공률을 보였고, B 치료법은 69%(80명 중 55명)의 성공률을 보였다. 따라서 A가 언제나 B보다 낫다는 것뿐 아니라 A 치

적 신쇄석술 및 체외충격파쇄석술에 의한 신장결석 치료 비교」, 영국 의학 저널British Medical Journal, vol. 292, 1986, 줄리어스Julious, 멀리Mullee, 「혼란과 심슨의 역설」, 영국 의학 저널British Medical Journal, vol. 309, 1994.

	A 치료법	B 치료법
작은 결석	93% (81/87)	87% (234/270)
큰 결석	73% (192/263)	69% (55/80)
합계	78% (273/350)	83% (289/350)

* 해석: 괄호 안의 숫자는 검사를 받은 환자와 비교하여 완치된 환자의 수를 나타낸다.

료법을 경험한 350명의 표본을 B 치료법을 받은 사람과 비교할 수 없다는 것도 알게 되었다. A 치료법은 치료하기 더 어려운 큰 결석을 제거하기 위해 사용된다. 350명을 놓고 보았을 때, A는 큰 결석에 263번 사용된 반면 B는 80번만 사용되었다. A는 성공률이 낮은 어려운 경우가 많아서 사용하기 '부담'이 되었기 때문에 더 낮은 성공률을 얻은 것이다. 반대로 B는 성공률이 높은 작은 결석에 많이 사용되어 '증폭'되었고, 그렇기 때문에 두 가지 치료법이 결합된 결과에 따른 눈속임에 불과한 성공이었다.

피어슨이 제시한 예시와 같이 해석의 오류를 생성하는 원인은 2개의 상이한 대상의 인위적인 결합이다. 작은 결석과 큰 결석을 혼합하는 것은 비교할 수 없는 것을 비교하는 것과 같으며 환자에게 덜 효과적인 치료를 권할 위험을 준다! 비교는 증명이 아니라는 속담뿐만 아니라 역사상 가장 위대한 통계학자 중 한 명인 피어슨 역시 이 점을 우리에게 가르쳐 준다.

통계를 해석할 때 자주 하는 새로운 실수는 상관관계와 인과관계를 혼동하는 것이다. X가 Y와 동시에 발생할 때 X는 Y의

원인 또는 결과임을 의미한다. 간단한 예부터 시작해 보겠다. 일광 화상을 입는 수는 해변에서 판매되는 아이스크림의 수와 상관관계가 있다고 하자. 그러나 이로부터 아이스크림의 소비가 일광 화상의 횟수의 원인 또는 결과라고 추론할 수 없다. 오히려 두 현상이 온도와 같은 다른 현상의 결과라고 추론할 수 있다. 즉 더워질수록 아이스크림을 더 많이 먹게 되고, 태양은 피부를 더 많이 태운다. 이 예시는 웃음을 자아낼 수 있지만, 이러한 인과관계와 상관관계 사이의 혼란은 여러 학술 논문의 가치를 깎아내린다.

2018년 피인용지수의 측면에서 과학 의학 저널 중 세계 6위에 랭크된 『미국의사협회 내과학회지JAMA Internal Medicine』에 한 논문이 발표되었다. 저자들[21]은 거의 7만 명의 사람들을 대상으로 '유기농'을 정기적으로 먹는 사람들과 그렇지 않은 사람들을 비교했고, 그 결과는 유기농 제품 소비자들의 암 발병 위험이 다른 사람들에 비해 25% 감소한 것으로 나타났다. 언론은 즉시 논문 결과를 대서특필했다. 그러나 국립 의학 아카데미는 인과관계를 너무 서둘렀다는 이유로 주의를 당부했다.

이 흥미로운 연구를 위해 논문의 저자는 중요한 작업을 수행

---

21 보드리Baudry 외, 「유기농 식품 섭취 빈도와 암 위험의 연관성」, JAMA Internal Medicine, vol. 178, no. 12, 2018.

> 했습니다. 그러나 저자의 결론을 뒷받침할 수 없는 많은 방법론적 편향이 존재합니다. (…) 실제로 평가된 두 그룹 사람들의 차이에는 '유기농' 식품을 소비한다는 사실뿐만 아니라 성별, 유방암 위험을 결정하는 요소인 첫 임신 연령, 과일 및 채소의 소비, 사회경제적 수준, 신체 활동 등 차이를 설명할 수 있는 모든 요인이 존재합니다. (…) 국립 의학 아카데미는 이 단독 연구만으로 비추어 볼 때 지금까지 '유기농' 식품과 암 사이의 인과관계를 확인할 수 없으며 이 결과를 너무 빨리 해석하는 데 주의가 필요하다고 생각합니다.[22]

유기농 소비를 선택하는 것은 실제로 사회경제적 특성과 관련된 결정이다(먼저 금전적 여유가 있어야 하고 쇼핑할 시간이 더 필요하다). 또한 이 결정은 건강에 관심을 가지고 있는 성향을 나타낸다(농약을 피하는 사람들은 일반적으로 비흡연자이다). 이러한 유기농 소비자의 암 발병률이 낮은 이유를 단독으로 설명할 수 있는 많은 문맥적 요인이 존재한다. 분명히 논문은 한계를 지적했지만(또한 기자들이 여러 번 반복했다) 이러한 한계가 논문의 결론을 의문시한다고 생각하도록 유도하지는 않는다. 물론 유기농을 선택하면 인체와 환경에 좋은 일이라는 것은 인정한다. 국립 의학 아카데미 역시 이 점에 대한 의문을 제기하지 않았다. 다만, 통계적 관점에서 본 연구는

22 보도자료, 「암에 관한 '유기농' 식품의 역할, 국립 의학 아카데미는 역학 결과를 너무 빨리 해석하는 것을 경고합니다」, 2019년 4월 3일

상관관계와 인과관계를 혼동하여 암 예방에 이런 유기농 식품의 역할을 확인하는 것을 허용하지 않았고 그 역할을 수량화하는 것조차 불가능하게 만들었다. 게다가 미세먼지를 흡입하면서 일을 하는지, 플라스틱으로 포장된 뜨거운 음식을 규칙적으로 먹었는지 등과 같은 다른 요인이 훨씬 더 중요한 역할을 할 가능성이 있다.

통계를 작성하는 일은 쉽지 않다. 통계를 읽는 것 또한 마찬가지이다. 일반적인 생각과 달리 숫자는 사실을 말하지 않는다. 다만 우리가 원하는 것을 말하도록 하는 일은 항상 가능하다. 통계는 화려한 결과의 문제가 아니라 견고한 정확성의 문제이다. 카지미르 브루세는 선배의 정확성을 이렇게 칭찬했다.

> 루이는 (…) 통계의 첫 번째 요소인 수치 해석을 가장 심도 있고 상세하게 다루었던 사람이다.[23]

질병에 관한 단어

이번에 말할 모호함의 원인은 의료 분야에서 사용되는 용어의 조작에서 비롯된다. 평균의 개념을 둘러싼 모호함과 경우에 따라 중앙값(중앙값이 무엇인지 정확하게 설명할 것을 주의하면서!), 산술, 기하 또

---

23 『병리학과 치료에 적용되는 통계학』, J.-B. Baillière, 1840, 50쪽.

는 조화 평균(또는 계산이 훨씬 더 복잡한 기타 평균)을 원하는 대로 사용해 결과를 만들어 냈던 사례를 기억할 것이다. 뿐만 아니라 앞서 정부가 백분율의 영향을 최소화하기 위해 퍼센트포인트를 선택하는 애매한 상황도 확인했다. 이와 같은 방식으로 위험에 관한 개념(예를 들면, 질병 발병의 위험)의 모호함을 이용하여 이 개념에 자신이 원하는 의미를 부여할 수 있다.

"결코 거짓말을 해서는 안 되지만 그렇다고 영리한 행동이 금지된 것은 아니다."[24]는 드골 장군의 말로 알려져 있다. 이 말을 부정하지 않을지 모를 제약업계는 절대적인지 상대적인지 관계없이 위험이란 단어를 쓰는 것에 이익이 있음을 빠르게 캐치했다. 그러나 그 차이는 매우 중요하다! 이 모호함은 손바닥으로 하늘을 가릴 위험이 있어 결론을 왜곡시킬 수 있기 때문이다. 장 피에르 티에리Jean-Pierre Thierry와 클로드 랭보Claude Rambaud는 그들의 저서 『지나친 치료는 병을 부른다』[25]에서 이 점을 증명한다. 의사와 법학자인 두 저자는 전체 모집단과 관련된 실제 위험(또는 절대 위험도)과 상대 위험도(하위 그룹과 관련된)를 구별하였고, 재발 위험을 28% 감소시켜 준다고 추정되는 약을 처방받은 환자들의 사례를 관찰했다. 환자들은 이미 심장 발작을 겪은 적이 있었다.

---

24 프랑수아 케르소디François Kersaudy가 인용했다. 『드골에 따른 세계』, II부, Tallandier, 2019.

25 Albin Michel, 2016.

언뜻 보기에 결과는 흥미로웠고 추천을 받은 의사들은 효능을 진심으로 믿고 환자에게 약을 투여했다. 하지만 어떻게 연구 프로토콜이 이루어졌는지 그 비밀을 살펴보겠다.

> 백분율로 표시된 (28이라는) 숫자는 통계학자들이 '상대 위험도'(실제로 질병의 '실제 위험'이나 절대 위험도에 대해서는 언급하지 않는)라고 부르는 것과 일치한다. 100명으로 구성된 두 집단을 비교한 결과는 다음과 같다. 첫 번째 그룹에서는 100명의 환자가 치료를 받았고 그중 5명이 심장 발작을 일으켰다. 두 번째 그룹에서 환자들은 플라세보를 투여받았고 그중 7명이 심장 발작을 일으켰다. 실제로 두 번째 그룹에서 심장 발작을 겪은 환자만 고려한다면, 치료를 통해 질병의 위험이 28% 감소했다고 단언할 수 있는 것이다.[26]

앞서 신장 결석 연구를 살펴본 것처럼 우리가 말하고자 하는 게 정확히 무엇인지 아는 일이 다시 한번 중요해졌다. 여기에서 내세운 백분율은 사실상 연구에 참여한 7%에만 관심이 있었다. 그 외의 93%에는 전혀 관심이 없었다. 그렇기 때문에 이 임상 시험을 한 의사들은 재발이 일어날 절대적 위험 수치를 전혀 언급하지 않았다. 만약 이 연구가 발표되었다면, 연구 프로토콜에 참여한 100명에게 적용해 본 이 치료법으로 재발 위험이 2% 감

26 앞의 책, 32쪽.

소한다는 것이 입증되었을 것이다! 이러한 이유로 시장에 약품을 출시하려는 회사는 상대적 위험 수치만을 강조하는 데 모든 관심을 기울인다. 그러나 아무도 결과가 거짓말이라고 비난할 수 없을 것이다. 고작해야 회사가 호의적으로 자사의 약을 소개하는 영리한 방법을 알고 있었음을 알아차리게 될 뿐이다. 절대 위험도(2%)는 결코 상대 위험도와 동일하게 상업적 성공을 거둘 수 없을 것이며 이 약품을 판매할 책임이 있는 대표는 의사들이 이 약을 사용하도록 설득하는 데 굉장한 어려움을 겪을 것이다.

아마 독자들은 이렇게 말할지 모른다. 재발 위험이 2%에 불과하더라도 환자의 건강을 지키는 데는 여전히 유리한데 왜 이런 논쟁이 일어나는가? 물론 그렇다. 하지만 진실에도 장점이 있다. 의약품의 유익성과 위험성 평가는 치료법 처방을 지배하는 기준으로 남아 있다. 그리고 이 평가는 상대 위험도나 절대 위험도를 고려하는지에 따라 완전히 달라진다. 이 약의 주된 부작용을 상상해 보자. 환자의 유익성이 28%인지 2%인지에 따라 의사가 부작용을 파악하는 방식이 달라질 것이다.

단어를 조작하는 또 다른 방법은 명명법을 계량적으로 수정하는 것이다. 이것은 오늘날 잘 알려진 혈중 콜레스테롤 수치에 관한 문제를 다룰 때 일어난 일이다. 다수의 책과 2016년 안느 조르제Anne Georget가 제작한 〈허풍쟁이 콜레스테롤〉이라는 다큐멘터리를 통해 혈중 콜레스테롤에 대한 제약업계의 조작이 밝혀졌다. 여기에서는 의학적 논쟁 대신 숫자 조작의 두 가지 요소를 살펴보겠다.

이 모든 일은 1963년 미국의 생리학자인 앤셀 키스Ancel Keys가 발표한 연구[27]에서 시작되었다. 그는 1980년에 출판한 책[28]에서 7개국에서 수만 건의 사례를 조사한 결과, 과도한 콜레스테롤과 심혈관 문제 사이의 연관성을 확인할 수 있었다고 밝혔다. 그의 연구에는 조작의 흔적이 전혀 없었다…. 수집된 데이터가 키스가 주장하는 의견과 완전히 반대되는 결과를 나타냈기 때문에 프랑스를 포함한 일부 국가들이 제외되었다는 사실을 제외하고는 말이다!

콜레스테롤을 둘러싼 논쟁에 대해 덜 인용되는 또 다른 에피소드[29]로는 미국 국립보건원National Institutes of Health이 베데스다(메릴랜드)에서 조직한 학회에서 나온 수치 조작을 말할 수 있다. 1984년 12월, 수많은 전문가가 한자리에 모인 이 학회에서 건강에 해로운 음식과 미국에서 증가하는 심혈관 문제와의 연관 가능성을 연구하였다. 게다가 콜레스테롤보다 정크 푸드와 더 관련이 있는 것으로 보이는 내용이 발표되면서 관심이 더 집중되었다. 그러나

---

27 키스 외, 「미네소타주 비즈니스 및 전문직 남성의 관상동맥 심장질환을 15년 동안 추적한 결과」, Circulation, vol. 28, 1963.

28 키스, 「7개국: 사망 및 관상동맥 심장질환에 대한 다변수 분석」, Harvard University Press, 1980.

29 예를 들어, 『고지혈증: 50가지 실제 상황』, John Libbey Eurotexte, 1995, 17–18쪽에는 간략하게 암시만 나타냈다.

환자의 식단을 자세히 조사하는 것보다는 콜레스테롤 수치를 측정하는 일이 더 쉽기 때문에 콜레스테롤은 좋은 지표처럼 보였다. 하지만 전문가들은 상황이 보이는 것처럼 간단하지 않다는 점을 인정했다.

> 높은 혈중 콜레스테롤 수치를 관상동맥 질환과 연관짓는 여러 유형의 증거들이 많습니다. 그러나 인과관계를 나타내는 확고한 증거에 대해서는 몇 가지 의구심이 남아 있습니다.[30]

다시 말하면, 연관성이 있는 것처럼 보이지만 콜레스테롤을 낮추면 관상동맥 질환이 감소한다는 증거는 없다는 뜻이다. 아마도 이 두 가지를 연결하는 세 번째 요소가 있을 것이며, 콜레스테롤 자체는 하나의 결과일 뿐이므로 오히려 콜레스테롤(발견되지 않은 상태로 남아 있는)에 조치를 취하는 것이 낫다. 이러한 주저함에도 불구하고 위원회는 다음과 같이 결론을 내렸다.

> 사용 가능한 데이터를 검토한 결과, 200 및 230mg/dl 이상의 수치는 조기 관상동맥 질환 발병 위험 증가와 관련이 있음을 시사합니다. 미국 성인 인구의 약 50%를 차지한다는 사실이 놀랍습니다. 위원회는 두 가지 수준에서 고콜레스테롤혈증을

---

30 미국 국립보건원, 「심장 질환을 예방하기 위한 혈중 콜레스테롤 저하」, Consensus Development Conference Statement, 1984년 12월 10-12일

정의하기로 결정했고, 이 두 가지는 모두 관상동맥 질환 위험 증가와 관련이 있으므로 치료해야 합니다.[31]

학회에 모인 전문가들이 관상동맥 질환과의 인과관계에 의심을 품고 있었음에도 혈중 최대 콜레스테롤 수치는 갑자기 리터당 3그램에서 2그램으로 낮아졌다! 그 결과 미국 성인의 절반이 '위험'으로 분류되었고, 많은 성인 남녀들은 법령에 따라 치료받아야 했다. 그 후 수천만 명의 시민이 콜레스테롤 약을 복용해야 했다. 제약회사로서는 특별한 행운이 아닐 수 없었다! 게다가 이 후에는 위험 수치가 1.6으로 낮아졌다.

그러나 미국 국립보건원의 상황을 자세히 들여다보면, 그들의 자금 조달이 불투명해 보인다는 사실을 알 수 있다. 2018년 미국 의회는 미국 국립보건원이 주요 기부자를 투명하게 공개하지 않은 점을 규탄했다. 우리는 제약 회사가 그들의 주된 출자자라는 것을 쉽게 상상할 수 있다. 의학 연구라는 측면에서는 좋은 일이지만 연구자들이 생존과 성장을 위해 약을 꼭 팔아야 하는 기업의 꼭두각시가 될 때, 문제가 발생한다. 콜레스테롤 수치를 낮춤으로써, 그해에 학회에 모인 전문가들은 기부자가 계속 재정을 지원하는 동시에 인구의 건강을 개선하기를 희망했다. 우정을 유지하려면 금전 관계는 깨끗해야 하기 때문이다! 물론 결론에

---

31 위의 보고서, 위원회가 직접 밑줄을 그었다.

대한 유보조항을 언급한 보고서를 기반으로 하룻밤 사이에 건강했던 사람들이 위험군으로 분류되면서 다량으로 약을 복용해야 했던 인구를 제외하고는 모두가 승리했다. 결국 크노크 박사의 말처럼 "건강한 사람들은 자신도 모르는 사이 환자가 된다."[32]

·

분노의 백신

소위 선진국에서는 어린이 예방 접종을 거부하는 움직임이 점점 더 퍼지고 있다. 여기에는 두 가지 이유가 있다. 이미 박멸된 전염병과 싸우기에는 백신이 더 이상 유용하지 않고, 백신을 여러 번 맞히면 어린이의 면역력을 감소시키기 때문에 위험하다는 것이다. 이것은 여전히 까다로운 문제이다. 백신에 대한 문제를 의료인들과 정보가 부족한 인구 사이의 단호한 반대에 한정시키기는 어렵다. 특히 여러 유럽 국가 간 백신 정책의 격차에서 알 수 있듯이 과학계 역시 여전히 논쟁 중이기 때문이다. 그러나 오늘날에도 여전히 백신을 위험하다고 느끼는 이유는, 몇몇 연구자가 우리의 삶(또는 의견)을 어렵게 만들기 때문이다.

1998년 영국의 앤드루 웨이크필드Andrew Wakefield 및 12명의 저

---

32 쥘 로맹Jules Romains, 『크노크 또는 의학의 승리』, Gallimard, 1924, Ⅰ막 1장, 34쪽 연극에서 크노크는 거짓으로 이 문장을 클로드 베르나르의 탓으로 돌린다.

자가 『랜싯The Lancet』지[33]에 발표한 과학 논문[34]을 검토해 보기로 하자. 그 논문은 홍역-볼거리-풍진MMR 백신을 접종한 많은 어린이들이 며칠 뒤 장 질환과 행동 장애를 겪었다는 결과를 잘 보여주고 있었다. 웨이크필드는 자폐증을 유발하는(또는 적어도 직접적으로 관련이 있는) 이 염증성 장 질환이 그가 만들어 낸 표현인 자폐성 장염이라는 결론에 도달했다. 논문은 그의 주장을 뒷받침하는 5페이지 분량의 숫자표와 도표를 내세우며 의심을 차단했고, 이후 백신의 위험성을 비난하는 목소리가 높아졌다.

이야기는 단순하고 명백해 보인다. 그러나 이는 2000년대에 브라이언 디어Brian Deer 기자가 고발한 사이비 과학 스캔들의 일부이다. 숫자에 약간이라도 관심 있는 독자라면 웨이크필드의 연구가 단지 12명의 어린이를 대상으로 했다는 사실을 알게 되는 순간 눈살을 찌푸릴 것이다. 12라는 수는 통계에서 상관관계를 밝혀내는 데 지극히 적은 숫자(무의미한 것은 아니다)이다.

디어가 밝혔듯[35] 웨이크필드는 자폐증과 장 질환으로 고통받았거나 여전히 고통받고 있는 아이들을 모집했다. 이렇게 웨이크필드는 장 질환과 자폐증의 관계를 쉽게 식별할 수 있었다!

---

33 영어로 랜싯은 '메스'라는 의미이다.

34 「소아에서 나타나는 회장 림프구 결절과다형성, 비특이적 장염 및 발달장애」, 랜싯, vol. 351, 1998년 2월 28일, 637-641쪽.

35 「MMR 백신에 반대하는 사례가 고정되는 방법」, Medical Journal, vol. 342, 2011.

이것은 통계학자들이 선택 편향이라고 부르는 것이다. 즉 공통적인 특성을 가진 조사 대상자가 전체 모집단을 대표하지 않을 때 발생하는 오류이다. 예를 들어 기업이 온라인으로 고객 만족도 조사를 진행하고자 할 때, 브랜드에 더 친숙하다고 느끼는 사람들이 다른 사람들보다 더 많이 응답하여 결과가 왜곡될 가능성이 높다. 그러나 웨이크필드의 연구는 본의 아니게 선택 편향을 행한 게 아니다. 실제로 연구를 조작하는 데 사용되었다.

브라이언 디어는 연구에 참여한 어린이 12명의 가족과 인터뷰하면서 다음과 같은 사실을 확인할 수 있었다. 논문에서는 백신을 접종한 후 며칠이 지나서야 자폐증이 처음으로 나타났다고 밝혔지만, 현실은 달랐다. 6개월 후에 나타난 어린이도 있었고, 백신을 맞기 전에 자폐증이 이미 시작된 어린이들도 있었다! 디어는 소아과 의사가 웨이크필드에게 보낸 편지를 공개했다. 그 편지에서도 어린이가 백신을 맞기 전부터 이상 행동을 보였다고 말하고 있었다.

부모들은 어떻게 이런 거짓 연극에 동참했던 걸까? 일부는 웨이크필드가 그들을 조작했다고 비난하며 디어에게 분노를 털어놓았다. 반면 다른 대다수 부모는 백신과 자폐증 사이의 연관성을 증명하는 협회 회원들이었다. 그들이 원하는 결론을 즉시 가져다주기만 하면 되는 웨이크필드에게 이보다 더 좋은 표적이 어디 있을까! 또한 디어는 연구에서 자폐로 간주된 아이가 실제로는 자폐가 전혀 아니었음을 확인했다. 한 아이가 자폐인 가정에서, 부모는 자연스럽게 자폐 아동의 남동생이나 여동생에게 자폐 증상이 나타나는 것을 두려워한다는 사실에서 비롯된 속임수였다. 이렇게 웨이크필드는 단순한 의심을 가진 부모에게 자녀의 자폐증을 선고하여 실험 참가자를 늘릴 수 있었다.

그렇다면 이 수치는 왜 조작되었을까? 디어[36]는 백신 유통과 테스트를 통한 자폐증 진단을 전문으로 하는 회사를 만들기 위해 투자자들로부터 200만 파운드 이상을 모으는 것이 웨이크필드의 목표였다고 폭로했다. 투자자들은 3년 차에 300만 파운드 이상을 벌어들였다고 추정되며 다음 해에는 이 숫자에 10을 곱한 만큼 수익을 거두었다.

웨이크필드는 2010년에 재판을 받았다. 법원은 그를 부정하고 부도덕하며 동정심이 없는 사람이라고 판결했다.[37] 의사 면허는 박탈당했고 논문은 철회되었다. 온라인에서도 확인할 수 있는데, 논문의 페이지마다 'RETRACTED'라는 빨간색 단어가 대각선으로 표시되어 있다. 그러나 MMR 백신으로 자폐증을 앓는다는 이야기는 심각한 결과를 초래했다. 백신 접종이 크게 감소한 후, 2009년 뉴욕에서 볼거리가, 2010년 캘리포니아에서 백일해가 다시 발생해 여러 명의 어린이가 사망했다. 2014년에는 캘리포니아에서 보고된 8,000건의 백일해 사례 중에 거의 300건이

---

36 「백신 위기로 돈을 번 방법」, British Medical Journal, vol. 342, 2011.

37 판결 중에 사용된 영단어 'Dishonest, unethical, callous'를 빌렸다.

입원했고, 그중 약 50건이 집중 치료를 받아야 했다. 모두 거의 전적으로 어린이와 관련된 사례였다.[38]

그럼에도 불구하고 앤드루 웨이크필드는 2016년에 〈백스드: 은폐에서 재앙까지Vaxxed: From Cover-Up to Catastrophe〉라는 영화를 발표했다. 웨이크필드는 이 영화에서 여전히 자신의 논문에 집착했지만 그의 논문은 6,500명의 자폐아동을 대상으로 한 대규모 연구와 그 밖의 논문 등에 의해 무효화되고 2019년에는 백신의 안전성이 입증된 결과가 발표되었다.[39]

그렇다면 결과는 모두 틀린 것일까?

이런 조작 사례를 사용하면 과학을 전부 부정하고 싶은 유혹이 생길지도 모르겠다. 그렇다면 심각한 오류 또는 거짓말이 과학계(거짓 논문을 발표한 저널에서만)에 의해 검증되었을 가능성이 있다면 어떻게 결과가 모두 거짓이라고 생각하지 않을 수 있을까? 2005년 존 이오아니디스John Ioannidis는 PLOS Medicine에 「대부분의 의학 연구는 잘못된 것일까?[40]」라는 도발적인 제목의 논문을 발표

---

38 이 수치는 폴 A. 오핏Paul A. Offit, 『치명적인 선택: 백신 반대 운동이 우리 모두를 위협하는 방법』, Basic Books, 2014(초판 2010년)에서 가져왔다.

39 흐비이드Hviid 외, 「홍역, 볼거리, 풍진 백신과 자폐증: 전국적인 코호트 연구」, Annals of Internal Medicine, vol. 170, 2019, 513-520쪽.

40 「발표된 연구 결과의 대부분이 거짓인 이유」, PLOS Medicine, 2005.

하였다. 저널에서 가장 많이 다운로드된 이 논문은 과학 자체에 대한 학문적 연구를 표방하는 신생 학문인 메타과학의 초석이 되었고 의학 연구를 흔들어 놓았다. 우선 논문의 방법론에 대해 잠시 생각해 보기로 하겠다.

역학에서는 검사가 유효한지, 즉 실제로 아픈 사람을 양성으로 진단하고 아프지 않은 사람을 음성으로 진단할 수 있는지 그 여부를 아는 것이 무엇보다 중요하다. 이 검사는 병원체를 갖고 있지 않은 환자를 양성으로 진단하고, 실제로 양성 반응을 보이는 환자를 음성으로 진단하는 실수를 저지를 수 있다. 이것을 거짓 양성 및 거짓 음성이라고 한다. 존 이오아니디스는 정확히 이 개념에 의거해 과학 실험을 분석한 뒤, 일부 실험에서는 결론을 이끌어낼 수 있었지만('긍정적'으로 간주됨), 일부 실험에서는 결론을 얻을 수 없었다(따라서 '부정적'으로 간주됨)는 결과를 내놓았다. 그러나 유기농 식단과 암 발병 위험 감소 사이에 독점적인 인과관계가 있다는 결론을 내린 연구와 같이 긍정적 효과를 제시한 논문 중에는 잘못된 것으로 여겨질 위험이 있었다. 이오아니디스는 거짓 양성 수를 다양화하여 대부분의 과학적 연구는 거짓이라고 주장했다.

실제로 존 이오아니디스는 아무것도 증명하지 않았다. 그저 어떤 매개변수가 가질 수 있는 수치의 영향력을 가리키기 위해 완벽하게 자의적인 방식으로 특정 매개변수를 조절했다. 정말 놀라운 것은 없었다. n개의 연구에서 m개의 잘못된 결과가 포함되어 있다고 결정하면, 잘못된 결과의 비율은 m이 많아질수록 높아진다. 이오아니디스는 조건부 확률에 관한 베이즈Bayes 정리를 사용하여 더 세련된 방식으로 이 결과를 설정했지만, 그럼에도 불구하고 그 추론은 일종의 동어반복이었다. 잘못된 결과가 있다는 아이디어에서 출발하여 실제로 잘못된 결과가 있다는 결론에 도달한 것이었다. 이런 논문에서 보통 기대할 수 있는 것과는 달리, 이오아니디스의 논문에는 의학 저널에 게재된 과학 연구에 대한 분석이 포함되어 있지 않았고 게재 후 반박될 논문도 계산하지 않았다. 이것은 단지 논쟁을 전혀 진전시키지 않은 이론적 계산일 뿐이었다. 이오아니디스의 결과 역시 거짓 양성으로 간주될 수 있었기 때문에 그의 논문은 또 다른 악순환의 시작이었다!

또한 이오아니디스가 문제의 조건을 제시하는 방식에 초점을 맞추는 것이 중요하다. 그는 결과의 진실을 사실적 진실(내가 지금 이 책을 읽고 있는 것이 사실이라는 유형의 진실)과 연관시켰고, 과학적 연구의 진실은 훨씬 더 복잡한 것으로 밝혀진 개념이다. 실제로 연구란 처음에 일부 잘못된 결과(유리컵의 반이 차 있을 때 반밖에 차지 않았는지 반이나 차 있는지 원하는 만큼 생각하는 것처럼 일부 정확한 결과라고 판단할 수 있다)로 이어질 수 있고, 이를 통해 새로운 연구자가 결과를 개선하고 개발해 점차 진실에 접근해 가는 것이다. 따라서 이오아니디스가 독단적으로 결과를 절대적인 참 또는 절대적인 거짓으로 분류하는 것은 문제가 있었다. 이것은 과학이 끝없는 탐구의 과정이라는 사실을 무시한 것이다. 과학은 결코 흔들리지 않는 토대 위에 놓여 있고 그에 못지않게 견고한 새로운 결과가 이룩하는 성이 아니라, 오히려 그와는 반대로 끊임없이 의문을 제기할 수 있고 또 제기해야 하는 바로 그 모순에 과학 탐구 과정의 기반이 있다. 유기농 제품을 소비하면 암 발병률이 낮아진다는 그 연구로 다시 돌아가 보자. 연구가 제기한 가설이 필연적으로 틀릴 수밖에 없는 이유는 통계적 방법론의 관점에서 그 결과가 거짓이기 때문이 아니다. 단지 이 논문이 과학적으로 입증될 일만 남았기 때문이다.

칼 포퍼Karl Popper(1902~1994)는 과학 이론은 거짓으로 판명될 때까지는 참으로 간주해야 한다고 주장했다. 포퍼는 특히 알버트 아인슈타인Albert Einstein과 막스 플랑크Max Planck가 뉴턴의 고전 물리학을 푸는 방법을 관찰하면서 이 아이디어[41]를 확립했다. 그때까지 고전 물리학은 사실로 여겨졌지만, 20세기 초 상대성 이론과 양자 물리학에 의해 타격을 입었다.[42] 그렇다고 이오아니디스 방식의 '거짓 연구' 범주에 뉴턴 역학을 분류하는 건 터무니없는 일이지만 말이다.

또한 과학에 대한 학문적 연구는 이오아니디스나 메타과학이 출현하기를 기다리지 않았다는 점을 기억해야 한다. 인식론은 정

---

41 완전히 새로운 아이디어는 아니지만 포퍼가 상당히 발전시켰다.

42 그럼에도 불구하고 오늘날 계속 뉴턴 물리학을 배우는 이유는 많은 경우, 특히 일상 생활에서 이 고전 물리학을 경험할 수 있기 때문이다.

확히 과학적 방법뿐만 아니라 그 개념의 정당성에도 관심 있는 분야이다. 메타과학의 양적 측면과 더불어 인식론은 철학에도 호소한다. 그러나 현재의 연구, 특히 앵글로색슨 국가에서 진행 중인 연구는 통계적 또는 확률론적 결과로 인한 수량화를 통해 참과 거짓을 입증할 수 있다는 아이디어에서 힘을 얻는다. 이와 같은 결론은 특정한 개념을 적절한 자리에 배치하는 중요성을 소홀히 하여 개념을 거부하고 수량화한다.[43]

인식론의 탈선은 거짓을 제대로 증명하는 척하는 것이 가능한 것처럼 참을 잘못 입증하는 것이 가능하다는 점을 상기시키는데 필요한 것처럼 보였다. 존 이오아니디스의 추론은 뉘앙스가 부족했지만 대부분의 의학 연구 결과를 의심하는 그의 의견이 정당화되지 않은 건 아니다. 또한 메타과학의 출현과 거의 동급으로 여겨지는 그의 논문이 오늘날 큰 성공을 거둔 이유는 동일한 실험을 다시 했을 때 이전과는 반대되는 결과가 도출되는 것처럼, 연구자들이 다수의 논문에서 오류가 발생한다는 사실을 잘 알고 있다는 신호이기도 하다.

그러한 오류는 어떻게 나타날 수 있을까? 인식론은 상관관계와 인과관계의 혼동과 같이 과학적 진리를 위협하는 여러 장애물을 정확하게 지적한다. 뿐만 아니라 통계의 직관에 반하는 속성

---

43 다른 예는 다음을 참고하라. 앙투안 울루-가르시아, 「수학의 공통적 지혜, 다양성 및 오용」, 프랑스 과학정치 리뷰, vol. 67, 2017.

때문에 심슨의 역설과 연결되어 연구자가 정정당당하게 해석의 오류를 범하게 만드는 장애물도 존재한다. 마지막으로, 명명법의 조작은 콜레스테롤의 경우와 같은 엄청난 결과를 초래할 수 있다. 그리고 이러한 사례 덕분에 여러 방법으로 개선할 점을 얻을 수 있었다. 정량적 방법, 그 방법의 사용 및 해석을 엄격하게 검토하고, 여러 요직에 앉은 연구자와 제약업계와의 관계를 투명하게 공개하며, 다른 실험실에 속한 연구원이 이전 실험의 결과를 재검토하고 심화시키며 경우에 따라서는 수정할 수도 있도록 실험의 재현성을 용이하게 했다. 결과적으로[44] 연구의 세계를 깊이 숙고해 볼 수 있게 되었다. 오늘날 이 세계는 피인용지수와 논문 게재 수로 평가하는 성공에 대한 강한 압박을 받고 있다. 논문 게재 수는 직위, 등급을 부여하거나 심지어 H-지수 또는 연구자의 순위를 매기는 또 다른 지표가 제공하는 일종의 교환 조건이 되었다. 'publish or perish', 즉 논문을 발표하지 않으면 도태된다는 표현은 연구원들이 따라야 하는 압박을 가장 잘 설명하고 있다. 이 문장은 1960년대 학계에서 이미 유명했지만 논문의 질보다 수가 더 중요한 오늘날보다 더 잘 들어맞지는 않을 것이다. 그렇기 때문에 연구자들은 그들의 연구를 쪼개어 논문의 수를 늘리고 그에 따라 의미와 범위를 왜곡할 위험이 발생한다(살라미 분할

44 이오아니디스는 2014년 PLOS Medicine에 발표한 「더 많이 게재된 연구를 사실로 만드는 방법」이라는 논문에서 이 점을 지적했다.

로 알려진 관행). 그동안 다른 사람들은 연구에 실제로 참여하지 않았음에도 연구에 이름을 올리는 것으로 만족한다.

라플라스의 『확률의 해석 이론』 첫 번째 줄을 다시 읽고 실생활, 특히 의료 분야에 적용되는 계산의 의미로 돌아가 보자.

> 엄밀히 말하면 우리가 알고 있는 거의 모든 지식은 단지 그럴듯한 것이라고 말할 수 있다. 그리고 우리가 확실히 알 수 있는 몇 가지와 수학 과학 그 자체에서 진리에 도달하는 방법은 확률에 기반을 두고 있다.[45]

그럼에도 불구하고 대중에게 수량화된 결과는 여전히 반박할 수 없는 주장처럼 보인다. 이것은 아주 큰 오해이다. 현실에 적용되는 계산이라는 개념 자체는 내면 깊숙이 불확실성의 원리를 내포하고 있기 대문이다. 예를 들어, 진리는 지성의 문제라기보다 용기의 문제라는 니체의 사상[46]을 기억함으로써 이 사실을 받아들여야 한다. 현실 세계를 수학적 결과로 한정시킬 수 없는 경우가 있다는 것을 받아들이는 용기 말이다. 그러나 의심은 인간의 마음을 기쁘게 하지 않는다. 공개되기에는 너무 약한 근거에 기

45 앞의 논문, 1쪽.

46 '지식으로 향하는 각각의 발걸음은 먼저 용기와 자기 자신에 대한 엄격함에서 시작한다.' 『이 사람을 보라』 서문, 앙리 알베르Henri Albert 역, Mercure de France, 1908, 76부, no. 274, 199쪽.

반을 두고 있다고 밝혀진 진리를 강요하지 않기 위해 그 진리에 확신을 가져야 하는 경제 주체에게는 더욱 그렇다. 지난 수십 년 동안 역학의 관점에서 이뤄진 예측을 살펴보면서 이것을 확인해 보고자 한다. 이 분야 연구는 실제로 수량화할 수 없는 것을 수량화하지 않는 것이 더 현명했을 정도로 일관성이 없는 결과를 낳았다.

바이러스 예측하기

전염병에 적용된 수학적 모델은 18세기부터 지금까지 계속 변화해 왔다. 인구 간 상호작용을 분석하기 위해 휴대전화의 신호를 사용하는 것처럼 이제 수학 모델은 인구통계학 데이터를 통합할 수 있는 컴퓨터를 기반으로 한다. 이는 코로나바이러스 전염병이 발생했을 때 미디어에 공개되었지만 에볼라바이러스 전파를 막기 위해 아프리카에서 사용됐던 것처럼 이미 오래전부터 활용되었던 관행이다. 이 덕분에 연구자들은 질병의 전파 경로를 이해하고 시뮬레이션을 시행하여 정부가 최상의 결정을 내릴 수 있도록 도울 수 있다. 그러나 풍토병이나 계절성 인플루엔자와 같이 비교적 잘 알려진 바이러스는 그동안의 수학적 모델을 근거로 예측할 수 있었지만, 갑자기 발생한 바이러스의 경우에는 대응하기 어려웠다.

광우병 위기가 시작되었을 때도 그랬다. 변종 크로이츠펠트-

야콥병vCJD[47]의 진화를 추정할 수 있게 해 준 계산은 잘못된 결과를 초래했다. 2000년대 초, 소해면상뇌병증 유행병의 진화와 같이 1980년대 이후 잠재적으로 오염된 육류의 양 및 질병 잠복기를 통합하는 수학적 모델을 기반으로 한 논문[48]이 『네이처Nature』에 발표되었다. 논문은 영국에서만 최대 13만 6,000명이 사망할 것이라고 추정했다. 그리고 곧 후속 연구가 뒤따랐다. 걱정스러운 의견들이 불안감을 더 고조시켰고 정확한 수학적 모델에 준거해 나왔다는 결과를 따라 영국 언론들은 곧 사망자가 최대 50만 명에 달할 것이라고 발표했다. 프랑스 언론들도 빠지지 않았다. 1999년 12월 12일, 『라 데페슈』는 "광우병이 수백만 명을 죽일 것이다!"라는 제목의 기사를 실었다. 1997년 노벨 의학상 수상자이자 프리온을 발견한 스탠리 프루시너Stanley Prusiner는 이 기사에서 "대부분의 영국인이 심각한 위험에 처해 있다."라고 말했다. 그러나 12년 후에 밝혀진 사실은 달랐다. 많은 희생자가 발생할 것이라 예고되었던 것과는 달리 이로 인한 희생자는 영국에서는 173명, 프랑스에서는 27명, 스페인에서는 5명, 아일랜드에서는 4명에 불과했다.

수학적 모델의 실수를 보여 주는 이 사례는 이뿐만이 아니다. 광우병 사태에 이어 2002년 11월 중국 남동부에서 사스(중증급성

47 해면상뇌병증에 감염된 소고기 섭취와 관련된 것으로 추정되는 질병

48 가니Ghani 외, 「영국의 vCJD 사망률 예측」, 네이처, vol. 406, 2000.

호흡기증후군)가 발생했다. 5개월 후, WHO는 코로나바이러스에서 비롯된 이 전염병에 대해 전 세계를 대상으로 경보를 발령했다. 곧바로 각 국가에서는 문제의 원인을 알고 싶어 했다. 따라서 전염병 진행을 파악할 수학적 모델이 필요했다. 2003년 4월 초, 파스퇴르 연구소에서 홍콩과 프랑스 연구원들이 기자회견을 개최하였다.[49] 전문가들은 이른바 이 비정형 폐렴이 독감이 확산하는 방식(물체－손－얼굴)과 유사하다고 생각했고, 세계 인구의 30%가 감염될 수 있다고 보고했다. 약 20억이나 되는 숫자였다! 그러나 희생자 수는 어땠을까?

이번에는 『랜싯』지의 논문을 통해 희생자 수를 파악했다. 논문에서 추정한 사망률[50]은 60세 이상은 43~55%, 60세 미만은 7~13%였다.[51] 입원한 1,425명의 환자를 대상으로 한 예측이 정확하다고 판명되면, 약 1억 9,000만 명이 사망하는 팬데믹이 될 것이었다. 그러나 이 결과는 전염병을 예측하는 일이 어렵다는 사실을 다시 한번 강조할 뿐이었다. 전 세계 사스 희생자 수는 800명을 넘지 않았다.

---

49 기자 회견 보고서는 다음을 참고하라. 상드린 카뷔Sandrine Cabut, 「바이러스는 물체를 통해 전염될 수 있다」, 리베라시옹, 2003년 4월 2일.

50 이 비율은 감염자 대비 사망자 수를 나타낸다. 한 국가의 전체 인구에서 보고된 사망자 수를 나타내는 사망률과 혼동해서는 안 된다.

51 도넬리Donnelly 외, 「홍콩에서 발생된 중증급성호흡기증후군 유발 요인 전파의 역학적 결정요인」, 랜싯, vol. 361, 2003.

불과 2년 후인 2005년에는 조류 독감 바이러스가 인간에게 전염된 첫 사례가 확인되었다. 일부 역학자들은 H5N1으로 알려진 이 바이러스가 1억 5,000만 명을 사망에 이르게 할 것이라고 주장했다. 그러나 예측과 현실 사이의 간극은 더 깊어졌다. 4년이 지난 후 전 세계적으로 밝혀진 조류 독감 희생자는 260명으로 사스보다 훨씬 적은 숫자였다. 2009년에 등장한 새로운 바이러스인 H1N1에 대해서도 언급해 보겠다. 전염병이 시작되었을 때 치사율 10%(1% 미만이 아니라!)라는 공포스러운 숫자가 발표되었다. 그리고 마침내 10년이 지난 현재 코로나바이러스감염증-19가 발생했다. 통계적 편향으로 고통받은 최초의 데이터는 다시 한번 실제 현실과 매우 거리가 먼 것으로 나타났다.

수학적 모델의 신뢰성이 부족한 이유는 무엇일까? 이 질문에 대한 첫 번째 대답은 확률 계산의 기본을 가리킨다. 1차 전염이 시작되는 순간 숫자가 전염병의 진행 상황을 확실하게 예측할 수 없는 이유는 추세를 나타내기 위해 고려할 수 있는 환자의 수가 너무 적기 때문이다. 큰 편차가 있을 수 있으므로 이 숫자는 실제 통계상으로 의미가 없다. 최초의 데이터는 앞장에서 언급했던 일관성 없는 구매력 계산을 떠올리게 한다. 구매력 지표가 국가의 정확한 상황을 반영하지 못한 이유는 정치인이 즉각적인 수치를 요구하는 상황에서 정밀하고 상세한 결과를 얻는 데 시간이 걸리기 때문이었다는 점을 기억하자. 마찬가지로 새로운 질병을 맞닥뜨린 정부는 통계로는 얻을 수 없는 신속한 대응을 해야 한다.

긴급한 상황에서 연구자들은 불충분한, 심지어 광우병 사태 때처럼 부정확한 데이터로 만든 모델을 최대한 활용한다. 첫 번째로 세운 모델은 감염된 사람의 수, 감염된 날짜 및 잠복 기간을 연결하는 역산을 사용했다. 그러나 이 세 가지 요소는 불확실하기 때문에 기적이 아니면 계산이 정확하게 맞을 수가 없었다. 모델은 수학 공식을 기반으로 했기 때문에 부정확한 숫자를 내포한 공식이 부정확한 결론을 만들어 내는 것은 당연했다. 또한 연구자들이 결과를 다듬고자 할 때, 새로운 데이터를 계산에 통합하게 되었고, 그 결과 오류의 위험이 증가해 모델을 조작하기가 더 어려워졌다. 인간에게 전염되는 감염 세포의 양, 심지어 프리온 단백질 합성 유전자를 소유한 사람들의 추정치까지 고려하여 계산한 크로이츠펠트-야콥병 예상 수치가 특히 그런 경우였다. 희생자 수 예상 수치를 계속해서 왜곡하게 만드는 의심스러운 요소가 너무 많았다.

사스 예측에 대한 잘못된 계산과 관련하여 생물학자이자 미생물 유전학 전문가인 앙투안 당샹Antoine Danchin 교수를 주목할 필요가 있다. 그는 놀라운 수치를 발표한 파스퇴르 연구소 기자회견에 참가한 직후, 그 예상 수치가 중국(공개를 꺼리는 그들의 문화를 더는 증명할 필요도 없이)이 발표한 숫자의 신뢰성뿐만 아니라 기온 상승과 같은 기상 요인, 시간이 경과함에 따라 안정되는 바이러스에 달려 있다고 강조했다. 다시 말하지만, 데이터가 잘못됐거나 누락된 경우 또는 매개변수가 불확실할 여지가 너무 큰 경우(현실 세계에서 일어나는 모든 계산에 사실상 내재되어 있는 특징)에는 수학적 모델이 논리적인 결과를 제공할 기회는 거의 없다. 『랜싯』에 게재된 논문을 리뷰한 호흡기 질환 학술지는 "입원한 환자만을 고려한 사망률은 한편으로는 선험적으로 허술했기 때문에 과대평가되었고, 다른 한편으로는 전염병의 짧은 기간만을 반영했기 때문에 바이러스의 다양한 발병력을 고려하지 않았다."라고 경고했다. 백신 접종을 둘러싼 논란에 대해 살펴보았듯이 이것을 선택 편향이라고 부른다. 결과적으로 예상 수치는 전체 인구가 직면한 위험에 대해서는 아무 말도 하지 않았다. 우리는 다시금 결과를 변질시키는 상대 위험도와 절대 위험도 사이에서 혼동을 대면하게 된다.

불행하게도 이와 같은 통계적 편향은 비상사태에서 자주 발생한다. 그중 하나가 2020년 초 가장 뜨거운 문제였던 코로나 19로 인한 치사율이었다. 치사율 계산은 과학 연구에 필요한 시간과 정치인에게 필요한 시간의 불일치 문제를 다시 제기했다. 바이러스의 치사율을 가능한 빨리 보고하기 위해 임명된 전문가들은 코로나 19로 인한 사망자 수를 감염자 수로 나눈 후 그 결과에 100을 곱했다. 그러나 산술적 관점에서 흠잡을 데 없어 보이는 이 결과는 정확한 순간에만 의미가 있었다. 잠복기는 몇 주에 걸쳐 지속될 수 있고 중증 환자는 한 달 정도 입원했기 때문에 사망자 수와 감염자 수를 비교하는 것은 감염자가 일정 기간 동안 질병으로 죽지 않는다는 것을 확신할 수 없으면 절대적인 의미가 없었다. 그렇기 때문에 정확한 치사율은 시간이 걸리더라도 완전히 완치된 감염자 수에 사망자 수를 나누어 얻을 수 있었다. 게다가 질병에 감염된 숫자는 전체 인구를 체계적으로 검사할 때까지 파악되지 않는 것이 당연했다. 이러한 상황에서 발표된 치사율은 이론상으로 과대평가되었기 때문에 실질적으로는 의미가 없었다.

그렇다면 다음과 같은 질문을 던질 수 있다. 즉각적인 결과(잘못될 가능성이 높은)를 얻는 것이 나을까, 아니면 시간이 걸리더라도 정확할 확률이 높은 결과를 얻는 것이 나을까? 지휘관이 전투 결과를 알기 위해 신탁에 의지했던 것처럼 위협에 직면한 정치인들은 미래를 예측하는 데이터 없이는 아무것도 할 수 없었다. 숫자는 정치인들이 미지의 존재 앞에 두려워하는 국민을 달래 주고 그들이 재앙을 통제한다는 느낌을 심어 주었을 것이다. 그러나 불확실성의 정도가 문제였다. 광우병 사태 당시 수학적 모델이 얻은 결론은 실제 희생자 수를 10만 배 증가시킨 반면, 조류 독감 때는 100만 배나 많았다! 계속해서 편차가 존재하지만, 그럼에도 불구하고 정부는 첫 번째 선택(빠르지만 잘못될 가능성이 높은 결과)을 계속 선호한다. 왜 그럴까? 전염병 예측의 한계를 이야기할 때 수리생물학 박사이자 세계 보건 연구소 소장인 앙투안 플라오 Antoine Flahault교수의 겸손한 답변을 들어 보겠다.

아마도 우리는 국민, 연구원, 정부, 심지어 언론인조차 바이러

스를 예측할 수 없다는 사실을 인정하는 방법을 알지 못하는 것 같습니다.[52]

그러나 성급함, 누락되거나 불확실한 데이터, 통계적 편향이 전부는 아니다. 신종 질병을 대략적으로 예측할 수밖에 없는 이유는 정보 공개를 꺼리는 특정 국가들의 비밀스런 특징에서 비롯되며, 이는 통계학자가 사용할 수 있는 정보를 크게 왜곡한다. 이것은 어제오늘의 일이 아니다. 코로나 19에서 다시 나타난 이 문화는 역사상 가장 큰 전염병이 창궐했던 1세기 전에 이미 확인된 바 있다. 1918년에서 1919년 사이에 발병해 수천만 명의 사망자를 낸 이 전염병을 스페인 독감이라고 부르는 이유는 무엇일까? 그 이유는 우리에게 시사하는 바가 아주 크다. 전쟁 중이었던 국가의 정부는 미국에서 나타난 이 전염병의 위험 징후와 역학 데이터에 관한 정보를 검열하였다. 이는 병사들의 사기를 떨어뜨리지 않기 위함이었다! 전쟁에 참전하지 않았던 스페인은 특별히 언론을 통제하지 않았기 때문에 스페인 국영 언론이 전염병의 진행 상황을 가장 먼저 알렸다. 그날 이후 이 전염병은 공중 보건 정보 조작을 상징하는 용어인 스페인 독감이라는 이름으로 불리게 되었다. 이 전염병을 스페인 독감이라고 부르지 않는 유일한

52 2013년 3월 12일 TV5monde의 온라인 기사, 「사스, 인플루엔자 A(H1N1), 광우병: 공포의 전염병」에서 레아 바롱Léa Baron이 인용한 발언이다.

국가는 스페인이다. 그곳에서는 놀랍게도 나폴리 군인이라고 부른다.

불가능한 코로나 방정식

코로나 19 대유행이 시작했던 2020년 봄, 1~37%의 다양한 치사율은(이탈리아가 3월 중순에 8.33%를 기록한 반면, 독일에서는 겨우 0.22%였던 것처럼) 숫자를 이해하는 것이 어렵다는 것을 완벽하게 설명해 주었다. 이 단계에서는 일반적으로 전염병이 확산되는 원인이나 국가 간의 차이를 내포하는 위생적 이유가 아닌 그와 관련된 양적 요소에 대해 설명하고자 한다.

2019년에서 2020년 겨울, 한 국가와 맞먹는 수준인 중국의 성이 타격을 받았음에도 중국의 사망자가 3,500명뿐이라고 하는 결과를 신뢰할 수 있을까? 우한 시에만 이미 900만 명의 주민이 있었고 순식간에 퍼지는 폐렴의 증가 원인을 의사들이 파악하는 데에는 오랜 시간이 필요했다. 사망자 수가 맞는다면 사망률은 기껏해야 0.04%였을 것이고, 나라 전체를 공포에 떨게 만들기에는 턱없이 부족한 숫자였다. 따라서 코로나 19로 인한 사망자 수는 매우 과소평가되었고, 그 결과 상대적으로 위협이 미미했던 서구에서 심각한 상황을 맞게 되었다. 게다가 '실제' 희생자 수는 다음과 같은 두 가지 이유로 중국과 유럽에서 다른 의미를 갖는다는 점을 유의해야 한다. 첫 번째로, 공식 수치는 항상 신중하게 검토해야 하며 중국 역시 그 점을 완벽하게 알고 있었다.[53] 신뢰할 수 없는 수량화의 단계를 거치지 않고 현실에 따라 효과적으로 행동하는 것보다 현실을 반영하는 숫자를 얻는 것이 덜 중요했다. 두 번째로, 중국인들은 인민공화국 수립 이후 대규모 폭력 사태를 겪었다. 반혁명진압운동(1949~1952)으로 100만에서 500만 사이의 사망자가 나왔고, 대약진 운동과 뒤 이은 대기근(1958~1962)으로 3,000만에서 5,000만 사이의 사망자가 발생했다. 따라서 3,500명과 10만 명의 격차가 상대적으로 그들에게 코로나 19 위기를 대수롭지 않게 생각하도록 만들었다.

정부가 내놓은 희생자 수가 상당히 유사했던 이란에서 일어났던 일이다. 첫 감염 사례가 공식적으로 선언된 지 얼마 되지 않아 쿰Qom 근처에 생긴 거대한 공동묘혈[54]은 우주에서 보일 정도로 그 규모가 어마어마했다. 정부가 전염병 확산을 과소평가하는 동안, 방호복을 입은 사람이 시신을 옮기기 전 시체 안치소에 쌓여 있는 시신의 모습을 담은 영상도 유포되었다. 이는 실제 희생자가 공식적으로 발표된 것보다 훨씬 많았음을 시사한다.

전염병이 확산되기 시작했을 때 독일의 치사율이 매우 낮았던 이유는 대규모 조기 검진을 통해 양성 판정을 받은 환자를

---

53 7장에서 리커창의 중요한 사례를 참고하라.

54 에린 커닝햄Erin Cunningham, 달튼 베넷Dalton Bennett, 「우주에서 보일 정도로 거대한 코로나바이러스 매장지」, 워싱턴 포스트The Washington Post, 2020년 3월 12일.

신속하게 돌볼 수 있었던 것과 중환자실 수가 프랑스와 이탈리아보다 훨씬 많았기 때문이었다. 국민을 대상으로 한 대규모 검사는 실제로 치사율(바이러스 결과로 사망한 사람의 수를 감염된 사람 수로 나눈 값)을 계산할 때 분모를 기계적으로 증가시킨다. 결과적으로 이러한 단순한 수치적 효과로 의해 비율은 급속도로 감소하게 된다.[55] 특히 독일은 사망자가 코로나바이러스에 감염되었더라면 살아 있는 동안 감염 사실을 알았을 것이라고 생각해 사후 검사를 실시하지 않았다. 따라서 질병에 걸려 사망한 사람이 사후에 바이러스에 감염된 것으로 밝혀지면 그를 코로나 19 사망자로 집계한 프랑스와 이탈리아와는 다를 수밖에 없었다. 독일은 실제로 무증상처럼 보이는 사례가 많았으므로, 독일이 다른 국가의 프로토콜을 따랐다면 치사율은 크게 증가했을 것이다. 요컨대 분모를 늘리고 분자를 줄임으로써 독일은 필연적으로 낮은 치사율을 보였다. 물론 의학적, 사회학적 이유도 있었지만 숫자가 같은 방식으로 계산되지 않았다는 사실은 왜곡된 결과를 가져다준다.

마지막으로, 이런 여러 불확실성에 사람이 질병에 의해 사망한 순간과 이 죽음이 데이터베이스에 포함되는 순간 사이에 지연된 시간을 추가해야 한다. 프랑스에서 이 시간은 며칠에서 몇 달

55 사망률은 전체 인구와 관련 있기 때문에 이 시점에서는 민감하지 않았다. 따라서 집계 방법을 다른 국가와 비교하고자 한다면 사망률이 치사율보다 더 적합했다.

까지 매우 다양하다. 그 이유는 사망 진단서를 전달하는 두 가지 방법이 있다는 사실에서 비롯된다. 첫 번째 방법은 여러 의료 행위자가 사용할 수 있는 CertDc 애플리케이션을 이용한 방법으로, 이 방법은 사망 진단서를 매우 빠르게 전달할 수 있다. 그리고 두 번째 방법은 프랑스 전역에서 각 지역의 Inserm(국립보건의학연구소)에 서면으로 전달하는 방법인데, 이 방식은 훨씬 오래 걸린다. 코로나 19 위기 당시에는 사망자의 약 20%만 전자 인증서로 신고한 것으로 나타났다. 즉 보건당국이 매일 저녁 발표한 코로나 19로 인한 사망자 수는 온라인으로 전송되는 이 숫자만 고려했던 것이다. Inserm에 도착하는 데 평균 2개월이 걸린다는 사실을 알고 있었기 때문에 약 80%나 되는 나머지 숫자를 감춰둘 수 있었다. 중국이나 이란만 숫자로 장난쳤던 건 아닌 듯하다. 매일 수많은 숫자를 발표해 공공장소를 점거해야 한다는 생각에 사로잡힌 프랑스 정부는 멀리 보지 못한 탓에 코로나 19로 인한 사망자 수를 매우 과소평가했다.

위기 관리, 이해와 연대, 그리고 탐욕 사이

이번에도 프랑스의 사례이다. 1차 지방선거 다음 날 프랑스에는 봉쇄 조치가 내려졌다. 명백하게 정치적 계산에 의한 것이었다. 프랑스 내에서 일어나는 논란과 소위 중간 선거라는 잘 알려진 논리에 비춰봤을 때, 집권당은 선거를 유지하는 데 온 관심을 기울여 예측 가능한 패배를 미리(상원의원 후 대통령 선거 이전에) 감내하고자 했다. 곧 다가올 보건 위기 상황에서 미디어를 통해 선거의 패배가 곧바로 희석되었기 때문이다. 야당 지도자들 또한 여당을 향한 민심이 떠났을 때 승리하기 위해 선거를 유지하는 데 관심이 있었다. 그럼에도 불구하고 몇몇 정치인은 선거를 연기하는 것이 적절하다고 보았지만, 궁극적으로 승리한 의견은 국민을 희생해서라도 선거를 유지하자는 것이었다. 다양한 정치적 이해에 얽힌 판단은 이후 2주 동안 감염자 수를 증가시키고 수많은 사람의 목숨을 앗아가는 결과를 가져왔다. 2,100만 명의 유권자가 등록된 1차 시장 선거를 치르면서 특히 45만 명이 개표 중 가까이 모일 수밖에 없었고, 그 결과 1차 세계 대전의 니벨 공세처럼 헛되이 많은 생명을 잃었다.

이번에는 이탈리아를 살펴보자. 이탈리아의 인구 구조는 전염병 확산에 중요한 역할을 했다. 인구의 약 4분의 1은 65세 이상이었고 이 연령대에서의 치사율이 매우 결정적이었다. 게다가 봉쇄가 결정되기 3주 전에 정부는 학교를 전염이 잘되는 장소라고 판단하여 휴교 조취하였다. 이 확률적 추론은 상식 밖의 결정은 아니었지만 기본적인 사회학적 매개변수를 고려하지는 않았다. 정기적으로 탁아소와 유치원에 손주를 데리러 가는 이탈리아의 조부모는 손주의 삶과 매우 가까이 있다. 학교가 휴교했음에도 불구하고 부모는 여전히 풀타임으로 일을 해야 했기 때문에(자녀를 돌볼 수 있는 계획이 조정되지 않았다) 부모는 당연히 조부모에게 도움을 요청할 수밖에 없었다. 아이들이 무증상이거나 실제로 그들 중 극소수가 바이러스 보균자였음을 고려해도 손주, 부모, 조부모 사이에 더욱 친밀한 관계가 형성되어 바이러스는 더 빠르게 확산되었다. 인구는 계산에 따르기보다 사회학적 문제에 속했다는 사실을 간과한 이탈리아 정부는 숫자에서 뒤지지 않고자 코로나 19 확산 가능성을 줄이는 일만 생각하였다. 바이러스 확산 가능성을 최소화하기 위해 노인이 영향을 받을 확률을 최대화한 것이었다. 필요하다면 수량화만 따라서 법률을 제정하는 정부가 초래한 재앙의 증거였다.

이탈리아의 첼레 디 불게리아Celle di Bulgheria, 카쟈노Caggiano, 페티나Petina, 베나로타Venarotta와 같은 소도시에서 일부 시의원들은 자발적으로 수당을 포기했다. 유명 파스타 생산업체인 라나Rana와 같은 식품 회사에서는 보건 위기 동안 직원을 25% 늘리기도 했다. 또한 주요 토마토 생산업체인 무티Mutti는 파르마에 있는 병원에 50만 유로를 기부했다.

코로나 19가 확산되기 이전에 결정되었던 재정법에 의해 예고된 연봉 인상을 거절한 국회의원도 있었다. 카나리아 제도의 지방 정부는 2%의 연봉 인상을 포기하고 비정부 기구에 보건 위기로 취소된 회기에 대한 보상금을 전달했다. 캐나다의 쥐스탱 트뤼도Justin Trudeau 총리는 바이러스 퇴치를 위해 싸우는 자선 단체에 연봉 인상액을 기부했다. 슬로베니아에서는 상황이 더 복잡했다. 새 정부는 장관의 연봉을 가능한 가장 높은 폭으로 재조정하여 효과적으로 소득을 인상했다. 그러나 며칠 후 노조의 반발에 부딪친 정부는 다시 30%를 삭감하겠다고 발표했다.

르완다 정부의 직원들은 월급을 유보하기로 결정했다. 장관과 고위 관리의 소득은 가장 빈곤한 사람들을 위한 사회 기금에 전달되었다. 불가리아에서는 국회의원, 장관, 내각, 정부 부처장의 월급을 공중 보건 분야에 사용하였다. 4월 초 프랑스의 소덱소Sodexo 임원 200명은 수에즈Suez와 미쉐린Michelin과 마찬가지로 수입의 많은 부분을 포기했다. 대서양을 건너 아메리카 대륙의 경우, 디즈니Disney와 피아트 크라이슬러 경영진은 월급의 절반만, 보잉Boeing과 에어 캐나다Air Canada 경영진은 2020년 월급 전체를 받지 않았다.

위기 상황에서 인간성을 발휘하는 사람이 있는 반면, 탐욕을 드러내는 사람도 존재한다. 숫자를 좋아하는 지도자 중 일부는 보건 위기가 한창일 때 봉급 중 일부를 자신에게 유리하게 조작하는 것을 잊지 않았다. 이는 도미니카 공화국에서 일어난 일이다. 푼타 카나Punta Cana 지구와 동명의 국제 공항으로 유명한 이궤이Higüey 시의회는 각 의원과 시장의 연봉 인상을 70%로 결정했다. 브라질의 작은 마을인 봉 제수스 드 노르트Bom Jesus do Norte에서도 시의원에 50%의 연봉 인상을 제안했다.

그러나 이 분야의 챔피언은 코로나 19로 타격을 받은 첫 번째 국가인 이탈리아였다. 다음은 최악의 상황이었던 2020년 2월과 3월 사이에 이루어졌던 몇 가지 주목할 만한 사례이다. 칼라

브리아Calabria주의 리아체Riace 시장은 본인과 시의원의 월급을 인상했다(코로나 19로 인한 경제적 어려움으로 고지서를 납부하지 못하는 가족에게 전기를 차단하면서 말이다). 몇 달 전 이탈리아 법률이 소규모 지방자치단체 시장의 봉급을 인상할 수 있는 가능성을 제시했기 때문에 불법은 아니었지만 보건 위기 중 결정된 이 소식은 분노의 물결을 일으켰다. 같은 시간, 언론이 칭가 보이즈Zinga-boys라고 이름 붙인 라치오Lazio 주지사 니콜라 칭가레티Nicola Zingaretti의 추종자 목록에 두 사람이 추가되었다. 9만 유로에서 12만 유로로 연봉이 증가한 지역 의회 사무총장과 6만 5,000유로에서 7만 5,000유로로 연봉이 인상된 예식 담당자였다. 이 역시 불법은 아니었지만 그들의 책임이나 업무량이 증가하여 연봉이 인상된 것은 아니었다. 트렌토 자치주 주지사는 보건사회정책국장의 연봉을 1만 유로 인상해 연봉이 13만 유로에 이르렀지만 간호 인력은 한 푼도 받지 못했다. 또한 로마에서 쓰레기 수거 및 처리를 관리하고 자본금이 시에서 전액 출자되는 AMA 기업은 보건 위기 중 3명이 간부로 승진했다. 그들의 인상액은 1만 2,000~1만 7,000유로 사이였지만 총 7,500명의 직원은 재무 상태표가 마감되지 않았다는 단순한 이유로 2년 동안 보너스를 받지 못했다.

누군가는 더 부유해지는 동안, 나머지 인구를 지원하기 위한 조치는 사실상 존재하지 않았다. 공기업, 사기업을 막론하고 대부분의 직원은 부분적 실업 수당을 받는 대신 강제로 휴가(업무가 감소하는 기간을 메우기 위해 연차를 소진하는 것을 의미하더라도)를 내야 했다.

또한 부모들은 자녀가 몇 달 동안 학교를 다니지 못하는 동안, 자녀를 돌보기 위해 휴직을 해야 했다. 끝으로 자유업과 장인은 국가 최저 임금 수준의 빈약한 지원만 받았다. 앞서 언급한 연봉 인상의 사례는 엄밀히 말해 불법은 아니지만, 엘리트와 국민 사이에 증가하는 가혹한 불의의 상징처럼 나타났다.

그 동안에 일부 프랑스 기업은 불법적으로 직원을 계속 일하게 함으로써 부분 실업 상태로 만들 기회를 잡았다. 직원들에게 월급 총액을 지불하는 척하면서 국가의 지원을 받는 동시에 더 많이 일하게 된 직원들을 착취했다. 심지어 그들 중에는 매장에 갈 수 없어 늘어난 택배량 때문에 많은 짐을 날라야 했던 배송업체 직원들도 있었다.

누군가는 심각한 빈곤 상태로 곤두박질쳤지만 다른 누군가는 행운을 움켜쥐었다. 바로 온라인으로 마스크와 손소독제를 판매한 사람들이었다. 전염병이 시작되었던 프랑스에서는 코로나바이러스 또는 Covid와 같은 핵심 키워드를 포함한 새로운 도메인이 매일 최대 6,000개씩 등록되었다. ‘coronavirusmasques.fr’과 같은 사이트를 만들면 바이러스를 퇴치하려는 네티즌의 검색 결과에서 상위에 나타날 수 있었다. 국민의 불안감을 이용한 사이트들은 국민의 불안감을 이용하여 고가의 마스크뿐만 아니라 면역 체계를 강화한다는 에센셜 오일과 허브 차, 심지어 수익금을 의학 연구에 기부할 것이라고 주장한 티셔츠처럼 전염병과 거의 관련 없는 제품도 판매했다.

온라인에서 저렴한 가격으로 제품을 구매한 후 높은 가격으로 재판매하는 드롭시핑dropshipping은 불법이 아니다. 어떤 면에서 드롭시핑은 영업 수익을 보장하기 위해 마진을 취하는 중개인이 하는 일이다. 그러나 이 경우 판매자는 재판매하려는 제품을 가지고 있지 않다. 대부분 중국의 알리익스프레스Aliexpress와 같은 인터넷에서 제품을 구매하여 구매 가격보다 훨씬 높은 가격으로 고객에게 직접 배달한다. 일반적인 중개인은 재고 관리를 하면서 자신이 판매하는 제품의 품질을 확인하지만, 드롭시핑의 판매자는 재고를 관리하지 않는 중개인에 불과하다. 그러므로 드롭시핑은 좋은 품질의 수술용 마스크를 개당 10유로가 아닌 5유로에 판매한다고 주장하면서 숫자를 합법적으로 조작하는 데 사용될 수 있다. 가짜 만병통치약을 판매하는 것은 법으로 금지되어 있지만, 실제 제품을 부풀려 판매하는 것을 비난할 사람은 없다. 물론 도덕에 관해서는 또 다른 이야기지만 말이다.

전염병의 숫자에서 숫자의 전염병으로

1662년, 런던의 보부상이었던 존 그랜트John Graunt(1620~1674)는 최초의 사망표를 제안하고 전염병 유행의 시작을 당국에 보고하여 확산을 제한하는 역학 감시 시스템을 만들려고 했다. 1947년, 알베르 카뮈는 소설 『페스트』를 출간했다. 그는 책에서 전염병이 유행할 때 보이지 않는 악을 대처하는 유일하고 확실한 연결고리는 숫자인 것 같다고 지적했다. 가우스 곡선의 정점에 닿길 기다리며 안심할 수 있었던 것처럼, 정치인들은 태연한 척하며 새로운 감염 사례 수치를 발표하였다. 카뮈에게 페스트를 극복하는 승리는 존재가 아니라 숫자로 거론되는데, 통계 앞에서는 인명피해가 지워질 정도로 모든 것이 숫자로 시작해 숫자로 끝나기 때문이다.

> 모두 이 새로운 사실을 입에 올렸고, 마음속 깊은 곳에는 자신도 모르는 큰 기대가 자리 잡고 있었다. 다른 모든 것은 뒤로 밀려났다. 페스트의 새로운 희생자들은 통계 수치가 내려갔다는 엄청난 사실에 비하면 별로 중요하지 않았다.[56]

환자보다는 질병을, 인체보다는 장기를 중시하며 인체를 원자화했던 서양 의학의 모델에서 2020년 보건 위기 당시 정치는 확실히 비정치적이었다. 이 시기를 지나오면서 오직 숫자에 의해, 그리고 숫자를 위해 사회를 원자화한 정치는 국민을 계산하여 병원 입·퇴원 수, 신규 감염자 수, 사망자 수를 유기적으로 구성한 팬데믹 결산표를 만들었다.

또한 위기는 시스템의 결함을 이해할 수 있는 기회이기도 하다. 예상했던 것과는 달리 숫자 정치의 위기만큼 병원의 위기는

---

56 앞의 책, 271쪽.

드러나지 않았다. 지난 수십 년 동안 많은 국가에서 이뤄진 숫자 정치는 경제 성장에 직접적으로 기여하지 못했다는 죄책감으로 공공 서비스를 줄이는 결과를 초래했다. 이익을 남기지 않는 공공 서비스는 자신이 창출하는 부가가치를 측정하는 수량화된 노선을 발생시키지 않았다. 이런 관점에서 정부는 순전히 수치를 사용한 방식으로 위기를 처리했다. 그들은 한 번도 심리적, 사회학적 측면을 고려해 결정을 내린 적이 없었다. 예상대로 코로나19 위기와 관련된 쟁점과 목적은 성장이라는 숫자를 중심으로 하는 경제 지표의 확률(전염병의 확산 또는 감소를 논하는)과 회복이라는 관점에서만 명시되었다.

결론

나는 별로 가치가 없어, 정말이야.
1이 0에게 말했다.
그런데 너의 가치는 뭐야? 없어. 전혀 없어.
행동으로나 생각으로나,
너는 무가치하고 쓸모없는 채로 남아 있어.
반면에 너와 똑같은 5개의 0 앞에
나를 놓는다면,
내가 얼마가 되는지 알아? 10만이야!
이게 바로 숫자의 문제야.
독재자에게 일어나는 일이지.
그의 뒤에 0이 얼마나 뒤따르냐에 따라
권력과 가치 속에서 강해지거든.

—트릴루사, 『숫자』[1]

착각은 계속된다

거리에 사는 사람들의 의견을 바꾼 철학자는 아무도 없었다는 점을 확인하며 볼테르가 자신의 실패를 인정한 시점에서도 숫자의

1 트릴루사, 『시 전집』, 앞의 책, 940쪽.

선동가는 도처에서 사람들의 마음을 자신의 편으로 끌어들임으로써 승리를 거두었다. 백분율을 오용하고, 독립적이지 않은 확률을 잘못 곱하고, 상관관계와 인과관계를 혼동하고, 역작용을 은밀하게 이용해 근사이론을 확증하고, 잘못된 데이터로부터 전염병의 진행 과정을 모델링하고, 약을 판매하기 위해 상대 위험도와 절대 위험도를 의도적으로 혼동하였다. 사람들은 이처럼 반박할 수 없는 증거처럼 보이는 것들에 설득당했다. 숫자는 명백하기 때문에 설명이 필요없다고 주장하지 않았던가? 이 격언은 결백하지 않다. 숫자가 나타나면 비판적 사고는 더 이상 발언권이 없어진다.

하지만 지표와 알고리즘 그리고 확률 계산을 앞세우며 시민들을 속이는 것이 그토록 쉬운 까닭은 무엇일까? 르네상스 시대로 거슬러 올라가 한 라틴어 속담이 이 점을 잘 말해 준다. 'Vulgus vult decipi, ergo decipiatur.' 세상은 속고 싶어 한다. 그러니 속여주자! 이 문장은 종교 권력의 노예가 된 사람을 빗대어 사용되었는데, 숫자의 무의미함을 기꺼이 인정하는 시민에게도 해당될 수 있는 말이다. 복잡한 수식에서는 덧셈보다 나눗셈이 우선이라는 것을 모르는 것을 자랑스럽게 여기는 것처럼 보이는 사람도 있다. 그러나 그들은 그렇게 함으로써 비난받을 구실을 쉽게 허락한다. 정치인들이 스스로도 잘 이해하지 못하는 숫자를 사용하고 남용하는 이유는 의심할 여지없이 이러한 '수포자(수학 포기자)'가 너무 많기 때문이다. 대통령, 국회의원은 그들이 휘두르는 복잡한 계산 결과에 단지 소수의 유권자만 관심을 가진다는 것을 본능적으로 알고 있다.

이러한 이유로 수학은 독자적인 과학의 영역으로 남아 있다. 모든 사람은 하루 중 언제든지 지정학적, 기후적, 생명윤리적, 사법적, 의학적, 경제적 문제에 대해 떠들어댈 준비가 되어 있다. 그에 비해 대수 또는 기하학과 관련된 주제에 반응할 사람은 거의 없다. 지구 온난화의 원인, 대리모 문제, 백신, 전자파 및 살충제의 무해성, 원자력 에너지에 대한 나름의 의견을 가진 지인들에게 한번 물어보자. 그들 중 누가 유클리드의 다섯 번째 공리를 증명하기 위한 프톨레마이오스 명제의 타당성에 대해 논쟁할 준비가 되어 있을까? 아니면 좀 더 간단하게, 121의 제곱근을 자발적으로 계산할 사람이 얼마나 될까? 그러나 이 두 가지 질문은 앞의 질문들보다 더 단순한 추론이다. 이처럼 논쟁은 수학이 등장하는 곳에서 멈추는 경우가 많은데 정부와 은행, 보험사, 제약회사가 보고서를 수량화해 진실을 숨기지 않아야 할 이유는 무엇일까? 사회 부담금이 2퍼센트포인트 인상된다고 말하면 간단한데, 굳이 장관이 40% 인상된다고 분명히 발표해야 할 이유가 무엇일까?

정치, 경제, 사법부에서 파놓은 덫을 피하려면 수학에 관심을 갖는 것으로 충분할까? 물론 그렇다. 규칙을 아는 지식이 최고의 거짓말 탐지기 역할을 하기 때문이다. 그러나 숫자의 조작은 숲을 숨기는 나무일 뿐이라는 점에 유의해야 한다. 숫자 정치가 제기하는 문제는 공정하게 보이려고 시도하는 잘못된 계산으로 귀착되지 않는다. 우리가 보았듯이 수학을 맹목적으로 신뢰해서 결국 수학이 정치를 집어삼킬 때 수학은 해로운 것이 된다. 프랑켄슈타인 박사처럼 숫자는 괴물이 아닌 신이 되기 위해 결국 자신을 벗어난 생명체를 탄생시켰다. 정리, 공식, 규칙은 이제 예배의 대상이 되었고, 과학에서 정치 수학은 교리가 되었다. 무게, 숫자, 측정, 이것은 권력의 주위를 맴도는 현대의 대제사장인 통계학자, 경제학자가 찬양하는 삼위일체이다.

그러나 하이데거는 우리에게 다음과 같이 경고했다.

> 두 종류의 사고가 있는데, 모두 정당하고 필연적인 것이다. 이들은 산술적 사고와 명상적 사고이다.[2]

이 두 사고는 모두 필수적이므로 산술적 사고가 명상하는 마음을 삼키게 해서는 안 된다. 그렇다면 본능적인 동시에 복잡한 이 명상적 사고는 언제 자신의 자리를 되찾을까? 이 질문은 통계가 탄생할 때부터 시작되었다. '통계'라는 용어를 만들어 내고 통계의 아버지라고도 불리는 고트프리드 아헨발Gottfried Achenwall(1719~1772)은 이렇게 말했다. "역사(통계)가 전진하는 국가의 과학인

2 마르틴 하이데거Martin Heidegger, 『질문 III』, 앙드레 프레오André Préau 역, Gallimard, 1990, 163쪽.

것처럼 국가의 과학은 움직이지 않는 역사이다."[3]

만약 그렇다면 우리는 숫자로 축소되는 것을 어디까지 받아들일 수 있을까? 우리는 인간의 자리를 대신한 생체 데이터와 사랑에 빠질 준비가 되어 있을까? 사회 문제를 체계적으로 수량화함으로써 국가는 현실의 복제품을 만들었다. 플라톤이 말한 동굴 벽에 비친 그림자만 보는 죄수들처럼 숫자는 현실의 이미지를 그릴 뿐, 현실은 아니다. 아니, 숫자는 거짓말을 하지 않는다. 그러나 우리가 조심하지 않으면, 숫자는 무대 위의 꼭두각시가 되거나 우리 발에 채워진 족쇄가 된다.

그 대신 이제 우리를 둘러싼 주변 세계를 관찰해 보자. 어떤 상황에서도 인간의 행동은 수량화할 수 없다는 사실을 알게 될 것이다. 그렇다면 왜 숫자의 논리라는 이름으로 숫자의 방향을 규제해야 할까? 산술적 사고의 독재에 대항하는 이 마지막 자리에서, 어떤 값을 치르더라도 수학을 사용해야 하는 이유를 자문해 보자. 수학을 사용해 뜻대로 세상을 지배하는 대신, 숫자의 세계를 아름다운 시선으로 바라볼 수는 없을까? 우리는 그 숫자의 세계에서 자연의 가장 독특한 목소리 중 하나를 발견하게 될 것이다. 우리는 그 세계에서 완전하다고 생각하는 숫자를 찾고,

---

3 고트프리드 아헨발Gottfried Achenwall, 『유럽 제국의 국가 헌법 개요』, 1790, 5쪽. 이 인용문은 다음과 같은 외전 형식으로 바뀌어 아헨발의 후계자인 괴팅겐 대학의 아우구스트 루트비히 슐뢰처August Ludwig Schlözer의 말이라고 여겨지기도 한다. "통계는 움직이지 않는 역사이고 역사는 전진하는 통계이다."

추리 소설의 범인을 찾는 것처럼 미지의 것을 탐험하는 재미를 느낄 것이다. 또한 칠각수의 모양을 가지고 숫자로 놀이를 하며, 아르키메데스나 키오스의 히포크라테스의 활꼴 구적법, 천일야화를 불러일으키는 힘에 이끌리게 될 것이다!

어쨌든 이것은 수학은 '최상의 수학적 아름다움', 즉 '가장 위대한 예술만 보여줄 수 있는 엄격한 완벽함을 갖추고 있다'[4]라는 영국의 수학자 버트런드 러셀Bertrand Russell의 메시지 중 하나이다. 공리주의나 숫자 정치와는 거리가 먼 아름다움은 절대적으로 이 과학 안에서 선택의 여지를 찾아야 한다. 이것이 바로 게라사의 니코마코스가 발견한 다각수가 우리에게 시사하는 점이며, 또한 다각수가 만들어 낸 도형의 특성 앞에서는 효용성이 사라진다는 것이다.

그리고 숫자의 이면의 역사를 조사할 수 있게 해 준 출발점으로 돌아가 플라톤을 되짚어 보겠다. 플라톤의 『국가』 제7권을 펴고 스스로 이 질문을 해 보자. 수학이 우리를 소외시키는 대신, 반대로 드높일 수는 없었을까? 이는 기하학에 대해 플라톤이 표현한 소망이었다. "아무도 제대로 사용하지 않는 예술, (…) 세상의 것을 향해 잘못 낮춰져 있는 시선을 천상의 것을 향해 들어올리는 예술."[5]

---

4 버트런드 러셀Bertrand Russell, 『신비주의와 논리』, 장 드 메나스Jean de Menasce 역, Payot, 1922, 57쪽.

천상의 것은 이상, 특히 정치적 이상이다. 세상의 것은 오늘날 우리의 일상적 현실과 분리된 비율과 지표를 말한다. 따라서 모든 사람의 삶이 향상되려면 지표를 모니터링하기보다 이상을 재정의해야 한다. 저널리스트 뱅상 지레Vincent Giret는 유럽이 정치의 본질보다 숫자를 더욱 격렬히 비난한다는 사실에 놀랐음을 고백했다.

> "유럽연합은 뭐라고 말합니까? 아니, 오히려 유럽연합이 무엇을 합니까? 유럽연합은 27개국이 모인 공동체에서 올바른 민주주의 규칙을 위반하는 것보다 올바른 운영 규칙을 위반하는 것이 더 많은 비용이 든다는 불행한 생각을 신임할 정도로 트집을 잡고 궤변을 부리고 핑계를 대며 회피합니다. 그리스는 응징하지만, 헝가리에는 눈을 감습니다.[6]"

그러므로 비인간적인 수량화에 몰두하는 대신 모델을 재정의하는 것은 정치에 달려 있다. 숫자는 정책의 결핍과 이상의 결점을 은폐하는 목적 그 자체가 아닌, 국가가 전략을 수립하는 보조 역할을 해야 한다. 그러나 이를 위해 시민은 선거와 같은 대중 민주주의에 참여하는 그저 평화로운 유권자의 역할을 넘어서 선거가 없는 기간에는 더 이상 발언권이 없는 체스판의 졸로 되돌

---

5 플라톤, 『국가』, VII, 527b, 앞의 책.

6 뱅상 지레Vincent Giret, 사설 「살라미」, 리베라시옹, 2012년 1월 4일

아가지 않아야 한다.

그 점에서 고대인들은 여전히 우리에게 나아가야 할 길을 보여 준다. 기독교 사상에 지대한 영향을 미친 유대인 사상가 알렉산드리아의 필론은 그가 이상적 정치가로 여겼던 복합적 인물인 야곱의 아들 요셉에 관심을 가졌다. 꿈을 해석하는 재능 덕분에 요셉은 바로의 오른팔이 될 수 있었다. 필론이 보기에 이 사건은 매우 독창적인 정의를 내릴 수 있는 기회였다. 어쩌면 우리 시대까지 유용할 수 있을지도 모르겠다.

> 그럼에도 불구하고 나는 정치인이 정말로 꿈을 해석하는 사람이라고 자신 있게 말할 것이다. 물론 나는 그를 사기꾼, 수다쟁이, 소피스트, 돈을 갈취하기 위한 구실로 꿈 해석을 사용하는 사람들의 부류에 포함시킬 생각은 없다. 그가 분석했던 것은 자는 사람은 물론, 깨어 있는 사람이 꾸는 보편적이고 공적인 꿈이자 원대한 꿈이었다.[7]

정치인이 지도자도 구세주도 아닌 그저 우리의 꿈을 대표하고 해석하는 사람이라면? 그러면 숫자는 더 이상 그 자체가 목적이 아니라 새로운 사회 해석에 사용되는 단순한 도구가 될 것이다. 불행하게도 숫자가 우리의 분별력을 벗어나는 만큼 우리는

---

7 알렉산드리아의 필론, 『요셉에 대하여』, 125, 장 라포르트Jean Laporte 역, Éditions du Cerf, 1964, 93쪽.

숫자를 사랑한다. 또한 숫자가 우리를 매혹시키는 만큼 우리를 두렵게 하기 때문에 우리는 숫자를 존경한다. 이렇게 해서 숫자는 우리의 열망을 앞서간 것이었다. 우리의 일상을 수량화하면서 숫자는 우리의 꿈을 없애 버렸다.

위대한 몽상가이자 위대한 여행가였던 한 작가는 누구보다 이러한 생각을 잘 표현했다. 그러나 마키아벨리의 『군주론』과 달리 그가 만든 작품은 정치 철학의 이정표로 간주되지 않았다. 바로 『어린 왕자』다. 이것은 확실히 잘못되었다.

> 어른들은 숫자를 좋아한다. 어른들에게 새로운 친구에 대해 이야기를 하면, 그들은 본질적인 것에 대해 묻는 법이 없다. "친구의 목소리는 어떠니? 친구가 가장 좋아하는 놀이는 무엇이니? 친구는 나비를 수집하니?" 결코 이렇게 묻는 어른은 없다. 대신 이렇게 묻는다. "친구는 몇 살이니? 형제는 몇 명이니? 몸무게는 얼마니? 아버지 수입은 얼마니?" 그래야만 어른들은 친구를 안다고 생각한다. 만약 어른들에게 "장밋빛 벽돌로 지어진 아름다운 집을 보았어요. 창문에는 제라늄 화분이 놓여 있고, 지붕에는 비둘기가 있고요…."라고 말하면, 그들은 그 집을 상상하지 못한다. 대신 이렇게 말해야 한다. "10만 프랑짜리 집을 보았어요." 그러면 그들은 "정말 멋진 집이구나!"라고 외칠 것이다.
>
> 만약 어른들에게 "어린 왕자는 사랑스러웠고, 잘 웃었고, 양을 원했어요. 이게 어린 왕자가 존재했다는 증거예요. 누군

가 양을 원한다면, 그가 존재한다는 증거니까요."라고 말한다면 그들은 어깨를 으쓱하면서 여러분을 어린아이 취급할 것이다! 그러나 "어린 왕자가 온 행성은 소행성 B612랍니다."라고 말한다면 어른들은 수긍하고 더는 질문을 하며 괴롭히지 않을 것이다. 어른들은 원래 그런 식이다. 그렇다고 그들을 탓해서는 안 된다. 아이들은 어른들에게 매우 너그러워야 한다.[8]

---

8 앙투안 드 생텍쥐페리Antoine de Saint-Exupéry, 『어린 왕자』, IV장